- Impressum -

Titel
Selbstfürsorge als Basis der Lehrergesundheit
Strategien, Tipps und Praxishilfen

Autorin
Thurid Holzrichter

Umschlagmotive und Kapiteldeckblätter
© dimakp (Frau); © paladin1212 (Hintergrund) – beide Fotolia.com;
© JMC (Icons) – stock.adobe.com

Illustrationen im Innenteil
Schmuckillustration Kopf-/Fußzeile © JMC – stock.adobe.com (Papierflieger);
Icons: Norbert Höveler (Füller); Magnus Siemens (Warnschild);
© JJAVA – stock.adobe.com (Download-Icon)

Druck
Heenemann GmbH & Co. KG, Berlin, DE

Verlag an der Ruhr
Mülheim an der Ruhr
www.verlagruhr.de

Geeignet für die Klassen 1–13

Urheberrechtlicher Hinweis

Das Werk und seine Teile sind urheberrechtlich geschützt. Jede Verwendung in anderen als den gesetzlich zugelassenen Fällen oder außerhalb dieser Bedingungen bedarf der vorherigen schriftlichen Einwilligung des Verlages. Im Werk vorhandene Kopiervorlagen dürfen vervielfältigt werden, allerdings nur für Schüler*innen der eigenen Klasse/des eigenen Kurses. Die dazu notwendigen Informationen (Buchtitel, Verlag und Autorin) haben wir für Sie als Service bereits mit eingedruckt. Diese Angaben dürfen weder verändert noch entfernt werden. Die Weitergabe von Kopiervorlagen oder Kopien (auch von Ihnen veränderte) an Kolleg*innen, Eltern oder Schüler*innen anderer Klassen/Kurse ist nicht gestattet.

Editierbare Vorlagen dürfen bearbeitet, gespeichert und für Schüler*innen der eigenen Klasse/des eigenen Kurses vervielfältigt werden.

Der Verlag untersagt ausdrücklich das digitale Speichern und Zurverfügungstellen dieser Materialien in Netzwerken (das gilt auch für Intranets von Schulen und sonstigen Bildungseinrichtungen), per E-Mail, Internet oder sonstigen elektronischen Medien außerhalb der gesetzlichen Grenzen. Kein Verleih. Keine gewerbliche Nutzung.

Näheres zu unseren Lizenzbedingungen können Sie unter www.verlagruhr.de/lizenzbedingungen/ nachlesen.
Bitte beachten Sie zusätzlich die Informationen unter www.schulbuchkopie.de.

Soweit in diesem Produkt Personen fotografisch abgebildet sind und ihnen von der Redaktion fiktive Namen, Berufe, Dialoge u. Ä. zugeordnet oder diese Personen in bestimmte Kontexte gesetzt werden, dienen diese Zuordnungen und Darstellungen ausschließlich der Veranschaulichung und dem besseren Verständnis des Inhalts.

In diesem Buch werden Angebtote von Drittanbieter*innen erwähnt und verlinkt und empfohlen. Die dort aufgeführten Inhalte entziehen sich dem Einfluss von Verlag und Autorin, die nicht verantwortlich für die Richtigkeit und Rechtmäßigkeit dieser Inhalte sind. Sämtliche Links dienen ausschließlich der Zugangserleichterung – der Verlag macht sich diese Angebote nicht zu eigen.

Zum Zeitpunkt der Drucklegung wurden die entsprechenden Tools der Drittanbieter*innen auf offensichtlich rechtswidrige Inhalte geprüft. Eine fortlaufende Prüfung dieser Drittinhalte auf ihre Rechtmäßigkeit und Aktualität ist dem Verlag nicht möglich.

Die Prüfung der jeweiligen Nutzungsbedingungen und Vorgaben solcher Drittinhalte obliegt der jeweiligen Lehrkraft bzw. der Schule.

© Verlag an der Ruhr 2016, Nachdruck 2023
ISBN 978-3-8346-3077-3

Vorwort 6

Kapitel 1 – Einleitung 9
Selbstfürsorge: Herkunft, Definition, Zusammenhang mit
helfenden Berufen 11
Belastungen und Beanspruchung von Lehrkräften 12
Ein Modell des selbstfürsorglichen Umgangs 15
→ *Positiver Umgang mit sich selbst* 19

Kapitel 2 – Selbstfürsorge als Haltung 21
Ist selbstfürsorgliches Handeln Egoismus? 22
→ *Die Gefühle sind wie Wolken am Himmel* 23
Leistung und Selbstfürsorge – wie passt das im Lehreralltag zusammen? ... 25
→ *Leistung und Regeneration – Ermitteln Sie Ihr Verhältnis!* 27
Burnout, Stress und Angsterkrankungen als Folgen mangelnder
Selbstfürsorge 30
→ *Bedürfnisse wahrnehmen – Übung in Stille* 35
Überhöhter Anspruch und innerer Kritiker als Gegenspieler der
Selbstfürsorge 41
→ *Identifikation der inneren Antreiber und Kritiker* 43
Umgang mit inneren Antreibern und Kritikern 44
→ *Ein neuer Umgang mit innerem Antreiber und Kritiker* 45
Empathie und Selbstfürsorge 47
→ *Liebevoll bei sich bleiben* 49
Geben und Bekommen in Balance 50
→ *Geben und Bekommen* 51

Kapitel 3 – Selbstfürsorge durch körperlichen Ausgleich 53
Selbstfürsorgliche Ernährung 54
→ *Mein Trinkprotokoll* 58
Bewegung und Sport 65
→ *Selbstfürsorgliche Bewegung muss erlaubt sein* 68
Ruhe und aktive Entspannung mittels Entspannungsverfahren 69

Kapitel 4 – Selbstfürsorge durch Bedeutsamkeit 73
Bedeutsamkeit – was genau ist darunter zu verstehen? 74
Rollen erkennen und Ziele definieren 78
→ *Identifikation bedeutsamer Rollen und Ziele – Teil 1* 79
Zielkonflikte, Zielsynergien und implizite Motive erkennen 82
→ *Identifikation bedeutsamer Rollen und Ziele – Teil 2* 83

Kapitel 5 – Selbstfürsorgliche Arbeitsorganisation 87
Zielmanagement – der Fokus auf das Wesentliche 88
    ➔ *Schritt für Schritt – ich setze meine Ziele um* 91
    ➔ *Etappenziele* 93
Das Fundament des Zeitmanagements 95
In der Praxis: Selbstfürsorge vor und nach dem Unterricht 101
In der Praxis: Selbstfürsorge im direkten Kontakt – das Unterrichten 106
    ➔ *Selbstfürsorge im Unterricht* 115

Kapitel 6 – Selbstfürsorge durch räumliche Gestaltung 117
Gestaltung der Lehrersozialräume 118
Der selbstfürsorgliche Klassenraum 125
Das häusliche Arbeitszimmer als Basis guten Unterrichts 127
    ➔ *Mein neues, selbstfürsorgliches Arbeitszimmer* 130
Richtig abschalten – Trennung von Privat- und Arbeitsbereich 132

Kapitel 7 – Selbstfürsorge durch ausgleichende soziale Beziehungen ... 137
Das „Helfersyndrom" – Zeichen mangelnder Eigenliebe? 138
    ➔ *Meine Motive als Helfer* 145
Private Freundschaften – mehr als nur Freundschaft! 149
    ➔ *Meine sozialen Beziehungen unter der Lupe* 152
    ➔ *Aktiv-konstruktives Reagieren* 157
    ➔ *Meine Bedürfnisse in der Partnerschaft* 160
    ➔ *Der Dankbarkeitsbrief* 161
Privates Engagement – mehr vom Gleichen oder etwas Neues? 163
    ➔ *Mein berufliches Engagement unter der Lupe* 164
Grenzen setzen – die distanzierte Anteilnahme als Mechanismus
der Selbstfürsorge 167
    ➔ *Meine Grenzsetzungen in Gefahr* 173

Kapitel 8 – Selbstfürsorge durch bewusste Pausen und Auszeiten 191
Bewusst Pause machen 192
Aktive Pausen im Alltag 194
    ➔ *Schnell notiert: Meine Pausen im Alltag* 196
Auszeiten als Zeiten der Erholung 197
Feriengestaltung 202
    ➔ *Meine perfekten Ferien* 204

Kapitel 9 – Selbstfürsorge in besonderen Zeiten 205
Selbstfürsorge „trotz" kleiner Kinder 206
Selbstfürsorge bewahren auch im Umgang mit pflegebedürftigen
Angehörigen 214

Ausblick 219

Danksagung..220

Endnoten..222
Medientipps 223
Über die Autorin 224

Vorwort

Spätnachmittag.
Lange Schatten fallen auf den hellen Weg
und die Sonne schickt noch letzte Abschiedswärme
und das dünne Zwitschern eines Vogels ist, als ob es lärme
und als stehl' es etwas von der Stille weg.
Menschen auf zehn Schritt Entfernung
sind wie aus ganz andern Welten
und fast möchte man die welken Blätter schelten,
daß sie rascheln und die letzten Sonnenstrahlen stören.
Und man möchte nur die Veilchen wachsen hören.

Selma Merbaum

Liebe Leser*,

Sie haben sich vielleicht für dieses Buch entschieden, weil Sie einen selbstfürsorglichen Umgang mit sich pflegen wollen und Tipps suchen, die Ihnen dabei helfen könnten. Dies ist auch unbedingt eine gute Idee, denn es zeigt, dass Sie bereits wissen, wie wichtig es ist – trotz oder gerade wegen der vielen Menschen, um die Sie sich im Alltag kümmern müssen oder dürfen –, sich selbst nicht aus den Augen zu verlieren. Dennoch muss ich das Buch mit einer kleinen Warnung beginnen: **Persönlichkeitsentwicklung geht nicht nebenbei**. Meine Kollegen und ich erleben es täglich am eigenen Leib. Für uns Psychologen ist das Thema genauso brisant, wie für Sie als Lehrkräfte. Unsere Arbeit ist wie Ihre gekennzeichnet durch sehr emotionale Kontakte zu anderen Menschen. Schnell entsteht das Bedürfnis, dem anderen helfen zu wollen – und ehe wir uns versehen, stehen wir mehr im Kontakt mit dem anderen als mit uns selbst. An dieser Stelle bereits will ich Ihnen meinen liebsten Psychologenwitz verraten: Stehen zwei Psychologen im Fahrstuhl, sagt der eine zum anderen: „Dir geht's gut, und wie geht's mir?"

Der **enge und emotionale Kontakt zu anderen Menschen** birgt die große Gefahr, sich selbst aus den Augen zu verlieren, und so will ich Ihnen versichern, dass meine Kollegen in der Praxis genauso wie ich, und sogar unsere Supervisoren, immer wieder bewusst die eigene Selbstfürsorge in den Fokus nehmen müssen. Denn: **Selbstfürsorge ist kein Ziel**, welches es zu erreichen gilt; **Selbstfürsorge ist ein Weg**. Und zu der faszinierenden Reise auf diesem Weg möchte ich Sie mit diesem Buch einladen. Sie werden dabei vieles entdecken, einiges werden Sie kennen, anderes werden Sie als neu empfinden. Sie werden auf Steine stoßen, die Sie am Weiterkommen hindern, und Täler, aus denen Sie im ersten Moment keinen Ausweg sehen. Sie werden mit Mühe und Anstrengung auf Anhöhen steigen und lernen, den Blick nicht nur auf den Gipfel zu richten, sondern auch zurück. Denn dort, wenn Sie auf ehemals scheinbar unüberwindbare Hindernisse zurückblicken, sehen Sie, was Sie bereits erreicht haben. Ich möchte Sie ermutigen, Ihren ganz eigenen Weg zu finden und diesen dann in täglicher Übung zu gehen. Dadurch werden Sie mehr und mehr spüren, wie wunderbar diese Reise sein kann, die nun vor Ihnen liegt. Irgendwann haben Sie das Ziel für einen Moment aus den Augen verloren und können im Hier und Jetzt einen liebevollen Blick auf sich selbst werfen – und dann sind Sie dem Ziel schon näher, als Sie denken!

Dieses Buch lädt Sie also auf eine **Reise zu sich selbst** ein. Der Verlauf dieser Reise wird im einleitenden Kapitel 1 anhand eines Modells nach einigen Fakten und Daten zur aktuellen Situation der Lehrkräfte dargestellt und die weiteren Kapitel widmen sich dann den darin zusammengetragenen unterschiedlichen Aspekten des Weges zu einem selbstfürsorglichen Lehrerdasein – von der Überprüfung der eigenen inneren Haltung in Kapitel 2 bis hin zu der Frage nach realistisch umsetzbaren Pausen und Auszeiten im Lehrerberuf in Kapitel 8. Jedes einzelne Kapitel ist dabei mit **Übungen** versehen, die Ihnen helfen sollen, **die gelesenen Erkenntnisse direkt in Erfahrungen umzusetzen**. Die aktuelle Forschung zeigt uns, dass wir besonders dann zum Lernen und Verändern unserer Welt in der Lage sind, wenn wir mit einem Thema eigene Erfahrungen verbinden, die im besten Fall mit einem positiven Gefühl einhergehen. Solche Erfahrungen, die uns zeigen, dass wir etwas verändern können, geben uns Vertrauen und unterstützen in vielfältiger Weise unseren zukünftigen Weg. Ohne diese Erfahrungen werden Sie das Gelesene möglicherweise schnell wieder vergessen. Aus diesem Grund wurde den Übungen direkt in den Kapiteln Platz eingeräumt, sodass Sie sie sofort und oft **direkt im Buch ausprobieren** können – und ich will Sie motivieren, genau dies auch wirklich zu tun, anstatt es auf „später irgendwann" zu verschieben.
Die einzelnen Kapitel können Sie entweder nacheinander (so ist es gedacht) oder auch getrennt voneinander lesen. Sicherlich werden Ihnen manche Kapitel wichtiger erscheinen als andere – **Ihr Weg ist eben individuell**.
Das 9. und letzte Kapitel ist nicht mehr Bestandteil des selbstfürsorglichen Weges, sondern möchte Sie in besonderen Situationen unterstützen, nämlich dann, wenn zusätzlich zum normalen (Schul-)Alltagstrubel kleine Kinder und/oder zu pflegende Angehörige viel Zeit und Aufmerksamkeit fordern.

Bitte erwarten Sie von diesem Buch **keine schnellen Tricks**, denn diese würden nicht zu einer langfristigen Veränderung Ihrer inneren Haltung hin zu mehr Selbstfürsorge führen. Stattdessen erwarten Sie viele fundierte und bewährte Übungen, mit denen Sie Ihre eigene **stabile Veränderung hin zu selbstfürsorglichem Leben und Arbeiten** selbst gestalten können.

Vorwort

Dabei sollen die Texte und Übungen möglichst auch dazu beitragen, Ihr kurzfristiges Wohlbefinden zu erhöhen, Ihnen Mut zu machen und Sie zu stärken. So möchten wir Sie für Ihre Reise mit dem nötigen Rüstzeug ausstatten.

Nachdem ich Ihnen möglicherweise die Illusion nehmen musste, dass Selbstfürsorge auf Knopfdruck mit schnellen Tricks ein Teil Ihres Alltages wird, will ich Ihnen an dieser Stelle versichern, dass dieser wenn auch manchmal mühsame, dafür aber spannende und farbenfrohe Weg von vielen unserer Klienten als der schönste ihres Lebens angesehen wird. Obwohl unsere Beratungen darauf ausgelegt sind, aktuelle Probleme lösungsorientiert und damit rasch zu klären, kommen viele Klienten seit Jahren immer wieder in die Beratung und „gönnen" sich eine „Reisebegleitung". Sie spüren, wie gut es tut, Selbstachtsamkeit zu trainieren, den eigenen Bedürfnissen und Gefühlen Raum zu geben und zu ihnen zu stehen, eigene Grenzen zu benennen, zu hinterfragen und zu akzeptieren und ein Verhalten zu festigen, welches von **Selbstwertschätzung und Gelassenheit** geprägt ist. Viele Menschen, die diesen selbstfürsorglichen Weg eingeschlagen haben, haben uns nicht nur glaubhaft versichert, dass er ihr **Wohlbefinden und ihre Gesundheit verbessert** hat – bei manchen haben sich auch die **Körperhaltung, die Mimik und die Ausstrahlung verändert**. Sie haben gelernt, sich selbst ein wahrer Freund zu sein, auf den sie sich verlassen können, dem sie vertrauen können und der für sie einsteht, komme, was wolle. In die Gesichter dieser Menschen zu sehen, ihre großen Entwicklungen zu begleiten, macht uns nicht nur stolz, sondern immer wieder auch dankbar.

Noch eine Bemerkung zum Schluss: Dieses Buch ist entstanden durch meine intensive Arbeit mit Lehrkräften seit dem Jahr 2007. Dabei hat sich gezeigt, dass Entwicklungen besser und selbstfürsorglicher gelingen, wenn man im Team arbeitet. So gründete ich 2010 HOLZRICHTER-BERATUNGEN. Wenn ich von „wir" schreibe, so bezieht sich dieses „wir" auf das Team von Psychologen, welches mit mir zusammen die Lehrergesundheit fördert, in Schulen und Einzelsettings Lehrkräfte berät, trainiert und zur Selbstfürsorge anregt. Dem Austausch mit diesem Team verdanke ich viele Anregungen, die in dieses Buch geflossen sind, weshalb es sich falsch angefühlt hätte, an diesen Stellen von „ich" zu schreiben. An anderen Stellen schreibe ich wiederum bewusst aus der Ich-Perspektive, um zu kennzeichnen, dass es sich um meine persönlichen Eindrücke und Vorstellungen handelt.

Nun wünsche ich Ihnen viel Freude auf Ihrer Reise zu sich selbst.
Thurid Holzrichter

---

* Aus Gründen der besseren Lesbarkeit habe ich in diesem Buch i. d. R. die männliche Form verwendet. Natürlich sind damit auch immer Frauen und Mädchen gemeint, also Lehrerinnen, Schülerinnen, Psychologinnen etc.

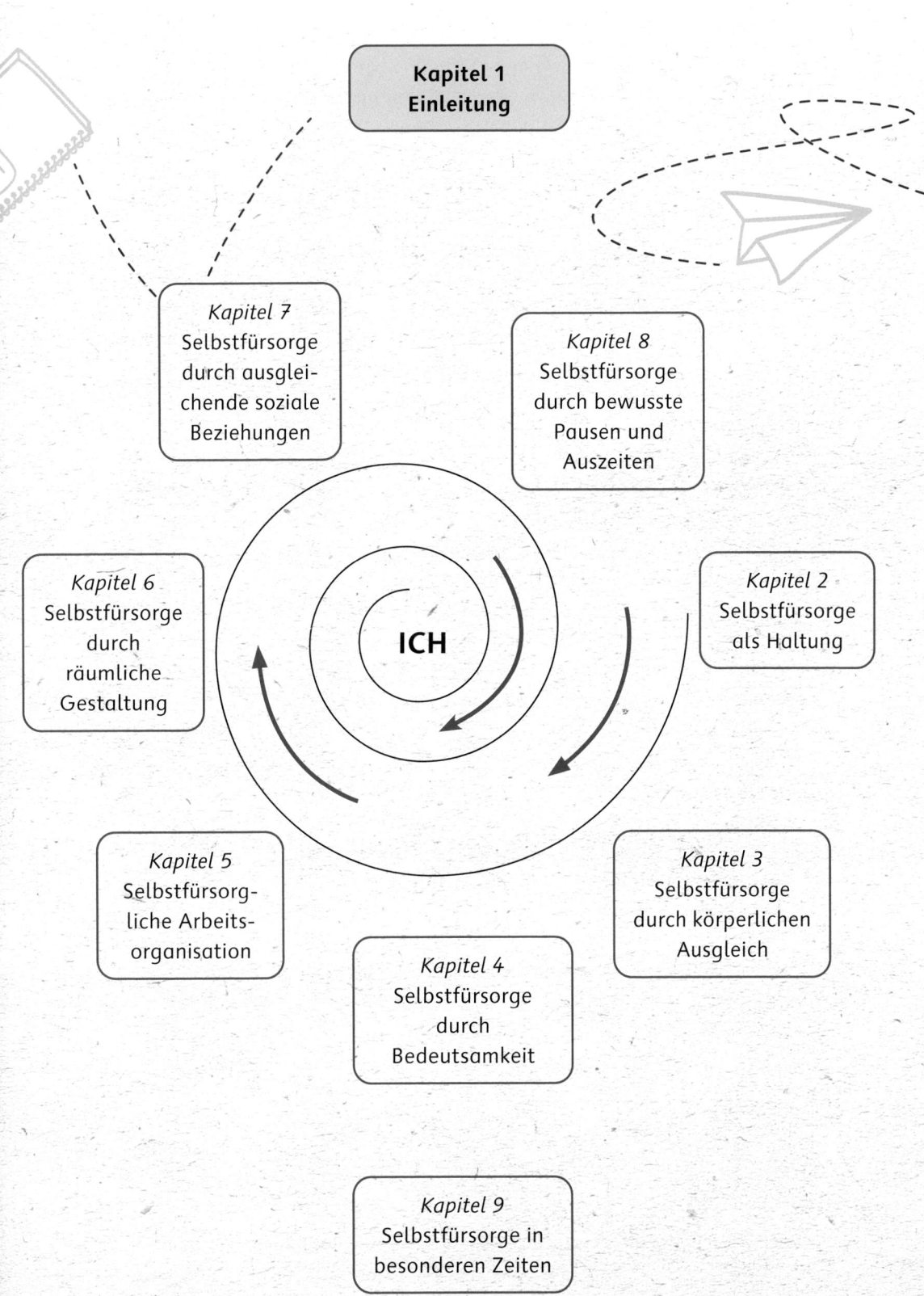

„Selbstfürsorge als Basis der Lehrergesundheit" – wie ist dieser Titel genau zu verstehen? Die Lehrergesundheit ist ein Bestandteil der guten und gesunden Schule und setzt sich aus verschiedenen Aspekten auf den Ebenen der Organisation, der Führung, des Kollegiums und des Individuums zusammen. Die strukturellen Rahmenbedingungen an einer Schule, die Zusammenarbeit, die Art der Leitung, aber auch die individuelle Haltung einzelner Lehrkräfte und ihr Umgang mit Herausforderungen und Belastungen lassen Aussagen über den „Gesundheitszustand" einer Schule zu. Veränderungen in der Organisation und Struktur im Sinne der klassischen Schulentwicklung sind zentral für die Schaffung und Erhaltung eines gesundheitsförderlichen Arbeitsklimas. Doch ebenso kommt es drauf an, dass die Lehrkräfte für sich persönlich eine Basis schaffen, von der aus sie bewusst mit ihren Ressourcen haushalten, um sie sinnvoll einzusetzen und um flexibel und angemessen auf Veränderungen und Belastungen reagieren zu können. Die Voraussetzung dafür ist die Erkenntnis, dass es wichtig ist, auf sich selbst zu achten. Nur so entsteht auch die Bereitschaft, gesundheitsfördernde Angebote anzunehmen, und nur dann ist gewährleistet, dass die Lehrkräfte langfristig gesund bleiben. Zu dieser selbstfürsorglichen Haltung gehört es, regelmäßig den eigenen (Schul-)Alltag zu durchleuchten, um die vielen verschiedenen objektiven Belastungen zu erkennen und den jeweils damit einhergehenden Grad der subjektiv empfundenen Beanspruchung wahrzunehmen – tatsächlich ist es nicht immer leicht, konkret zu benennen, was uns Kraft raubt. Denn das können bspw. auch Aufgaben sein, die uns eigentlich Spaß machen, oder Dinge, die schon so zur Routine gehören, dass sie uns gar nicht mehr auffallen und wir sie nicht infrage stellen. Doch nur, wer erkennt, was genau ihn zu stark beansprucht, kann diese Umstände verändern. Deshalb ist Selbstfürsorge die Basis der Lehrergesundheit, denn ohne eine selbstfürsorgliche Haltung helfen auch strukturelle Veränderungen nicht.

Dies will ich Ihnen an einem kleinen Beispiel verdeutlichen: Um die (belegten) positiven Effekte eines Ruheraums in der Schule zu nutzen, muss dieser nicht nur vorhanden, sinnvoll ausgestattet und erreichbar sein, sondern er muss auch genutzt werden. Und genau darum geht es im oben stehenden Abschnitt: Strukturelle Veränderungen zur Förderung der Lehrergesundheit helfen erst, wenn eine Haltung im Kollegium etabliert ist, die einen selbstfürsorglichen Umgang möglich macht. Wenn ich damit rechnen muss, diskriminiert zu werden, wenn ich mich um mich selbst kümmere (z. B. durch die Nutzung des Ruheraums, der mich in den Augen einiger Kollegen womöglich als faul oder nicht belastbar darstellt), dann werde ich solche Verhaltensweisen selbst dann nicht ausführen, wenn ich sie für mich persönlich als hilfreich erachte. Mit einer selbstfürsorglichen Haltung hingegen können strukturelle Veränderungen im Kollegium viel leichter umgesetzt – und gezielt an die durch Selbstfürsorge bewusst gewordenen Bedürfnisse der Lehrkräfte angepasst – werden.

Ziel dieses Kapitels ist es, zu beschreiben, was Selbstfürsorge meint, die Verbindung zur Datenlage der Lehrergesundheit herzustellen und einen Weg aufzuzeigen, der Selbstfürsorge im Alltag umsetzbar werden lässt. Das vorgestellte Modell der Selbstfürsorge beschreibt gleichsam die Abfolge der folgenden Kapitel dieses Ratgebers und dient Ihnen während der nächsten Monate als Orientierung auf Ihrem selbstfürsorglichen Weg.

Selbstfürsorge: Herkunft, Definition, Zusammenhang mit helfenden Berufen

Selbstfürsorge war ein zentrales Thema im Spätwerk des französischen Philosophen und Psychologen Michel Foucault (1926–1984) und meint eine Haltung der **Selbstachtsamkeit, Selbstakzeptanz und Selbstwertschätzung**. Dabei stand damals wie heute die **Eigenverantwortung** im Fokus des Handelns, das Entwickeln und Gestalten einer Haltung und eines Lebensstils, die den eigenen Bedürfnissen, Gefühlen und Wünschen möglichst gut gerecht werden. Heute ist der Begriff **vor allem in helfenden Berufen** (z. B. Lehrer, Ärzte, Erzieher oder Psychologen) gebräuchlich, da hier die Berufsanforderungen durch typische Merkmale gekennzeichnet sind, die uns leicht von uns selbst entfernen. Dies sind insbesondere die Vielzahl emotional fordernder Kontakte im Einzel- oder Gruppensetting, eine hohe Verantwortung bezüglich der Arbeitsaufgabe und/oder der anvertrauten Personen verbunden mit einer hohen Autonomie in der Arbeitsausführung an wechselnden Arbeitsorten, welche die Trennung zwischen Arbeits- und Privatleben erschweren.

Bereits in dieser Aufzählung wird deutlich, dass bei Lehrkräften die meisten der genannten Anforderungen, wenn auch in individuell unterschiedlichem Maße, vorliegen.

Für Menschen, die in helfenden Berufen tätig sind, besteht immer die Gefahr, dass sie mehr (von sich) geben, als sie (gefühlt) bekommen. Es liegt bei vielen ein hohes Verantwortungsbewusstsein für das Gegenüber vor und zugleich ein hohes Engagement. Dies kann dazu führen, das Gegenüber in den Fokus der eigenen Gedanken und Handlungen zu stellen und sich selbst dabei zunehmend aus den Augen zu verlieren. Die **Folgen mangelnder Selbstfürsorge** reichen dabei von unzureichenden Abgrenzungsmöglichkeiten, dem Verlust einer stimmigen Work-Life-Balance, innerer Erschöpfung bis hin zu

Burnout, Abflachung des Affekts (Dienst nach Vorschrift), Gereiztheit, Aggression oder Angst-/Panikstörungen, depressiven Verstimmungen, psychosomatischen Beschwerden oder gar langfristiger Arbeitsunfähigkeit.

Wie kommt es zu diesen Effekten? Insbesondere Personengruppen, die zahlreiche und enge Kontakte zu anderen Menschen pflegen und in der Arbeitsorganisation vielfach allein für deren Betreuung zuständig sind, können sich „innerlich leer" und „ausgehöhlt" fühlen, wenn sie keine Strategien anwenden, um dem insbesondere emotionalen „Ausbrennen" vorzubeugen. Für Lehrkräfte kann es in Bezug auf die Erhaltung der eigenen Gesundheit entscheidend sein, Strategien zur Selbstfürsorge zu erlernen und regelmäßig anzuwenden, da viele der o. g. Risikofaktoren gegeben sind und Lehrkräfte sich häufig als „Einzelkämpfer" fühlen, wodurch meist nur wenig Austausch mit Kollegen zu diesem Thema stattfindet. Weiterhin kommt erschwerend hinzu, dass Lehrkräfte einen Teil ihrer Arbeit im wahrsten Sinne des Wortes mit nach Hause nehmen. In aktuellen Untersuchungen zur Gesundheit von Lehrkräften beklagen diese häufig das Gefühl, nicht abschalten und zur Ruhe kommen zu können. Durch geeignete Organisationsstrukturen, die Sensibilisierung und entsprechende Ausbildung der Führungskräfte sowie passende Weiterbildungsangebote kann ein wichtiger Beitrag geleistet werden, die Beanspruchungen von Lehrkräften zu reduzieren und die Erkrankungszahlen zu senken.

Belastungen und Beanspruchung von Lehrkräften

Die Datenlage zu den Belastungen (objektive Faktoren) und den daraus resultierenden Beanspruchungen (subjektiv empfundenen Auswirkungen der Belastungen) von Lehrkräften ist mittlerweile so groß, umfangreich und eindeutig, dass in diesem Ratgeber auf die Auflistung detaillierter Ergebnisse weitestgehend verzichtet werden soll – zumal die Aussagen zum Gesundheitsstatus von Lehrkräften immer auch davon abhängen, welche Diagnoseinstrumente verwendet werden und welchen Fokus die einzelnen Studien haben. Außerdem werden nur selten objektive Daten im Sinne medizinischer Diagnostik erhoben, stattdessen überwiegen Fragebögen und Selbstberichte zur Gesundheit. Es erscheint deshalb an dieser Stelle nicht notwendig und vor allem nicht zielführend, ausgiebig die Ergebnisse der Forschung zu beschreiben.* Festzuhalten ist, dass **die Zahl der Lehrkräfte, die an psychischen Erkrankungen leiden, zunimmt**. Dies mag zwar zum einen an geringerer Stigmatisierung liegen; das lässt den steigenden Trend allerdings nicht ausreichend erklären. Große Klassen mit vermehrt schwierigen Schülern, der steigende Lärmpegel, vielschichtige Konflikte, das „Einzelkämpfertum", die Inklusion, die zwar wünschenswert, aber aufgrund der fehlenden personellen und finanziellen Kapazitäten nur schwer umsetzbar ist, die schwierige Trennung zwischen Arbeits- und Privatleben, fehlende Wertschätzung, fehlende soziale Unterstützung, die oft gegensätzlichen Erwartungen von Schülern, Eltern, Kollegen, Schulleitung und Gesellschaft sind manches Mal schwer mit den eigenen Erwartungen an eine gute Arbeitsleistung zu verbinden. Etwa drei Viertel der Lehrkräfte scheiden vorzeitig, meist krankheitsbedingt, aus dem Berufsleben aus. Dies ist eine extrem hohe Zahl, verglichen mit anderen Beamten. Selbst nachdem die Bezüge der Frühpensionierungen gekürzt wurden, sehen viele Lehrkräfte sich nicht in der Lage, ihren aktiven Dienst bis zum regulären Rentenalter fortzuführen.

Neben den eindeutigen psychischen Erkrankungen leiden Lehrkräfte außerdem überdurchschnittlich häufig an unspezifischen Beschwerden, wie Erschöpfung, Müdigkeit, Schlaflosigkeit, Kopfschmerzen und Angespanntheit bzw. innerer Unruhe. Hier wird **übermäßiger Stress** als einer der Hauptgründe angesehen. Neben den eindeutig auf die Psyche zurückzuführenden Erkrankungen stellen unter Lehrern auch die Erkrankungen des Bewegungsapparats und des Herz-Kreislauf-Systems ein erhebliches Problem dar. Diese sind möglicherweise oft sekundäre Folgen eines **fehlenden Stressmanagements**. Dazu trägt auch die Tatsache bei, dass Studienanfängern, die sich für ein Lehramtsstudium entscheiden, häufig Kenntnisse über die tatsächlichen Belastungen des Lehreralltags fehlen, sodass sie nach dem Studium mehr oder weniger unvorbereitet und mit hohen Idealen in den Schuldienst eintreten. Auch wenn die Lehrerausbildung inzwischen versucht, dem vorzubeugen (z. B. durch frühzeitige Orientierungspraktika u. Ä.), passiert es nach wie vor nicht selten, dass Referendare – anstatt von Anfang an selbstfürsorglich zu handeln – mehr oder weniger schnell an ihre Grenzen geraten und sich dann hin- und hergerissen sehen zwischen den eigenen Erwartungen und Idealen und dem Bedürfnis, die eigene Arbeitsweise zu ändern, um eine Entlastung herbeizuführen.

Allerdings sind, wie Schaarschmidt 2002 bereits zeigen konnte, auch etwa 20 % der Lehrkräfte mit ihren Arbeitsbedingungen sehr zufrieden.[1] Was unterscheidet sie von ihren Kollegen, die erkranken? Schaarschmidt hat bei seinen Untersuchungen deutliche Hinweise auch in der Persönlichkeit, Professionalität, Haltung und Arbeitsweise der Lehrkräfte gefunden, die lang-

---

* Einen guten **Überblick über die Datenlage zu Erkrankungen von Lehrkräften** liefert das „Handbuch Lehrergesundheit" von Thomas und Hundeloh (Hrsg.) in Zusammenarbeit mit der Leuphana Universität Lüneburg. Es ist frei unter www.handbuch-lehrergesundheit.de verfügbar.

fristig gesund bleiben. Der Studienlage zufolge kann **selbstfürsorgliches Handeln hier der Schlüssel zur Lehrergesundheit sein**, denn es ermöglicht es den Lehrern, Wohlbefinden und Leistungsfähigkeit zu vereinen, und wirkt damit präventiv gegen übermäßigen Stress und dessen Folgen.

Das Beste daran ist, dass Sie es in der Hand haben, selbstfürsorglicher mit sich, mit Ihrer Gesundheit, umzugehen, und damit einen wichtigen Beitrag leisten können, Schule zu einem guten Ort zu machen, an dem sich alle Beteiligten wohlfühlen können. Das geht nicht nebenbei und es bedarf viel Anstrengung – wenn das Resultat allerdings der bewusste Umgang mit Belastungen und die weitestgehende Vermeidung von Krankmachern sind, ist vielleicht jede Anstrengung gerechtfertigt, denn es geht nicht nur um Ihre Professionalität, sondern um Ihr allumfassendes Wohlbefinden als Basis Ihrer langfristigen (Lehrer-)Gesundheit.

Doch nicht nur die Lehrkräfte leiden unter den Belastungen, die der Schulalltag mit sich bringt. **Auch jeder dritte Schüler klagt über Stresssymptome** mit Gereiztheit, Kopfschmerzen und (psychosomatischen) Bauchschmerzen. Dies ist das Ergebnis einer Studie, die das Zentrum für Angewandte Gesundheitswissenschaften (ZAG) der Leuphana Universität Lüneburg und das Institut für Psychologie 2010 im Auftrag der Krankenkasse DAK durchgeführt haben.[2] 38 % aller befragten Mädchen klagen über regelmäßige psychosomatische Beschwerden, von den Jungen sind es immerhin 21 %, obwohl das in unserer Gesellschaft vorherrschende Männerbild dazu führt, dass Jungen und Männer stressbezogene Beschwerden weniger offen zugeben bzw. sich eingestehen. Bei einem schlechten Klassenklima treten (in Analogie zur Vermehrung der Symptome bei den Lehrkräften) besonders häufig Schlafprobleme, Gereiztheit und Kopfschmerzen auf. Mehr als 50 % der Schüler mit häufigen Beschwerden fühlen sich in der Schule „verzweifelt" und gaben als Grund das regelmäßige Erleben negativer Gefühle an. Jeder zweite Schüler mit häufigen Beschwerden berichtete ferner von Prüfungsangst. Diese Zustände sind besorgniserregend. Die moderne Lernpsychologie und die Neurowissenschaften können belegen, dass Lernen dann besonders erfolgreich ist, wenn es mit Gefühlen von Zuversicht, Mut, Freude, Stolz und Wohlbefinden assoziiert ist. Kinder lernen also dann besonders gut, wenn es ihnen gut geht.

Der vorliegende Ratgeber möchte Ihnen deshalb Möglichkeiten aufzeigen, zunächst Ihr eigenes Wohlbefinden zu erhöhen, um schließlich im besten Fall ein **selbstfürsorgliches Vorbild für Ihre Schüler** zu werden. Es geht dann vielleicht langfristig viel weniger um die Vermittlung von Lernstoff als um die Beziehung, die Sie zu Ihren Schülern gestalten. In einer guten Beziehung werden Sie zum Vorbild **für Lebenskompetenz und Selbstwirksamkeit**, und das ist eventuell genau das, was es im Schulsystem braucht, damit Ihre Schüler sich die Schule und spätere Bildungswege wieder zutrauen und mit mehr Zuversicht und Freude in den Unterricht gehen. Bis dahin ist es ein langer Weg – und genau um diesen Weg soll es gehen.

Ein Modell des selbstfürsorglichen Umgangs

Wie bereits erwähnt, ist Selbstfürsorge nichts, was Sie erreichen und dann völlig beherrschen können, sondern viel mehr ein Weg, den Sie einschlagen und bei dem Sie immer wieder darauf achten müssen, nicht von ihm abzukommen. Auf diesem „**Weg zu sich selbst**" werden Ihnen Themen und Aufgaben begegnen, die Sie kaum berühren, weil sie für Sie selbstverständliche Routine sind und scheinbar erst einmal nichts mit Selbstfürsorge zu tun haben (z. B. das Aufräumen Ihres Arbeitszimmers). Andere Themen werden Sie mehr ansprechen und herausfordern. Es wird auf dem Weg durch die einzelnen Kapitel dieses Ratgebers also Abschnitte geben, die Sie fast überfliegen können, da Sie bereits Meister auf dem Gebiet sind, wohingegen andere Abschnitte Ihnen womöglich sehr schwer fallen und die Beschäftigung damit Ihnen einiges abverlangt – möglicherweise wird es sogar Stellen geben, an denen Sie das Buch frustriert zur Seite legen wollen. Es ist eben sehr schwer, schonungslos ehrlich zu sich selbst und seinem Umfeld zu sein.

Mit diesem Buch verhält es sich wie mit einem Marathontraining: Ich beschreibe Ihnen, was Sie brauchen, um einen „Marathon" zu absolvieren – welche Schuhe, welche Ernährung, welcher Laufplan etc. Sie durch die nächsten Monate des Trainings bringt. Das alles lesen Sie hier. Dann beschließen Sie, das Training aufzunehmen, doch gleich am zweiten Tag Ihrer Laufeinheiten regnet es. Jetzt geht es darum, dass Sie dennoch laufen – dass Sie sich den Widrigkeiten aussetzen und darauf vertrauen, dass es Ihnen gelingen wird, den Marathon zu schaffen, also Ihren Weg zu gehen.

Ich möchte Sie also vorbereiten, sich auf dem Weg auf **allerhand Störungen** einzurichten und zu wissen, dass es bei jeder Trainingseinheit zunächst einmal darum geht, dass Sie sie geschafft haben. Es muss nichts perfekt sein, es muss sich nicht sofort gut anfühlen – Sie sollten nur das Gefühl haben, auf Ihrem Weg zu sein und etwas zu tun, wofür sich **die Anstrengung lohnt**. Ich erachte Selbstfürsorge, so wie es der Titel des Buches sagt, als die Basis Ihrer Gesundheit. Ich glaube, dass Sie erhebliche gesundheitliche Effekte erzielen können, wenn Sie sich auf Ihren Weg machen. Bisher habe ich mit

meinem Team mit über 450 Schulen zusammengearbeitet und führe jedes Jahr viele Einzelcoachings mit Lehrkräften durch – oft bleiben die Klienten über Jahre, da sie lernen, den selbstfürsorglichen Weg zu lieben, ohne Anspruch darauf, ihn ganz allein gehen zu können. Die Erfolge unserer vielen Trainingsteilnehmer und Einzelklienten sprechen für sich. Erst vor Kurzem erhielt ich eine Mail einer Klientin zu Terminabsprachen, in der sie schrieb: „Liebe Frau Holzrichter, ich habe viel Positives zu berichten, ich glaube, Sie können zaubern … Liebe Grüße und bis zum nächsten Termin!"
Nicht ich kann zaubern, sondern die Möglichkeiten, die ich in diesem Buch beschreibe, können, ernsthaft angewendet, zu einem Zauber werden.

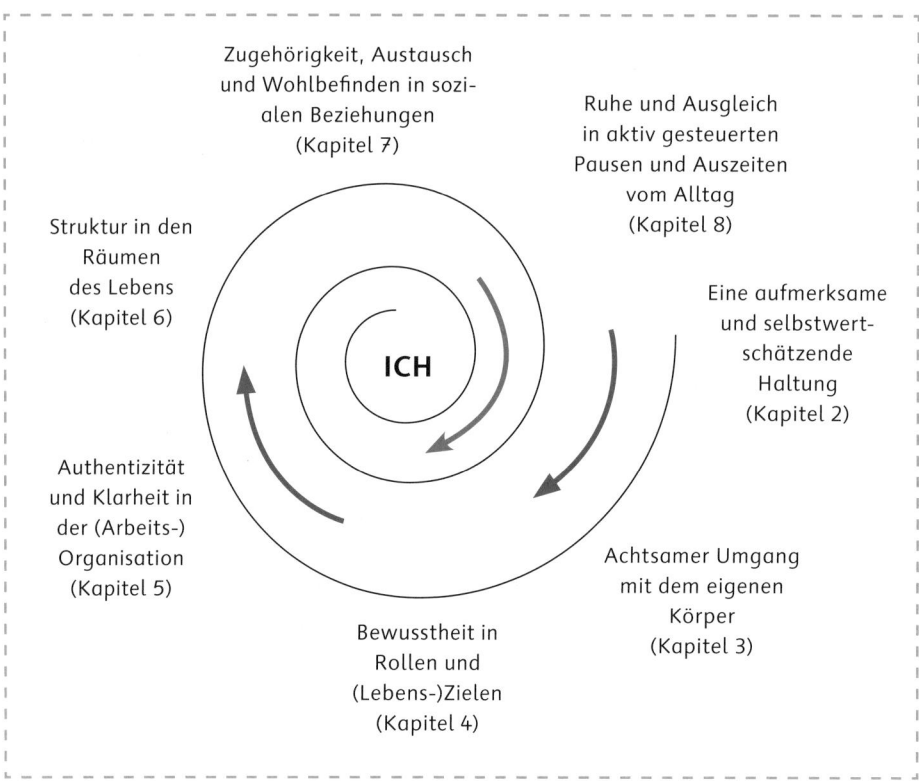

Auf dem Weg zu sich selbst – Ein Modell selbstfürsorglichen Umgangs
(Quelle: HOLZRICHTER-BERATUNGEN/VadR)

Um den „Zauber zu entfachen", ist es wichtig, nicht zu viel auf einmal zu wollen, sondern behutsam einen Fuß vor den anderen zu setzen. Der **Weg durch die Kapitel dieses Buches** (siehe links stehende Abbildung) führt Sie deshalb in **Kapitel 2** zunächst zu der Frage nach Ihrer inneren Haltung. Ist diese aufmerksam und selbstwertschätzend? Schaffen Sie es, auf Ihre Bedürfnisse zu achten und auch im Kontakt mit anderen liebevoll bei sich zu bleiben, ohne sich zu überfordern?

Neben solch einer Haltung ist ein achtsamer Umgang mit dem eigenen Körper das Fundament Ihrer Selbstfürsorge. Deshalb möchte **Kapitel 3** Ihnen zeigen, wie sich Selbstfürsorge in Ihrer täglichen Ernährung, in Ihren Bewegungen und durch Entspannung umsetzen lässt.

Wenn auch dieser Schritt geschafft ist, ist es Zeit, sich in **Kapitel 4** Ihren unterschiedlichen Rollen und den damit verbundenen Erwartungen zu stellen. Welche Ziele verfolgen Sie? Welche Ziele wären die, die Sie eigentlich verfolgen sollten oder die Sie früher einmal verfolgen wollten? Haben Sie im Alltag Zeit für Ausgelassenheit oder andere Dinge, die Ihnen wichtig sind? Wie Sie einzelne dieser Ziele authentisch und mit der nötigen Klarheit umsetzen und in Ihrer Arbeitsorganisation bedenken können, soll Ihnen **Kapitel 5** aufzeigen.

Neben einer guten Arbeitsorganisation braucht gelebte Selbstfürsorge Struktur in den Räumen, in denen sie stattfinden soll. In **Kapitel 6** möchte ich Ihnen helfen, diese Struktur Ihren Bedürfnissen entsprechend aufzubauen und zu erhalten.

Manches schaffen Sie nicht allein, und manchmal ist ein Abend mit Freunden viel selbstfürsorglicher, als deprimiert und allein vor dem Fernseher zu sitzen. Irgendwann in diesem Buch werden Sie aufgefordert sein, das Buch umgehend zur Seite zu legen, loszugehen oder zu fahren, um jemanden zu besuchen. Ich wünsche mir, dass auch hier das Resultat Ihrer Lektüre dann nicht nur das „Wissen, dass das bestimmt sehr selbstfürsorglich wäre," ist, sondern dass die „Erfahrung, wie es ist, das tatsächlich sofort umzusetzen", das ist, was langfristig in Erinnerung bleibt. In **Kapitel 7** nehmen Sie Ihre sozialen Beziehungen unter die Lupe, bevor Sie sich in **Kapitel 8** um Ruhe und Ausgleich durch aktiv gesteuerte Pausen und Auszeiten bemühen.

Das **9. Kapitel** finden Sie nicht auf dem links abgebildeten Weg zum selbstfürsorglichen Ich, denn es ist ein Zusatzkapitel für diejenigen Leser, die kleine Kinder oder zu pflegende Angehörige im Haushalt haben und deshalb möglicherweise einige Male mehr als die anderen Gefahr laufen, vom Weg abzukommen, und deshalb besondere Hilfestellung gebrauchen können.

All die Schritte auf dem Weg werden Ihnen unterschiedlich intensiv, schwer oder leicht vorkommen – es geht darum, dass Sie auf dem Weg entdecken, welche Abschnitte Sie besonders ausbauen, welche Stolpersteine Sie beiseiteräumen sollten. Der Weg hat auch gar kein Ziel, genauso wie Sie **dieses Buch immer und immer wieder lesen** und damit **Ihre aktuelle Selbstfürsorge überprüfen** können. Der Weg ist das Ziel und beginnt jetzt – mit einer **ersten Übung**.

Im Sinne Ihrer Selbstfürsorge möchte ich Sie an dieser Stelle (letztmalig) bitten, das Geld, das Sie für dieses Buch ausgegeben haben, für Ihre Selbstfürsorge sinnvoll einzusetzen und die enthaltenen Angebote wahrzunehmen, indem Sie die **Übungen auch tatsächlich ausprobieren**. Trauen Sie sich, direkt ins Buch zu schreiben. Es ist nicht selbstfürsorglich, die Übungen nicht zu machen, damit das Buch „unbeschmutzt" bleibt (manche empfinden Notizen etc. in Büchern ja als „Verschandelung") – genauso könnten Sie für Ihren Marathon bei Regen nicht laufen, sondern sich stattdessen einen Lauf im Fernsehen angucken. Der Effekt ist der Gleiche. Selbstfürsorglich wird es erst, wenn Ihre eigenen Aufzeichnungen in diesem Buch stehen, auch wenn Sie den Weg später noch einmal gehen wollen und lesen, was Sie „damals" aufgeschrieben haben.

Nun aber zu der angekündigten ersten Übung: Selbstfürsorge enthält die Facetten der **Selbstachtsamkeit** (auf die eigenen Bedürfnisse und Gefühle achten, sie wahrnehmen, sie äußern und danach handeln), der **Selbstakzeptanz** (die eigenen Stärken, Schwächen und Grenzen schätzen und akzeptieren) und der Selbstwertschätzung (die eigenen Fähigkeiten schätzen und anerkennen). Um die **Selbstwertschätzung** kümmern wir uns selten bewusst, also längst nicht so selbstfürsorglich, wie es schön wäre. Schnell können wir all unsere Schwächen benennen – aber unsere Stärken? Was macht uns aus? Was macht uns liebenswert? Worauf sind wir stolz (bezogen auf unsere Person)? Und warum ist es wichtig, sich jetzt dieser Frage zu nähern?
Studien zeigen, dass Kinder vor Schuleintritt insbesondere ihre Stärken aufzählen können. Bereits zwei Jahre in der Schule führen zu einem anderen Bild: Nun können die Kinder ihre Schwächen besser benennen als ihre Stärken. – Fangen Sie hier und jetzt an, ein **Vorbild für Selbstwertschätzung** zu sein. Nehmen Sie sich mit der folgenden Übung, quasi als erstem Schritt auf Ihrem Weg, also Zeit genau für diese wichtigen Fragen. Einigen von Ihnen wird die Übung als die schwierigste vorkommen; das ist zumindest die Erfahrung unserer vielfältigen Trainings mit Lehrkräften. Manche fanden die Auseinandersetzung mit den Fragen „furchtbar" und das sagt einiges über die Teilnehmer aus. Es ist ja aber nicht ganz schlecht, wenn die schwierigste Übung direkt am Anfang steht. Garantiert ist, dass Sie Ihnen gute Laune bereiten wird, wenn Sie sie ernsthaft (und d.h. schriftlich) ausführen:

Positiver Umgang mit sich selbst

Dauer: 15–45 Minuten
Ort: überall
Benötigte Hilfsmittel: Stift

Nehmen Sie sich Zeit, die guten Seiten Ihres Ichs zu benennen.
Notieren Sie aber zunächst auf einer Skala von 0 bis 10 Ihre aktuelle Laune, wobei 0 „richtig schlechte Laune" und 10 „maximal gute Laune" bedeutet.

Meine Laune: .... Datum: .... Uhrzeit: ....

So funktioniert die Übung
Beantworten Sie die folgenden Fragen so ausführlich, liebevoll und selbstbewusst, wie es Ihnen möglich ist:

→ Welche Charaktereigenschaften finde ich an mir gut?
   ....
   ....
   ....

→ Welche persönlichen Ziele habe ich erreicht, auf die ich stolz sein kann?
   ....
   ....
   ....

→ Welche Faktoren, die meine Umgebung ausmachen, sind toll und hängen mit mir zusammen?
   (z. B. Partner, Kinder, Garten, Freunde, bestimmte Angewohnheiten und Hobbys)
   ....
   ....
   ....

→ Was finde ich sonst noch an mir und meinem Leben toll?
   (Äußeres, Werte, Einstellungen, Aktionen etc.)
   ....
   ....
   ....

→ Was ist an meinem Unterricht und mir als Lehrer/in besonders toll?
   ....
   ....
   ....

→

> **Erläuterung**
> Tragen Sie jetzt nach der Übung noch einmal Ihre aktuelle Laune ein:
>
> Meine Laune: .... Datum: .... Uhrzeit: ....
>
> Vielleicht ist das Ergebnis Erläuterung genug.
> Im besten Fall sehen Sie sich nun in einem etwas liebevolleren, annehmenderen und selbstwertschätzenderen Licht – dann war das der erste und damit wichtigste Schritt auf Ihrem Weg.

Sie haben in diesem Kapitel einen kleinen Einblick in die Datenlage zur Lehrergesundheit bekommen und viele der aufgezählten Belastungen und Beanspruchungen kennen Sie aus Ihrem täglichen Leben. Sie haben auch gelesen, dass es einen Weg der Selbstfürsorge gibt, den Sie gehen könnten – allerdings hält uns unser Alltag mit all seinen vermeintlichen D(r)inglichkeiten oft davon ab, uns selbst mit unseren eigenen Bedürfnissen und Träumen ernst und wichtig genug zu nehmen.

Ich wünsche mir, dass Sie durch die Lektüre der folgenden Kapitel, die diesen selbstfürsorglichen Weg beschreiben, Ihre Träume wiederfinden und sich die Zeit nehmen, sie ein Stück weiter zu träumen, sie aufzuschreiben, ernst zu nehmen und wertzuschätzen. Sie sind vielleicht der tiefste, der ehrlichste und intensivste Zugang, den Sie zu sich haben. Nehmen Sie sich ernst und wichtig.

Fazit: Ein selbstfürsorgliches Leben besteht aus einem selbstfürsorglichen Weg, der Ihnen als Basis Ihrer Gesundheit dient. Dabei kann Selbstfürsorge als wichtige Stellschraube gegen Überlastung und Beanspruchung sowie übermäßige Verausgabung verstanden werden. Selbstfürsorge wird lebendig durch Selbstachtsamkeit, Selbstakzeptanz und Selbstwertschätzung und sie wird deutlich in einer selbstfürsorglichen Haltung, einem achtsamen Umgang mit dem eigenen Körper, einer Bewusstheit der eigenen Rollen und (Lebens-)Ziele, Authentizität und Klarheit in der (Arbeits-)Organisation, Struktur in den Räumen des Lebens, Zugehörigkeit, Austausch und Wohlbefinden in bewusst gestalteten sozialen Beziehungen sowie in Ruhe und Ausgleich durch aktiv gesteuerte Pausen und Auszeiten vom Alltag und der Berufsrolle.

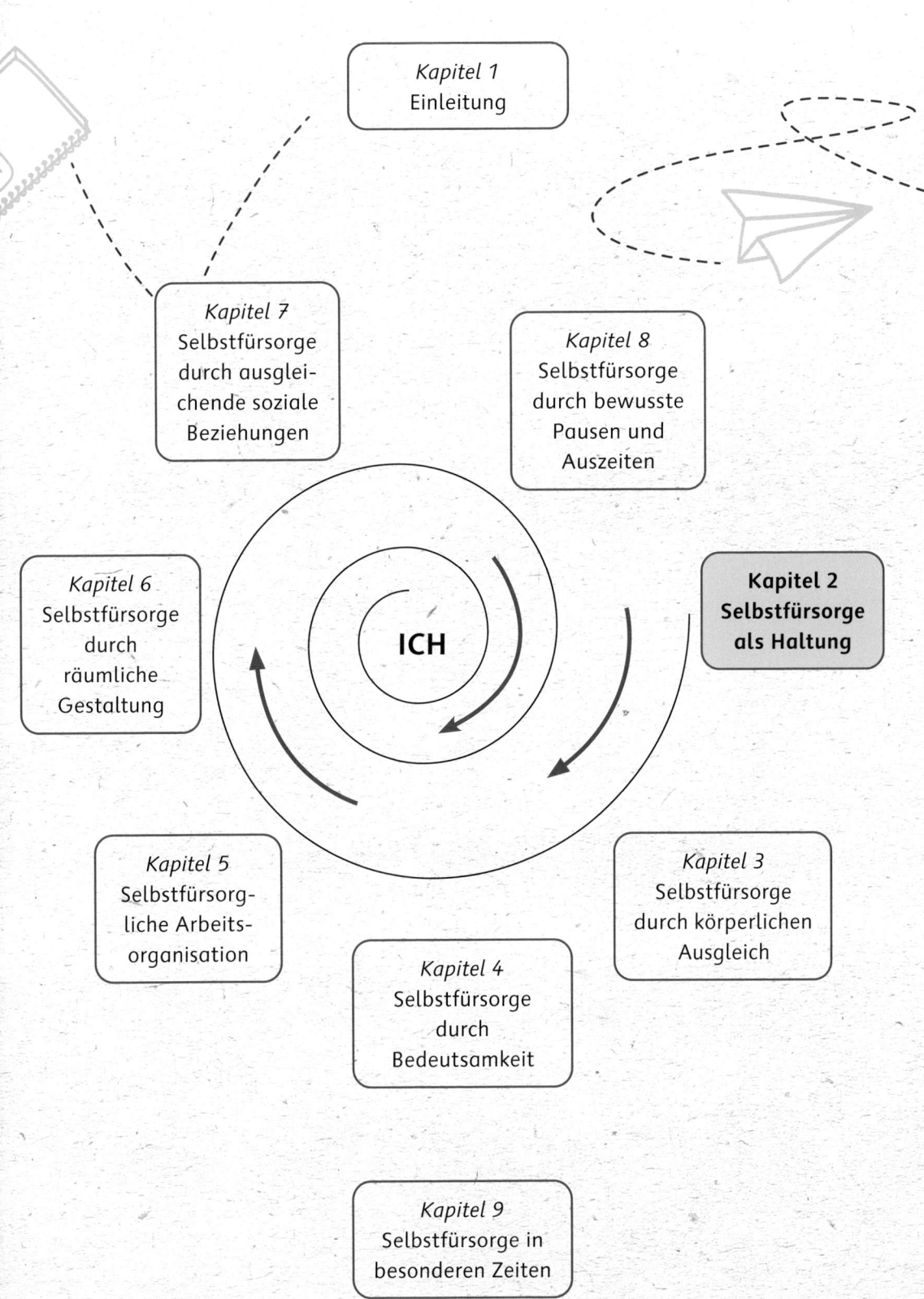

Jeder Mensch hat seine ganz eigene Einstellung – zum Leben allgemein, zu bestimmten Themen und Fragen oder auch dazu, wie er mit unterschiedlichen Situationen umgeht und darauf reagiert. Diese Einstellung, unsere innere Haltung, ist aber nicht etwa unveränderbar – sie unterliegt stetigem Wandel und wird durch unsere soziale Umwelt und unser Denken über diese Umwelt beeinflusst. Somit ist es möglich, Haltungen bewusst zu verändern, hin zu mehr Achtsamkeit, Gelassenheit, zu einem selbstfürsorglicheren Leben. Um diese Haltungsänderung zu erreichen, kann es wichtig sein, (eigene) Glaubenssätze zu hinterfragen, wie etwa „Selbstfürsorge ist doch purer Egoismus" oder „Wer Leistung bringen will, muss die Zähne zusammenbeißen". So geht es in diesem Kapitel um die Frage, ob Selbstfürsorge mit Egoismus gleichzusetzen ist, ob selbstfürsorgliches Handeln Leistungseinbußen mit sich bringt, welche Folgen durch mangelnde Selbstfürsorge drohen und wie man innere Antreiber beruhigen kann.

Ziel des Kapitels soll die Überprüfung der eigenen Haltung in Hinblick auf Selbstfürsorge sein und es soll erste Denkanstöße liefern, eine selbstfürsorglichere Einstellung zu entwickeln.

Ist selbstfürsorgliches Handeln Egoismus?

In unseren Veranstaltungen zum Thema Selbstfürsorge werden wir häufig mit der Frage konfrontiert, ob das, was wir dort vorschlagen, nicht purer Egoismus sei. Die Frage ist sehr berechtigt, ist doch im ersten Anschein auf sich selbst bezogenes Handeln egoistisch. Doch was ist nun der Unterschied? Der Duden schlägt für Egoismus zwei Bedeutungen vor: zum einen eine Haltung, „die durch das Streben nach Erlangung von Vorteilen für die eigene Person" gekennzeichnet ist, wobei die Erfüllung der jeweiligen „Wünsche ohne Rücksicht auf die Ansprüche anderer" erfolgt. Diese Haltung kommt in keiner Weise der Selbstfürsorge gleich, denn wir verstehen unter Selbstfürsorge eine Fürsorge für die eigene Person und nicht ein rücksichtsloses Handeln gegenüber anderen. Vielmehr glauben wir, dass Fürsorge für andere erst durch Selbstfürsorge langfristig möglich wird. Die philosophische Auffassung, die der Duden dazu bereithält, ist die Lehre, „nach der alles, auch das altruistische Handeln, auf Selbstliebe beruht". Selbstliebe wird hier wiederum als die egozentrische Liebe zur eigenen Person beschrieben. Würde es heißen „Liebe zur eigenen Person", dann könnte man damit die Selbstfürsorge beschreiben. Selbstfürsorge meint jedoch nicht egozentrisches Verhalten. In der Bibel finden wir eine andere, viel passendere Beschreibung. Dort heißt es: „Du sollst deinen Nächsten lieben wie dich selbst." (Mt 22,39). Dies lässt uns vielleicht eher verstehen, wie Selbstfürsorge gemeint ist: Selbstfürsorge ist die Liebe, die Zuwendung und die Achtsamkeit, das Erkennen von Gefühlen und Bedürfnissen und das Handeln danach, in Bezug auf die eigene Person. „Liebe deinen Nächsten wie dich selbst" heißt letztlich, dass wir uns selbst lieben müssen, um auch das Gegenüber lieben zu können. Genau um diese Haltung geht es, die **Stärkung der eigenen Person, um dann für andere da sein zu können**.

In der Kindererziehung heißt es: „Glückliche Kinder brauchen glückliche Eltern" – und genau das setzt Selbstfürsorge voraus. Gerade Menschen, die sich viel um andere kümmern, sollten ihre eigenen Bedürfnisse und Gefühle ernst und wichtig nehmen und diese an die erste Stelle setzen. Bekannt sind in dieser Weise vielen von uns die Sicherheitshinweise im Flugzeug. Kennen Sie die Hinweise in Bezug auf Druckabfall und Sauerstoffmangel in der Kabine, die vor jedem Flug demonstriert werden? Dort heißt es, man solle bei entsprechender Gefahr zunächst selbst die Sauerstoffmaske aufsetzen, bevor man Kinder und andere hilfsbedürftige Menschen versorgt. Nicht ohne Grund wird zu diesem Vorgehen aufgerufen.

Wenn ich Teilnehmer meiner Seminare nach diesen Sicherheitshinweisen frage, dann ist es häufig so, dass gerade die Lehrer sie falsch wiedergeben und intuitiv rufen: „Erst den Kindern helfen und dann selbst die Maske aufsetzen." Wozu dieses Denken führen kann, zeigen leider die aktuellen Daten zum Krankenstand der Lehrkräfte. Ein hoher Prozentsatz, verglichen mit anderen Berufsgruppen, auch im Binnenvergleich der Beamtenberufe, leidet unter Erkrankungen, die einen Bezug zu Überforderung herstellen lassen. Diese Überforderung ist typischerweise psychisch, sprich, es liegt eine emotionale Komponente vor. Diese emotionale Komponente wiederum ist oft begründet in einem inneren Leistungsanspruch, um den es im Folgenden gehen soll. Zunächst möchte ich Sie allerdings einladen, noch einen Moment bei Ihren Emotionen zu verbleiben und die nächste Übung auszuprobieren.

Die Gefühle sind wie Wolken am Himmel

Zeit: 5–15 Minuten (je nach Geübtheit)
Ort: überall, wo Sie kurz Ruhe und Konzentration finden
Benötigte Hilfsmittel: keine

→

Diese kleine Achtsamkeitsübung soll es Ihnen ermöglichen, all Ihren Gefühlen liebevoll nah zu sein und sie dazu zunächst einmal nur zu beobachten.
Häufig nehmen wir unsere Gefühle wahr und wollen die negativen umgehend verändern. Wir wollen nicht ängstlich, unsicher oder deprimiert sein und diese unangenehmen Gefühle sollen so schnell wie möglich verschwinden. – Ein aussichtsloses Unterfangen, denn je mehr wir versuchen, die Gefühle zu unterdrücken, desto geballter kommen sie wieder zum Vorschein. Ich möchte Ihnen einen anderen Weg zum Umgang mit Ihren Gefühlen vorschlagen.

So funktioniert die Übung
Stellen Sie sich vor, Sie liegen auf einer großen Sommerwiese. Es ist warm. Sie liegen ganz bequem auf dem Rücken. Nun betrachten Sie die Wolken am Himmel. Es gibt ganz verschiedene Wolken, große, kleine, helle, dunklere. Und genauso wenig, wie Sie das Vorbeiziehen der Wolken beeinflussen können, so wenig beeinflussen Sie nun Ihre Gefühle. Sie nehmen sie einfach wahr. Sie betrachten sie ganz genau – welches Gefühl kommt dort gerade, wie würden Sie es beschreiben? Versuchen Sie, jedes Gefühl so genau zu beschreiben, wie es Ihnen möglich ist. Denken Sie an einen Meteorologen. Er hätte viele differenzierte Begriffe für jede Wolkenart und -form. Und dann, wenn Sie Ihr Gefühl genau betrachtet haben, lassen sie es weiterziehen. Dabei beeinflussen Sie Ihre Gefühle genauso wenig, wie Sie die Geschwindigkeit des Vorbeiziehens der Wolken beeinflussen können. So wie Sie sich die Wolken ansehen, so spüren Sie in Ihre Gefühle hinein und lassen sie ziehen.

Erläuterung
Menschen, die unter starken Gefühlen, z. B. Angst, leiden, denken häufig, dass das Gefühl in der aktuell empfundenen Intensität den gesamten Tag bestehen bleibt. Aber genauso, wie sich die Wolken am Himmel verändern, so verändern sich auch unsere Gefühle über den Tag hinweg. Manchmal stürmt es, manchmal gewittert es und manchmal scheint es, als wolle es gar nie wieder aufhören zu regnen, und am nächsten Tag strahlt wieder die Sonne vom blauen Himmel. Mit der Zeit werden Sie durch diese Übung eine entspanntere Haltung zu Ihren Gefühlen entwickeln, denn Sie wissen, dass keines davon ewig bestehen bleibt. Jeder Versuch, sie zu kontrollieren, kostet mehr Kraft als es nützt. Später werden wir darauf eingehen, wie Sie in eine Region umziehen können, in der häufig die Sonne scheint – aber bis dahin tun Sie gut daran, Ihre Gefühle so zu nehmen, wie sie kommen. Die größte Angst ist die Angst vor der Angst und nicht der akute Moment der Angst.
Natürlich sollen Sie Ihre Gefühle nicht in jeder Situation unkontrolliert nach außen tragen, aber Sie sollten lernen, Ihre Gefühle für sich so wahrzunehmen, wie sie gerade sind. In unserer Praxis beraten wir viele Lehrkräfte zu verschiedenen schwierigen Situationen des Berufsalltages. Manche haben für die Nachfrage: „Und wie haben Sie sich in der Situation gefühlt?" kaum beschreibende Worte. Andere wiederum sind in der Lage, die eigenen Gefühle klar und differenziert zu beschreiben. Dies ist eine wichtige Grundvoraussetzung für eine selbstfürsorgliche Haltung.

Fazit
Achten Sie möglichst zu jeder Zeit auf Ihre Gefühle und Bedürfnisse, nehmen Sie diese achtsam wahr und versuchen Sie, so häufig, wie es geht, diesen gerecht zu werden. Dies ist keineswegs egoistisch, sondern die nötige Voraussetzung dafür, dass Sie langfristig die nötige Kraft haben werden, sich für andere Menschen – Ihre Schüler, Ihre Kollegen, Ihre Familie – einzusetzen.

Leistung und Selbstfürsorge – wie passt das im Lehreralltag zusammen?

Im vorherigen Abschnitt haben Sie gelesen, dass Egoismus und Selbstfürsorge grundsätzlich unterschiedlich sind. Dennoch taucht in unseren Seminaren häufig die Frage auf, ob man überhaupt leistungsfähig sei, wenn man sich vorrangig um die eigenen Bedürfnisse (z. B. nach Schlaf und Ruhe – das kommt unseren Teilnehmern meist als Erstes in den Sinn!) kümmere. Die Antwort erklärt sich im Grunde wieder durch das Beispiel der Flugsicherheitshinweise aus dem letzten Abschnitt. Sie können Ihr volles Potenzial nur leben und damit maximale Leistung bringen, wenn Sie in einem körperlich und psychisch sehr guten Zustand sind.
2014 sind „wir" wieder Weltmeister geworden und in vielen Interviews berichtete der Trainerstab von den unterschiedlichen Maßnahmen, die zur Regeneration des Teams getroffen wurden, um am Turniertag maximale Leistung abrufen zu können. Dies scheint den meisten von uns schlüssig, sobald es um körperliche Aktivität und darauf folgende Regeneration geht. Doch genauso braucht unsere Psyche, unser emotionales Wahrnehmungszentrum, Ruhephasen, um das zu verarbeiten, was passiert ist. Auch hier sind die „täglichen Trainingsläufe" nicht zu unterschätzen. Lehrkräfte erleben vielfachen psychischen Stress während des Arbeitstages, seien es die vielfältigen Kontakte mit unterschiedlichen Personen, wie Schülern, Eltern, Kollegen oder dem Schulleiter, die daraus resultierenden oft konträren Erwartungen, die vielen „schnell mal eben"-Aufforderungen in den „Pausen", die zu lösenden Konflikte oder der Unterricht an sich – wobei Letzteres von den wenigsten unserer Seminarteilnehmer als Belastungsfaktor Nr. 1 gesehen wird. Wenn der gesamte Vormittag mit Hochleistung und ohne Regeneration bewältigt wird, bleibt dem Körper kaum etwas anderes, als im Mittagsschlaf eine längere Pause zu erzwingen. Auf diesen Mittagsschlaf angesprochen

betonen unsere Seminarteilnehmer vielfach, dass sie diesen bräuchten wegen des Alters, der Hitze oder weshalb auch immer – sie bräuchten ihn einfach und das läge nicht unbedingt daran, dass sie sich den Vormittag „zu voll gepackt" hätten. Wir bitten diese Seminarteilnehmer (wir sehen viele unsere Teilnehmer i. d. R. wieder), sich in den Sommerferien genau zu beobachten, und schnell wird deutlich, dass nicht das Alter, die Hitze oder sonstige entsprechende Faktoren verantwortlich sind, denn auch die ältesten unserer Teilnehmer geben an, in den Sommerferien kaum Mittagsschlaf zu benötigen. Es scheint also vielmehr so zu sein, dass der Vormittag in der Schulzeit zu aufreibend ist und der Körper mit physiologischen Notfallreaktionen gegensteuert. Diese Notfallreaktionen, die auf zu großen akuten Stress, der nicht adäquat bewältigt wird, zurückzuführen sind, setzen eine Reihe von Stresshormonen frei, die letztlich zu einem „Notabschalten" in Form des Mittagsschlafes führen. Lassen Sie uns an dieser Stelle das Phänomen „Stress" etwas genauer betrachten:

Akuter Stress ist weder schädlich noch sollte man ihm zu viel Beachtung schenken. Er zeigt, dass unser Körper reibungslos funktioniert (nämlich in der Lage ist, Stresshormone auszuschütten), und hat damit evolutionär einen hohen Stellenwert. Akuter Stress ist jedoch oft nicht direkt in der Situation spürbar. Wenn Sie bspw. nachts auf einer Landstraße mit Ihrem Auto unterwegs sind und ein Reh auf die Straße springt, dann bremsen Sie sofort und ohne darüber nachzudenken. Auch werden Sie in dieser Situation kaum Stress verspüren, das haben Sie vielleicht schon einmal am eigenen Körper erlebt. Sie funktionieren und das erstaunlich schnell und zuverlässig und mit dieser großartigen Reaktion sichern Sie Ihr Überleben. Erst wenn das Reh längst auf der anderen Straßenseite wieder im Wald verschwunden ist, spüren Sie – meist zunächst in den Beinen – die enormen Auswirkungen dieser kurzfristigen Stressreaktion. Wenn Sie Ihre Fahrt nun fortsetzen, das Radio wieder lauter drehen und Ihre Lieblingsmusik läuft, werden Sie nach etwa 15 Minuten kaum noch etwas von diesem Erlebnis im Körper bemerken.

Chronischer Stress hingegen ist das, was Menschen auf Dauer aus der Balance bringt und erhebliche körperliche und psychische Folgen hat. Chronischer Stress wäre es in diesem Beispiel, wenn Sie jeden Tag bei Dämmerung viele Stunden durch Waldgebiete fahren würden und immer wieder, meist unvorhersehbar, meist kaum planbar, auf keinen Fall kontrollierbar, Rehe vor Ihr Auto springen würden. Dann beginnt eine Kette von kurzfristigen Stressreaktionen, die durch mangelnde Erholungszeiten gekennzeichnet ist und dazu führt, dass weder die Stresshormone abgebaut noch die Situationen emotional gut bewältigt werden können. Sie werden „müde", der Straße, des Autos, der Rehe, der Nacht … und irgendwann vielleicht des Sternenhimmels. Hier gibt es nun **zwei unterschiedliche Bewältigungsformen**, die Menschen an den Tag legen. Die einen hinterfragen, was sie dort eigentlich tun, indem sie bildlich gesehen einen Schritt zurück, einen Schritt aus der Situation heraustreten und auf einer Metaebene betrachten, was dort vor sich geht. Sie prüfen, ob der Weg, den sie eingeschlagen haben, der ist, der zu ihnen und ihren Zielen, Kräften und Wertvorstellungen passt. Sie spüren, dass etwas „falsch läuft". Die anderen gehen, bildlich gesehen, einen Schritt weiter in die Situation hinein und glauben, dass sie mit mehr Anstrengung den höher werdenden Anforderungen gerecht werden können. Sie steigen also nicht aus dem Hamsterrad aus, sondern laufen schneller.

Viele unserer Seminarteilnehmer verfolgen diese zweite Strategie. Sie meinen, dass sie durch mehr Leistung im Moment langfristig weniger Belastungen ausgesetzt sind. Sie ändern weniger die Route und hinterfragen seltener, ob das, was sie tun, wirklich zu ihnen passt. Es hat zu passen. So zeigen sich hier bestimmte Ansprüche, die zwar kurzfristig die Leistungsfähigkeit steigern, langfristig aber aufgrund des chronischen Stresses zu erheblichen gesundheitlichen Problemen führen können. Dieses Buch soll Ihnen helfen, die Metaebene einzunehmen und zunächst wertfrei zu betrachten, was Sie sehen.

Auf die möglichen Folgen der chronischen Überlastung soll im nächsten Abschnitt in Kürze eingegangen werden. Damit es bei Ihnen aber möglichst gar nicht erst so weit kommt, lernen Sie mithilfe der folgenden Übung, einen Schritt zurückzugehen und zu ermitteln, in welchem Verhältnis Stress und Regeneration bei Ihnen zueinander stehen. Auf dieser Grundlage können Sie dann überlegen, ob und wie Sie etwas ändern möchten.

 Leistung und Regeneration – Ermitteln Sie Ihr Verhältnis!

Zeit: begleitend an einem üblichen Schultag ca. alle 30 Minuten für wenige Sekunden
Ort: wo auch immer Sie sich im Laufe des Tages befinden
Benötigte Hilfsmittel: Tabelle von S. 29 und Stift

Das Verhältnis von Leistung und Regeneration im Schulalltag im Blick zu behalten, ist eine große Herausforderung. Dennoch ist es grundlegend wichtig, hier eine ausgewogene Balance herzustellen und beizubehalten. Diese Übung zeigt Ihnen anhand eines Beispiels, wie Sie das Verhältnis für sich ermitteln können.

➜

So funktioniert die Übung

Machen Sie sich eine Kopie der Tabelle auf der nächsten Seite und stecken Sie sie in die Hosentasche, sodass Sie sie immer griffbereit haben. Beobachten Sie sich einen Tag lang und kreuzen Sie in der Tabelle möglichst alle 30 Minuten wie im unten stehenden Beispiel an, welchen Stresswert (im Beispiel schwarz) und welchen Erschöpfungswert (grau) Sie momentan empfinden. Halten Sie dafür jeweils einen Moment inne und hören Sie aufmerksam in sich hinein. Tragen Sie zusätzlich durch Kreise oder andere Symbole die Momente ein, in denen Regeneration möglich wurde. Vermerken Sie, was Ihre jeweilige Regenerationsquelle war. Fertigen Sie am Ende des Tages Ihre Stress- und Erschöpfungskurve an, indem Sie die Markierungen zu zwei verschiedenfarbigen Linien verbinden. Haben sich die Regenerationsmomente auf Ihr Stresserleben und Ihre Gefühle von Erschöpfung ausgewirkt?

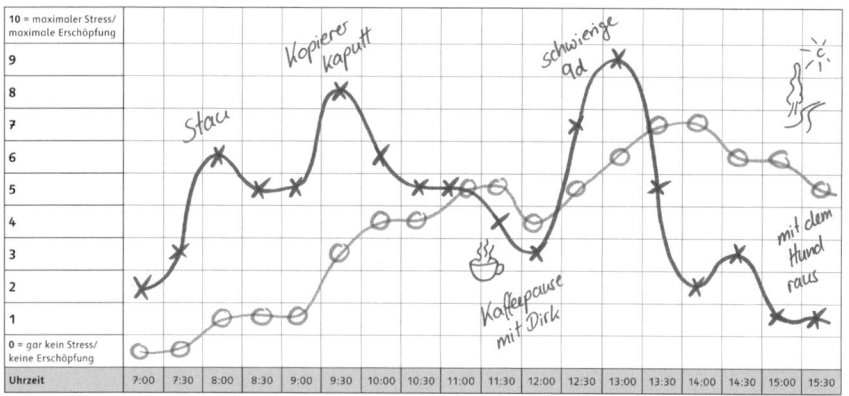

Erläuterung

Vielleicht bemerken Sie nach der Übung, dass Stresserleben und Erschöpfungsgefühle manches Mal nicht direkt aufeinander folgen. Häufig wird die Erschöpfung sogar erst viel später wahrgenommen, wenn der Stressor schon länger zurückliegt. Umso wichtiger ist es, das eigene Stresserleben wahrzunehmen und zu prüfen, ob die kleinen Regenerationen ihre Wirkung hatten.

Diese Tabelle lässt sich wunderbar abwandeln, um andere Gefühle, wie Angst oder Ärger, über den Tag zu protokollieren. So erkennen Sie – wie vielleicht schon bei der Übung „Die Gefühle sind wie Wolken am Himmel" aus dem vorigen Kapitel (S. 23 f.) –, dass Gefühle i. d. R. nicht über eine längere Zeit unverändert bestehen.

Kapitel 2 – **Selbstfürsorge als Haltung**

Mein Verhältnis von Leistung und Regeneration

10 = maximaler Stress/ maximale Erschöpfung																	
9																	
8																	
7																	
6																	
5																	
4																	
3																	
2																	
1																	
0 = gar kein Stress/ keine Erschöpfung																	
Uhrzeit	7:00	7:30	8:00	8:30	9:00	9:30	10:00	10:30	11:00	11:30	12:00	12:30	13:00	13:30	14:00	14:30	15:00	15:30

Selbstfürsorge als Basis der Lehrergesundheit

Fazit: Wenn keine Zeit für Regeneration bleibt, führt hohe Leistung zu langfristiger körperlicher und psychischer Erschöpfung. Dauerhaft erzielen Sie eine hohe Leistung nur durch die Vermeidung von chronischem Stress. Kümmern Sie sich also ausreichend um Ihre Regeneration, um langfristig eine sehr gute Arbeit mit guten Ergebnissen zu erzielen. Welche Quellen Sie alltags- und praxisnah für Ihre tägliche Regeneration nutzen können, erfahren Sie ab dem 3. Kapitel (S. 53 ff.).

Burnout, Stress und Angsterkrankungen als Folgen mangelnder Selbstfürsorge

Menschen, die an Burnout erkranken, haben oft über längere Zeit ihre eigenen Gefühle und Bedürfnisse zurückgestellt und ihre Grenzen missachtet. Sie haben häufig das Gefühl, über lange Strecken mehr gegeben zu haben, als sie bekommen haben (oder sich nehmen konnten). Zwischen „bekommen" und „nehmen" soll an dieser Stelle nicht unterschieden werden; das eine ist die aktive und das andere die passive Form. Viel wichtiger ist das Verständnis, dass bei Betroffenen zwischen dem Geben und dem Bekommen ein gefühlter Unterschied herrscht. Im Verlauf eines Burnouts – Auslöser ist im Übrigen i. d. R. chronischer Stress, der nicht adäquat bewältigt wurde – kommt es zu verschiedenen Symptomen, die die oben beschriebene Kluft immer größer werden lassen.

Herbert J. Freudenberger publizierte 1974[3] den ersten wissenschaftlichen Artikel zum **Burnout-Syndrom** und entwickelte für dessen Verständnis ein **12-Stadien-Modell**. Die Stadien sind in der Praxis allerdings nicht klar voneinander abgrenzbar und vermischen oder überlagern sich häufig, sodass sie nicht zur Diagnose, aber durchaus zum ersten Verständnis des Verlaufs geeignet sind.

Die **ersten drei Stadien** eines Burnouts sind gekennzeichnet durch den Wunsch, sich zu beweisen, wobei es zu einer besonderen Begeisterungsfähigkeit und erhöhten Erwartungen an sich selbst kommt. Die eigenen Bedürfnisse werden zurückgestellt und eigene Grenzen werden teilweise missachtet. Im Verlauf entwickelt sich das Gefühl, alles selbst machen zu müssen oder zu wollen, und es kommt zu einer erhöhten Bereitschaft zur Übernahme weiterer Aufgaben, woraus sich ein Gefühl der Unentbehrlichkeit entwickeln kann. Schließlich treten die persönliche Regeneration, bisherige Hobbys oder auch entspannte Treffen mit Freunden mehr und mehr in den Hintergrund und es entwickelt sich das Gefühl, diese Bedürfnisse derzeit gar nicht zu haben. Hingegen kommt es oft zu erhöhtem Substanzenkonsum, wie stärkerem Kaffee am Morgen, um fit zu werden, oder Alkohol am Abend, um sich wieder zu beruhigen.

Die **nächsten drei Stadien** (Stadium 4 bis 6) zeigen sich durch ein Missverhältnis von inneren Bedürfnissen und äußeren Erfordernissen; es kommt zu ersten Fehlleistungen als Zeichen der Überforderung. Die emotionalen Folgen sind mittelfristig eine Distanzierungsunfähigkeit oder das Gegenteil, eine „Abstumpfung", die Meidung privater Kontakte, die als belastend empfunden werden, die Verdrängung von (zunächst eigenen) Problemen, Ungeduld, Intoleranz und als eines der Kernsymptome Zynismus. Körperliche Symptome werden nun deutlicher, i. d. R. allerdings nicht mit dem Prozess des Burnout in Verbindung gebracht.

Die **Stadien 7 bis 9** sind beschrieben durch Orientierungs- und Hoffnungslosigkeit, Ohnmachtsgefühle, innere Leere und den deutlichen Abbau kognitiver Leistungsfähigkeit. Es kommt zu Rückzug, Eigenbrötlerei, Selbstmitleid, Einsamkeit und einer Verflachung des emotionalen Lebens.

Es beginnt die Entfremdung von der eigenen Person mit innerer Leere, Gefühlen von Sinnlosigkeit, automatenhaftem Funktionieren und dem Gefühl des Abgestorbenseins.

In den **drei Endstadien** fühlen sich die Betroffenen völlig ausgehöhlt, mutlos und leer. Nun treten vermehrt Panikattacken und Angstzustände auf, häufig mit Angst vor Menschen. Betroffene beschreiben, dass ihnen einfach alles zu viel werde. Es entstehen massive Gefühle von Hilflosigkeit und Verzweiflung. Bei vielen Patienten ist ein Wechsel zwischen dem Gefühl des inneren Abgestorbenseins und starken, schmerzhaften Emotionen zu beobachten, zu dem suizidale Gedanken kommen können. Körperlich sind häufig ein angegriffenes Immunsystem mit gestörten Hormonwerten sowie Herz-Kreislauf-Erkrankungen diagnostizierbar. Letztlich endet das Syndrom in einer lebensgefährlichen geistigen, körperlichen und emotionalen Erschöpfung.

Versuchen Sie, den Stadienverlauf zu verstehen, denn er hängt ganz maßgeblich mit einer mangelnden Selbstfürsorge zusammen, die allerdings i. d. R. völlig unbeabsichtigt aus den Augen geriet. Ein **Fallbeispiel aus der Praxis** soll den schleichenden Prozess und die dahinter verborgenen Motive klarer werden lassen.

Stellen Sie sich eine junge Kollegin vor. Wir nennen sie Anna Sommer. Sie ist neu an Ihrer Schule. Anfangs möchte diese junge Kollegin sich besonders einbringen und beweisen. Sie ist äußerst begeisterungsfähig, übernimmt freiwillig neue Aufgaben und da Anna dabei noch gut gelaunt und frisch wirkt, bekommt sie von Ihnen und Ihren Kollegen ein entsprechend positives Feedback. Sie würden Anna als eine Person beschreiben, die eine hohe Leistung zeigt und dabei ein großes Wohlbefinden an den Tag legt. Das wiederum führt bei Anna zu dem Gefühl, etwas Wichtiges zu tun, gut zu sein, unentbehrlich zu sein und endlich die Anerkennung zu bekommen, die sie immer gesucht hat. Anna stellt ihre eigenen Bedürfnisse (sie ging immer gern ins Kino) zunächst hinten an, um sich in die neue Situation einzuarbeiten und sich gründlich auf ihre erste eigene Klasse vorzubereiten. Wenn wir Anna fragen würden, wie sie sich fühlt, würde sie sagen, dass sie sich richtig gut fühle, dass sie nette Kollegen habe, etwas Wichtiges tue und wirklich gebraucht werde. Klar, manchmal ist sie morgens müde und kann abends nicht einschlafen, aber wem geht es nicht so? Wir würden Anna als Energiebündel erleben und sie vielleicht sogar etwas beneiden oder bewundern. Anna befindet sich allerdings bereits in den ersten Stadien eines Burnouts. Diese ersten drei Stadien sind noch als normale Reaktion auf Veränderungen jeglicher Art zu verstehen. Die Menschen in diesen Anfangsstadien „brennen" schier für etwas.

Anna würde nicht erkranken, wenn es nun im Verlauf nicht zu einigen Besonderheiten käme (denn grundsätzlich befinden sich viele Menschen zeitweise in Phasen erhöhter Leistungsbereitschaft und sind gleichzeitig von dem zu bearbeitenden Projekt begeistert – genauso die Autorin, die dieses Buch gerade verfasst). Wie geht es mit Anna weiter? Da sie so klug, so fröhlich und so unbelastet scheint, bekommt sie zwar schnell einen guten Stand im Kollegium, aber gleichsam auch einige Extraaufgaben (die sie auch gern übernimmt, denn sie unterstreichen ihren Erfolg). Anna bemerkt im Verlauf (etwa Stadium 4), dass sie aufgrund ihrer beginnenden Überlastung Fehler macht und unproduktiver wird. Mit ihrer Persönlichkeitsstruktur arbeitet sie gegen diese Leistungseinbußen mit mehr Arbeit an, d.h., sie kompensiert Fehler und Unachtsamkeiten mit mehr Arbeit, um ein dennoch sehr gutes Ergebnis zu erzielen. Das Kollegium bemerkt kaum etwas von dem Prozess der Überlastung, der sich in Anna abspielt. Sie schläft schlechter und gibt ihr Hobby, das Reiten, auf. Natürlich denkt Anna, dass sie nur jetzt, nur für die nächsten Monate, nur bis zu den Sommerferien nicht reiten werde, um mehr Zeit für die Schule zu haben, und wenn wir sie fragen würden, würde sie aus Überzeugung anführen, dass ihr das Reiten im Winter sowieso weniger Spaß bringe und dass der Verzicht darauf ihr momentan entgegenkomme. Anna hat mittlerweile ein hervorragendes erstes Halbjahr an der Schule absolviert. Sie wird von Kollegen, von der Schulleitung, den Schülern und den Eltern sehr geschätzt, vor allem für ihr besonderes Engagement auch für schwache Schüler, und sie nimmt sich viel mehr Zeit als andere Kollegen, die Eltern zu beraten und sich ihre Sorgen anzuhören. Auch dafür erhält sie Zuspruch, Anerkennung und Dankbarkeit, wenn auch von einigen Kollegen argwöhnische Blicke kommen. Mit der Zeit gewöhnen sich das Kollegium und die Elternschaft an Annas Leistungsniveau und das äußerst positive

Feedback lässt sukzessive nach. Dies ist ein völlig normaler Prozess in menschlichen Beziehungen. Anna erhält mit der Zeit weniger „Lob" für ihre herausragenden Leistungen. Sie könnte als kluge Frau verstehen, dass es jedem so geht und ihre Leistungsbereitschaft an das geforderte Niveau anpassen, abends wieder ins Kino gehen, am Wochenende reiten und eine glückliche, selbstfürsorgliche Frau sein. Aber vielleicht hat Anna durch ihren besonderen Einsatz etwas erfahren, was ihr besonders gefallen oder sie immer gesucht hat – Anerkennung und das existenzielle Gefühl, angenommen zu sein. Gerade Menschen, die sehr abhängig von Anerkennung anderer sind, neigen genau in dem Moment, in dem die Anerkennung nachlässt, dazu, „nachzulegen", also noch einmal die Leistung zu steigern und „schneller im Hamsterrad zu laufen". Gleichsam delegieren sie weniger, weil sie das Gefühl der Unentbehrlichkeit genießen oder schlichtweg einen so hohen Anspruch an ihre Arbeit haben, dass sie diese anderen nicht zutrauen und mit den Ergebnissen anderer nicht zufrieden sind.

Anna entwickelt fortan ein Nachmittagsprojekt für ihre Klasse und bietet erweiterte Elterngespräche an. Um diese in einer wertschätzenden Atmosphäre führen zu können, besorgt sie Blumen und backt Kuchen, wenn Eltern sich ankündigen. Dafür erhält sie natürlich einen großen Zuspruch von den Eltern und hinterfragt unausgesprochen den Anspruch der anderen Kollegen.
Vielleicht spricht Annas Freundin Jasmin sie auf die viele Arbeit und die fehlenden Kinoabende an. Jasmin ist eine Bürofachangestellte in einem großen Unternehmen und hat aufgrund der lediglich verfügbaren Teilzeitbeschäftigung viel Freizeit für gemeinsame Ausflüge mit ihren Freunden. Wie wird Anna reagieren, wenn Jasmin ihr sagt: „Du arbeitest zu viel!"? Möglicherweise wird sie Jasmin unterstellen, sie sei nur neidisch, weil es bei ihr nicht so gut laufe, sie kaum Erfolge vorzuweisen habe und nicht so sehr gebraucht werde wie Anna. Und wie es mit Freundinnen so ist, wird Jasmin Anna möglicherweise gekränkt eine Zeit lang „in Ruhe" lassen. Dies ist Anna nur recht, denn sie ist sehr involviert in ihr neues Nachmittagsprojekt.

Doch für das Projekt bekommt Anna in der Elternschaft dieses Mal nicht nur Zuspruch. Genauso hinterfragen erste Kollegen Annas Projekt und die ausgiebigen Elternberatungen. Annas Anerkennung und das Gefühl des „Angenommenseins" ist in Gefahr.
Anna hat sich in den letzten Monaten sehr engagiert, gefühlt hat sie alles getan, was sie tun konnte, sie hat auf das Reiten verzichtet, ist nicht mehr ins Kino gegangen … und wofür?

Anna nimmt die geäußerte Kritik persönlich und entwickelt einen schleichenden Zynismus. Aus Annas Sicht ist dies verständlich. Da Anna das Gefühl hat, dass sie sich unglaublich engagiert und eine enorm hohe Leistung abgerufen hat, kann die Kritik nur persönlich gemeint sein. Überall, wo Anna nun agiert, „erkennt" sie mehr und mehr Undankbarkeit (z. B. in Form von nicht gezeigter offener Dankbarkeit). Dies führt bei Anna schleichend zu Orientierungs- und Hoffnungslosigkeit, Ohnmachtsgefühlen und innerer Leere und sie zieht sich zunehmend zurück. Da sie auf Kontakte mit Kollegen und Eltern seit einiger Zeit

> zynisch reagiert, wird der Rückzug still begrüßt. Kollegen, die Annas Engagement bisher kritisch gegenüberstanden, werden nun von anderen Kollegen gehört. Anna gerät zunehmend in eine Sinnkrise, fühlt sich kraft- und machtlos und hat das Gefühl, nicht mehr zu wissen, wer sie ist. Durch zunehmende Konflikte und Anschuldigungen neigt sie dazu, mit Unsicherheit und Angst zu reagieren. Nachdem ein Vater sie aufgrund einer in seinen Augen falsch benoteten Klassenarbeit anspricht, bricht sie zusammen.

Das hier dargestellte Fallbeispiel aus unserer Praxis soll einige **wesentliche Punkte im Burnout-Prozess** verdeutlichen:

→ Der Prozess beginnt i. d. R. schleichend und für Betroffene und Außenstehende unbemerkt.
→ In den ersten Stadien zeichnen sich die Betroffenen durch eine besonders große Leistungsfähigkeit und gleichzeitig ein hohes Wohlbefinden aus. Sie scheinen vor Kraft und Energie zu strotzen, sie „brennen", sie wirken fröhlich.
→ Erst im Verlauf kommt es zu Überforderungsgefühlen. Statt nun selbstfürsorgliche Strategien zu nutzen und Belastungen entgegenzuwirken, verstärken die Betroffenen ihren Einsatz und ihren Leistungsinput und geraten so in eine noch größere Überforderung.
→ Das anfängliche Wohlbefinden lässt nun rapide nach, aber die Betroffenen messen dem zunächst wenig Bedeutung bei, sehen dies als kurze Phase.
→ Durch die gesteigerte Leistung nimmt die Wahrscheinlichkeit zu, geäußerte Kritik nicht als fachbezogen und sachlich, sondern als persönlich aufzunehmen. Dies erklärt, warum es mit zunehmender Symptomatik zu Kritikunfähigkeit und entsprechenden Konflikten mit Kollegen, Leitung, Schülern und vor allem auch Eltern kommt. Die Betroffenen fühlen sich zunehmend angegriffen oder provoziert.
→ Anderen wird zunehmend misstrauisch gegenübergetreten, der soziale Rückzug nimmt zu.
→ Insbesondere die psychischen Probleme werden verleugnet.
→ Somatisierungsstörungen nehmen zu. (Eine Somatisierungsstörung ist charakterisiert durch das Auftreten von unterschiedlichen und zum Teil wechselnden körperlichen Beschwerden, für die sich trotz intensiver Untersuchungen kein bzw. kein ausreichender organischer Hintergrund finden lässt.)

Wie wir im Praxisbeispiel der Lehrerin Anna gesehen haben, beginnt der Prozess des Burnouts meist mit der Zurückstellung eigener Bedürfnisse. Die **individuellen Bedürfnisse wahrzunehmen**, ist also ein erster und **wichtiger**

Schritt in der Prophylaxe. Wer über längere Zeit den Kontakt zu seinen Bedürfnissen verloren hat, verliert möglicherweise langfristig den Kontakt zu sich selbst und fühlt sich „leer" oder hat das Gefühl, am eigentlichen Leben vorbei gelebt zu haben. Ich möchte Sie deshalb ermuntern, die Lektüre des Buches für einen Moment zu unterbrechen und spazieren zu gehen. Die Dinge, die Sie hier lesen, müssen nicht nur vom Gehirn verarbeitet werden. Veränderungen gehen meist vom Herzen aus und um dieses Herz, um einen Kontakt zu sich selbst, soll es jetzt gehen und den erzielen Sie nicht, wenn Sie direkt weiterlesen.

Bedürfnisse wahrnehmen – Übung in Stille

Zeit: ca. 20 Minuten
Ort: in einer ruhigen Situation, am besten bei einem Spaziergang
Benötigte Hilfsmittel: Stift

Die folgende Übung soll Ihnen helfen, einen guten Kontakt zu Ihren eigenen Bedürfnissen herzustellen. Viele Teilnehmer unserer Seminare wissen auf die Frage, was ihre Bedürfnisse sind, keine spontane Antwort. Nehmen Sie sich Zeit, Ihren Bedürfnissen einmal bewusst nachzuspüren. Sie werden feststellen, dass Sie einige Bedürfnisse allein befriedigen können (z. B. Bedürfnis nach Ruhe) und für andere Ihre Familie oder Ihr soziales Umfeld brauchen (z. B. Bedürfnis nach Geborgenheit).

So funktioniert die Übung
Gehen Sie möglichst allein spazieren. Wenn Sie einmal in sich hineinhören …
→ … welche Bedürfnisse liegen Ihnen besonders am Herzen?
(Typische Bedürfnisse sind z. B. Schlaf, Entspannung [mit Ruhe, Rückzug, Erholung], gesunde Ernährung, ausreichend Bewegung, Tageslicht, frische Luft und weitere existenzielle Bedürfnisse, wie Wohnraum und Kleidung; außerdem warmherzige soziale Kontakte mit Wertschätzung, Sicherheit und Schutz, Zuwendung, Geborgenheit, Respekt, Wohlwollen, Liebe, Intimität, Anerkennung, eigener Entwicklung, Austausch und Feedback. Weiterhin haben viele Menschen das Bedürfnis nach einem schönen Zuhause, Beschäftigung, Wellness, Luxus, Heiterkeit, Spiritualität, Neues erleben, Sinnhaftigkeit, Engagement, Kunst und Kultur … – und natürlich gibt es viele weitere Bedürfnisse.)
→ … welches sind Bedürfnisse, die Sie in Zukunft wichtiger nehmen sollten?
→ … wie wollen Sie das ganz konkret anstellen?
Verabreden Sie sich gleich mit sich selbst und halten Sie tabellarisch fest, welchem bisher vernachlässigten Bedürfnis Sie wie und wann mehr Beachtung schenken wollen: →

Vernachlässigtes Bedürfnis	Verabredung mit sich selbst (wie & wann)
Beispiel: Bedürfnis nach mehr Austausch	Ich möchte meine Freundin Donnerstag zum Essen einladen und ein langes Gespräch führen.

Erläuterung

Vielleicht haben Sie nun einige Verabredungen mit sich selbst getroffen und sind guter Dinge, diese in den kommenden Tagen umzusetzen. Wenn Sie jetzt auch noch die Umsetzung schaffen, war die Übung erfolgreich.

Vielleicht geht es Ihnen aber auch schlecht, Sie fühlen sich mies. Dann war die Übung ebenfalls erfolgreich und wichtig, denn die negativen Gefühle sind Anzeichen dafür, dass Sie es schwer hatten, überhaupt einen Bezug zu Ihren Bedürfnissen herzustellen, oder bis zur Übung gar nicht gemerkt hatten, welch ein Mangel da ist.

Wir schickten einmal einen Lehrer mit dieser Übung zu einem Spaziergang. Er war den gesamten Workshop-Vormittag guter Dinge, brachte sich ein und unterhielt die Gruppe mit seinen humorvollen Anmerkungen – wir alle hatten viel Spaß mit seiner Art – aber nach dieser Übung kippte seine Stimmung dramatisch. Er war so verändert und in sich gekehrt, dass es in einer Pause zu einem Gespräch kommen musste. Hier äußerte er, dass ihm durch die Übung bewusst geworden ist, wie sehr er eine feste Partnerin an seiner Seite vermisse und wie einsam er abends in einer leeren Wohnung sei. Es ging ihm sichtlich schlecht. Wir blieben im Mail-Kontakt und ich motivierte ihn, die depressive Stimmung als Anlass zu nehmen, dieses Bedürfnis nach Jahren nun endlich ernst und wichtig zu nehmen, so ernst und so wichtig, wie es ihm scheinbar unterschwellig seit Langem war. Es vergingen harte Monate, aber heute ist dieser Klient glücklich verheiratet und meldete mit seiner Hochzeitskarte zurück, dass er nicht sicher sei, ob er so viel Energie für die Befriedigung dieses Bedürfnisses aufgewendet hätte, hätte es die Übung nicht gegeben.

Ich möchte Sie dringend davor warnen, nun den Anspruch zu haben, dass nach der Übung große Veränderungen in Ihrem Leben passieren müssten. Manchmal sind es die leisen Töne, die die Musik machen. Was Sie gegen überhöhte Ansprüche tun könnten, erfahren Sie im nächsten Abschnitt. Was Sie aus der Übung mitnehmen sollten, ist die vielleicht neue Gewohnheit, sich

→

> in regelmäßigen Abständen zu fragen, was Ihre Bedürfnisse sind und inwieweit diese derzeit ausreichend befriedigt werden. Es ist deshalb von großem Vorteil, wenn Sie die Übung schriftlich ausführen. Das ist einfach einprägsamer als ein bloßer Gedanke, der von einem neuen Gedanken (Was muss ich eigentlich heute Abend noch einkaufen?) ersetzt wird, und sie können aktuelle Notizen mit früheren Aufzeichnungen vergleichen. Diese Übung sollten Sie regelmäßig spazierend (z. B. einmal im Monat) wiederholen – auch wenn Sie bereits ein Meister der Selbstfürsorge sind. Nehmen Sie sich die Zeit, Sie tun dies für sich.

Burnout betrifft nicht nur Berufsanfänger wie im gewählten Fallbeispiel, auch wenn diese Personengruppe besonders gefährdet ist. Ebenso kann es mitten im Berufsleben zu dem Prozess kommen, wenn ein besonderes Engagement für eine Sache (z. B. Projektarbeit) besteht, man hohe Erwartungen an die eigene Leistung stellt und von außen mehr und mehr Belastung hinzukommt, die nicht abgewendet werden kann. Immer besteht ein Missverhältnis zwischen Arbeit und selbstfürsorglichem Handeln, welches in folgender Darstellung noch einmal verdeutlicht werden soll.

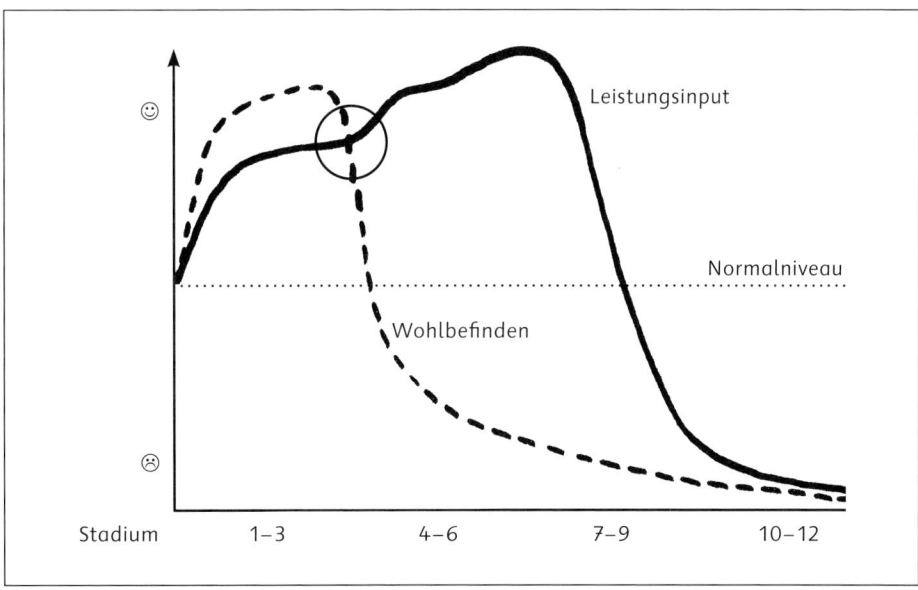

Das Verhältnis von Leistungsinput und Wohlbefinden im Verlauf des Burnout-Syndroms (nach den 12 Stadien von Freudenberger)
(Quelle: HOLZRICHTER-BERATUNGEN/VadR)

Hier werden über den Verlauf der 12 Stadien des Burnouts nach Freudenberger sowohl das subjektive körperliche und psychische Wohlbefinden (gestrichelte Linie) als auch der Leistungsinput (durchgezogene Linie) dargestellt. Der Leistungsinput meint dabei alle Zeit und alles Engagement, welches ich investiere, und ist unabhängig vom Output, also der tatsächlich erzielten Leistung, zu sehen. Dies bedeutet, dass **Lehrkräfte bei gleichem Output, völlig unterschiedliche Werte in ihrem Leistungsinput** haben können. Manche bereiten sich kaum vor, andere arbeiten bis an ihre Grenzen oder darüber hinaus. Dieses unterschiedliche Arbeitsverhalten ist für Schulleitungen meist genauso wenig erkennbar wie für Kollegen. Dies wiederum erklärt, warum im System Schule oft erst spät erkannt wird, wenn ein Kollege bereits länger überfordert ist.

In der Grafik wird deutlich, dass spätestens dort, wo der Kreis eingezeichnet ist, **Selbstfürsorge als protektiver Faktor von außerordentlicher Bedeutung** ist, um den Verlauf zu stoppen und zu einer normalen Beanspruchung zurückzukehren.

Der Burnout-Prozess wird maßgeblich durch chronischen Stress beschleunigt, der nicht adäquat bewältigt werden kann. Während einige der **für den Stress verantwortlichen Belastungen** direkt **aus dem System Schule** kommen – wie z. B. die räumliche Situation, erhöhte Arbeitsanforderungen, Vertretungen und Mehrarbeit bei fehlender Stellenbesetzung oder hohen Krankenständen, „Brennpunktschulen" und entsprechende Anforderungen, schlecht geleitete Konferenzen, fehlender Informationsfluss, fehlende Transparenz von Entscheidungen oder ganz aktuell: die Herausforderungen der Inklusion – so begünstigen **auch individuelle Merkmale** der einzelnen Lehrkräfte die Entstehung von chronischem Stress. Nicht anders zu erklären wäre ansonsten die Tatsache, dass unter gleicher Belastung manche Lehrkräfte hochgesund und motiviert bleiben, während andere erkranken.

Chronischer Stress entsteht immer dann, wenn viele akute Stressoren auf eine Lehrkraft einwirken und keine Zeit oder keine Handlungsmöglichkeiten bestehen, diese Stressoren zu bewältigen. Während unbewältigter, chronischer Stress häufig zu Burnout und Depression führt, so kann eine im Burnout-Prozess beschriebene erhöhte Ängstlichkeit ebenfalls Folge der Überforderung sein. Angst entsteht meist, wenn Menschen das Gefühl haben, einer Situation hilflos ausgeliefert zu sein, und keine Möglichkeiten zur Veränderung des Zustands sehen. Es wird also eine Bedrohung der eigenen körperlichen oder seelischen Unversehrtheit erwartet. Es kommt dann klassischerweise zum Gefühl der akuten Furcht, bei der der Herzschlag sich erhöht, die Atmung schneller und vor allem flacher wird, die Muskeln sich anspannen und die allgemeine Alarmbereitschaft des Körpers viele weitere Körperfunktionen beeinflusst. Diese physiologischen Prozesse dienen der Anpassung: Sie bereiten uns auf eine nun folgende Handlung, i. d. R. Kampf oder Flucht, vor. Damit ist die akute Furcht ein sehr sinnvolles und evolutionär wichtiges Gefühl, ohne das unsere Vorfahren, wenn sie bspw. dem gern zitierten Säbelzahntiger begegnet sind, nicht hätten überleben können.

In der Schule gibt es allerdings ein gewichtiges Problem mit dieser Reaktion: Sie können bei akuter Furcht i.d.R. weder kämpfen noch fliehen. Wenn es im Klassenraum, im Elterngespräch oder in der Konferenz zu dieser akuten Furcht kommt, müssen Sie die eigentliche, vom Körper geforderte Reaktion unterdrücken und einen anderen Umgang finden. Nicht selten besteht dieser Umgang in einer Art „Schockstarre", im „Totstellen" oder „Aushalten und Wegdrücken". Mit diesem Verhalten werden die vom Körper ausgeschütteten Stresshormone, die Sie eigentlich zur Aktivierung (Kampf oder Flucht) unterstützen sollten, nicht abgebaut. Sie verbleiben also länger im Körper und erhöhen sogar die Wahrscheinlichkeit, auf einen erneuten Stressor mit erhöhter Furcht zu reagieren.

Dieses Gefühl der akuten Furcht, sofern es heftig oder andauernd und häufig genug auftritt, ist für die meisten Menschen so unangenehm, dass sie in der Folge vermeiden wollen, diesem Gefühl erneut ausgesetzt zu sein. So entsteht schließlich die **„Angst vor der Angst"**, die meist viel massiver und anhaltender ist, als die eigentliche Furchtreaktion und letztlich als Form der Erkrankung behandelt werden sollte. Es gibt unterschiedliche Angststörungen (wie z.B. die generalisierte Angststörung, Phobien, die Panikstörung oder auch akute und posttraumatische Belastungsstörungen – um nur die häufigsten Störungen zu benennen), die alle letztlich für Lehrkräfte mit einem **Rollenkonflikt** und einem erheblichen Leidensdruck verbunden sind.

In unsere Praxis kam ein Lehrer, der seit über zehn Jahren im Schuldienst war. Er berichtete von seinen Problemen: Alles fing mit der Übernahme einer schwierigen Klasse an. Ein Schüler bereitete besondere Probleme, weshalb es zu einem Elterngespräch kam. Dieses Elterngespräch führte der Lehrer allein mit beiden Eltern. Diese machten sich im Gespräch rege Notizen und stellten viele provokante Fragen, die den Lehrer in eine, wie er beschrieb, unbekannte Situation brachten. Noch in unserem Beratungsgespräch, welches etwa vier Monate nach dem Elterngespräch erfolgte, konnte er sich sehr intensiv an die Situation und die damit einhergehenden körperlichen Empfindungen erinnern. Er war von den forschen Fragen der Eltern zunächst irritiert und verfiel nach eigenen Aussagen mehr und mehr in eine Rechtfertigungshaltung. Er spürte seinen hohen Puls und seine feuchter werdenden Hände ebenso, wie er sich an seine allgemeine Anspannung erinnerte. Dieses Gespräch hatte bei ihm akute Furcht ausgelöst. Wenig später erfuhr er, dass die Eltern sich bei der Schulleitung beschwert hatten. Die Schulleitung lud nun Eltern und den betreffenden Lehrer zusammen zum Gespräch. Bereits Tage vor diesem Gespräch bemerkte der Lehrer, wie er zunehmend nachts aufwachte, um in Gedanken seine Argumente und seine Sichtweise zu trainieren. Am Tag des Gesprächs spürte er bereits beim

Betreten der Schule ein ungutes Bauchgefühl. Zu dieser Zeit wurden die Böden der Schule mit einem Wachs behandelt. Dieser Geruch breitete sich in den Fluren aus. Kurz vor dem Gespräch spürte der Lehrer eine so massive Aufregung, wie er sie zuletzt im Staatsexamen erlebt hatte. Er fühlte sich wie in einer Prüfung. Das Gespräch begann sachlich, aber schnell brachten die Eltern weitere Argumente hervor und verhielten sich in den Augen des Lehrers feindselig. Der Schulleiter schien von der Situation überrascht und überfordert, konfrontierte den Lehrer nun mit diesen Argumenten und „bohrte nach". Dies führte zu einer Art Blackout und massiven Kreislaufproblemen bei dem Lehrer. Es kam zu einer Panikreaktion.

In den Tagen nach dem Gespräch quälte sich der Lehrer zunehmend in die Schule. Sobald er sich der Schule näherte, stellte sich das Gefühl der Furcht ein. Im Klassenraum kam es nun regelmäßig zu Anflügen von Panik, immer mit der Überlegung verbunden, womöglich etwas zu tun, das gegen ihn verwendet werden könnte. Die Schüler merkten dies zum Entsetzen des Lehrers und verhielten sich noch provozierender als bisher. Der Lehrer berichtete, sich mehr und mehr in einem Rollenkonflikt zu erleben. Eigentlich müsste er derjenige sein, der die Unterrichtsstunde und die Interaktion mit den Schülern (und Eltern) lenkt, aber er erlebte sich zunehmend hilflos und seinen Gefühlen und den Schülern ausgeliefert. In den folgenden Wochen veränderte sich sein Schlaf, es kam zu Ein- und Durchschlafstörungen, genauso wie die körperliche Aktivierung bis hin zur Angst zunahm, sobald irgendetwas mit Schule zu tun hatte. Er bemerkte eine Erhöhung seines Herzschlages, sobald das Telefon klingelte, und malte sich aus, was alles als Nächstes passieren könnte.

Einige Wochen später besuchte er am Abend eine Theateraufführung. In diesem Theater nahm er Sekunden nach Betreten den gleichen Geruch nach Wachs wahr wie derzeit in der Schule. Er hatte mit seiner Frau Sitzplätze in der Mitte einer Reihe gebucht. Nur kurze Zeit nach Beginn des Stückes merkte er massive Furcht, die sich zu einer Panikattacke mit Engegefühl im Brustkorb, Atemnot, Schweißausbruch, Schwindel und dem Gefühl, neben sich zu stehen (in der Fachsprache „Depersonalisierung"), entwickelte. Das war der Zeitpunkt, zu dem der Lehrer sich Hilfe suchte und für einige Zeit durch Krankschreibung vom Dienst entbunden werden musste.

Die eigene **Stressbewältigungskompetenz** hängt hierbei nicht nur von der eigenen Wahrnehmung und von bisherigen Erfahrungen ab, sondern auch von der inneren Haltung. Eine selbstfürsorgliche Haltung – ein achtsamer Umgang mit der eigenen Person mit entsprechender Distanzierungsfähigkeit – trägt erheblich zur Reduktion von Stress bei und kann damit die Folgen, nämlich Erkrankung, vermeiden. Ziel dieses Buches ist es deshalb, dass Sie nach der Lektüre eine veränderte innere Haltung an den Tag legen und damit viele Elemente des Stressmanagements selbstbewusst und ritualisiert in Ihren Tagesablauf integrieren. Zu einer selbstfürsorglichen Haltung gehört es allerdings genauso, Hilfe in Anspruch zu nehmen, wenn Sie merken, dass

Sie für eine Überforderungssituation derzeit keine ausreichenden eigenen Kapazitäten haben.

Fazit: Das Burnout-Syndrom ist gekennzeichnet durch Phasen erhöhter Arbeitsbereitschaft, Überlastung (die anfangs meist nicht als solche wahrgenommen wird), die Missachtung eigener Grenzen und die Zurückstellung eigener Bedürfnisse. Es verstärkt sich der chronische Stress, der nicht adäquat bewältigt wird und damit den Burnout-Prozess beschleunigen kann. Im Rahmen dieses Prozesses kommt es bei vielen Lehrkräften zu erheblichen Ängsten, die sich verselbstständigen können und damit das persönliche Leiden und die erlebte Hilflosigkeit bis zur Ohnmacht erhöhen können.

In Kapitel 3 finden Sie grundlegende Informationen zur Reduktion von physiologischen Stressreaktionen im Schulalltag. In Kapitel 5 erhalten Sie praxisnahe Tipps für Ihre selbstfürsorgliche Arbeitsorganisation und in Kapitel 8 erfahren Sie, wie Sie der Regeneration mehr und auf neuen Wegen begegnen können.
Bücher, die speziell die Themen Stress, Burnout und Angst behandeln und wertvolle Hilfe zum Umgang damit liefern, finden Sie in den Medientipps am Ende des Buches.

Überhöhter Anspruch und innerer Kritiker als Gegenspieler der Selbstfürsorge

Wie kommt es, dass einige Personen dazu neigen, sich zu verausgaben, während andere den Müßiggang lieben? Sicherlich gibt es Persönlichkeitsfaktoren, die uns unterscheiden. In Hinblick auf die Selbstfürsorge scheint aber auch die **eigene Kindheit und das Heranwachsen** einen Einfluss zu haben. Kinder, die primär für Leistung gelobt werden, verknüpfen Leistung mit Anerkennung und entwickeln letztlich das Gefühl, nur geliebt zu werden, wenn sie Leistung bringen. Die Suche nach Liebe, die uns alle antreibt, treibt diese Kinder zu Leistung an. Sie neigen dazu, überhöhte Ansprüche mithilfe sogenannter innerer Antreiber zu entwickeln. Wenn Eltern ihre Kinder nicht bedingungslos, also wirklich ohne Bedingungen, lieben und akzeptieren, sie also nicht bedingungslos im Kern annehmen, dann säen sie die Samen für die Verknüpfung von Liebe und Leistung. Und wenn dieser Samen bei entsprechender Persönlichkeit des Kindes keimt, dann wächst daraus (häufig zunächst für alle Beteiligten unbemerkt) eine zarte Pflanze. Eltern wollen ihren Kindern i. d. R. nicht offensichtlich schaden und so sind ihre Formen der Liebe oft schlichtweg zu wenig reflektiert aus der eigenen Kindheit übernommen. Die Eltern dieser Kinder zeichnen sich meist ebenfalls dadurch aus, dass sie Leistung mit Liebe bzw. Anerkennung in Verbindung bringen. Ebenfalls kann das Motiv der Eltern der Wunsch nach Erfolg für die Kinder sein. So sollen die Kinder früh an Leistungsbereitschaft gewöhnt werden, um eben ein gutes Abitur und ein gutes Studium zu schaffen und damit „alle Türen offen stehen zu haben". Aber öffnet Leistung wirklich alle Türen?

Stephen Covey beschreibt in seinem Buch „Die 7 Wege zur Effektivität"[4] einen Mann, der härter und härter arbeitet, damit er die nächste Sprosse auf der Erfolgsleiter erklimmen kann, um am Ende festzustellen, dass die Leiter an der falschen Mauer steht.
Vielleicht ist es viel wichtiger, die eigene Kraft dafür einzusetzen, was einem wirklich wichtig ist, und das Ziel viel klarer im Auge zu haben als den Weg. **Ein überhöhter Anspruch an sich selbst** führt möglicherweise wie bei Covey dazu, dass Sie arbeiten und arbeiten und im Hamsterrad schneller und schneller laufen, ohne sich zu fragen, warum, wozu und wohin.
Der sogenannte **innere Antreiber** dient also dazu, pflichtbewusst und leistungsorientiert die anstehenden Arbeiten zu bewältigen. Hinzu kommt der sogenannte **innere Kritiker**, der konsequent überprüft, ob die Leistung genügt. Stellen Sie sich die beiden wie kleine Kerle auf Ihrer Schulter vor, die Ihnen Sätze ins Ohr flüstern.

Dabei sagt der innere Antreiber häufig Sätze wie:
- Streng dich an!
- Beeil dich!
- Nur wenn du Leistung bringst, wirst du geliebt.
- Das musst du schaffen!
- Reiß dich zusammen!
- Kümmer dich …

Der innere Kritiker hingegen sagt Dinge wie:
- Das ist nicht gut genug!/Du bist nicht gut genug!
- Das schaffst du nicht.
- Das macht man nicht!
- Guck mal, du bist nicht so gut wie …

Selbstfürsorge ist auch hier die Fürsorge, die regulieren und damit **den inneren Antreibern und Kritikern etwas entgegensetzen** kann. Fragen Sie sich, was Sie wirklich wollen, was Sie ausmacht und woher Ihr hoher Anspruch kommt.

 Sollte es so sein, dass Sie sich an dieser Stelle überfordert fühlen oder merken, dass Sie Dinge aus Ihrer Kindheit nicht bearbeitet haben, suchen Sie sich Unterstützung, gerade auch dann, wenn Ihr innerer Antreiber aber behauptet, Sie müssten „es" allein schaffen.

Eine selbstfürsorgliche Haltung setzt voraus, die inneren Antreiber und Kritiker nicht zu beschimpfen oder als nicht erwünscht abzuspalten, sondern ihnen vielmehr mit Liebe zu begegnen – denn die Stimmen sind nichts grundsätzlich Schlechtes, sondern können als wichtiges Korrektiv wirken. Als erster Schritt hat sich dazu die folgende Übung bewährt.

Identifikation der inneren Antreiber und Kritiker

Zeit: ca. 20 Minuten
Ort: ein ruhiger Ort
Benötigte Hilfsmittel: Stift

So funktioniert die Übung
Geben Sie Ihrem inneren Antreiber und Ihrem inneren Kritiker Namen. Nun, wenn sie z. B. Herbert oder Luise heißen, können Sie sie genau beobachten und sich notieren, in welcher Weise und mit welchen Glaubenssätzen diese beiden mit Ihnen interagieren.

→ Was sagt Ihr innerer Antreiber zu Ihnen? Notieren Sie hier einige Sätze, die Sie von ihm kennen:

....
....
....

→ Was sagt Ihr innerer Kritiker zu Ihnen?

....
....
....

Nehmen Sie sich nun Zeit und überlegen Sie, was die beiden Ihnen sagen wollen.

→

Wollen sie Sie kleinmachen, Sie schützen oder reden sie einfach unreflektiert den ganzen Tag mit Ihnen? Versuchen Sie zu ergründen, was die Motive der beiden sind. Stellen Sie sich vor, ein Nachbar, ein Kollege oder ein Freund würde so mit Ihnen reden. Welchen Grund könnte er dafür haben?

....

....

....

Und würden Sie es sich gefallen lassen, wenn ein anderer so mit Ihnen reden würde?

Wenn Sie es sich gefallen lassen, dann gibt es dafür zwei mögliche Gründe:

1. Sie glauben, dass die beiden Stimmen immer Recht haben und Sie ihnen nichts entgegenzusetzen haben.
   → In diesem Falle sollten Sie sich Unterstützung bei einem Psychologen suchen, um einen guten Umgang mit Ihrem inneren Antreiber und Ihrem inneren Kritiker zu erlernen.
2. Sie glauben, dass die beiden Stimmen im Grunde da sind, um Sie zu schützen und Ihnen zu helfen. Dann sollten Sie kritisch prüfen, ob ihre Aussagen funktional und damit wirklich hilfreich sind oder ob Sie ihnen etwas entgegensetzen sollten, um den beiden nicht zu viel Macht zu geben.
   Eine schützende Funktion hat der innere Kritiker z. B., wenn er uns davon abhält, einen Misserfolg zu erleben, der erhebliche negative Konsequenzen nach sich ziehen würde. Wenn ich bspw. mit 34 Jahren überlege, ob ich nicht meinen bisherigen Beruf kündige und professionelle Balletttänzerin werden sollte (ich habe seit 25 Jahren kein Ballett getanzt und damals waren es nur wenige Stunden), dann ist ein innerer Kritiker hilfreich und wichtig, der skeptisch zu dieser Idee steht und Dinge sagt, wie: „Dazu bist du zu alt!", „Dazu bist du zu unbeweglich!", „Du wirst kein Geld mehr verdienen und in Not geraten!". Wenn ich allerdings eine Verliebtheit zu meinem neuen Kollegen entwickle und dieser wie ich auf der Suche nach einer Beziehung ist, dann ist ein innerer Kritiker bei der Überlegung, ihn zum Essen einzuladen, nicht hilfreich, wenn er Dinge sagt, wie: „Du kannst nicht kochen!", „Der sucht ne schlankere Frau!", „Du machst dich lächerlich".

Umgang mit inneren Antreibern und Kritikern

Nun haben Sie Ihre inneren Antreiber und Kritiker identifiziert und etwas besser kennengelernt. In diesem Abschnitt erfahren Sie, wie Sie lernen können, **mit Ihren inneren Stimmen in eine liebevolle Auseinandersetzung** zu gehen:

Wenn Ihr innerer Antreiber (wie ein kleines, unbändiges Kind) ruft: „Das musst du schaffen!", nehmen Sie dies wahr und setzen Sie ihm etwas Liebevolles entgegen, etwa „Ich brauche nicht überall Höchstleistung zu bringen." Versuchen Sie, den beiden Stimmen freundliche Sätze entgegenzustellen, die kein MUSS enthalten, sondern vielmehr durch freiheitsbeschreibende Wörter wie DARF und KANN gekennzeichnet sind. Hier einige Beispiele:

Ihr Antreiber oder Kritiker wird zu	→	Ihrem Erlaubnissatz.
Streng dich an!	→	Ich darf auch mal Pause machen.
Beeil dich!	→	In der Ruhe liegt meine Kraft.
Nur wenn du Leistung bringst, wirst du geliebt.	→	Ich werde geliebt!
Das musst du schaffen!	→	Ich brauche nicht überall Höchstleistung zu bringen.
Reiß dich zusammen!	→	Ich darf mich so verhalten, wie meine Gefühle sind.
Kümmer dich …	→	Ich entscheide, was gut für mich ist und was ich tun will.
Das ist nicht gut genug/ Du bist nicht gut genug.	→	Ich bin ein liebenswerter Mensch./ Ich mag mich.
Das schaffst du nicht.	→	Auch ich darf Fehler machen.
Das macht man nicht!	→	Ich darf mir verzeihen.
Guck mal, du bist nicht so gut wie …	→	Ich brauche mich nicht zu vergleichen.
Du bist faul!	→	In mir liegt die Kraft.

Versuchen Sie es mit folgender Übung gleich einmal selbst:

Ein neuer Umgang mit innerem Antreiber und Kritiker

Zeit: ca. 15 Minuten Vorarbeit und dann 15 Minuten je Anwendung
Ort: zur Vorbereitung ein ruhiger Ort, an dem Sie in sich hineinhören können; für die Anwendung ein Spaziergang in der Natur
Benötigte Hilfsmittel: Stift, einige Karteikarten (ca. DIN A7)

→

So funktioniert die Übung

Schreiben Sie hier einige typische Sätze Ihrer inneren Antreiber oder Kritiker auf und entwickeln Sie zu jedem dieser Sätze einen Erlaubnissatz wie in der vorherigen Beispieltabelle.

Ihr Antreiber oder Kritiker   wird zu   →   **Ihrem Erlaubnissatz.**

.... → ....

.... → ....

Schreiben Sie sich die Erlaubnissätze als „Gegenspieler Ihrer inneren Stimmen" auf Karteikarten (ein Satz pro Karte) und gehen Sie regelmäßig mit ihnen spazieren! Nutzen Sie eine Karte pro Übung, also Spaziergang. Eine effektive Methode ist es, für 15 Minuten raus in die Natur zu gehen und den Erlaubnissatz von der Karte (z. B. „Ich werde geliebt.") wie ein Mantra leise vor sich her zu sprechen oder in Gedanken zu wiederholen. Während des Spaziergangs denken Sie an nichts anderes und sagen auch nichts anderes, außer dass Sie Ihren Erlaubnissatz monoton und gleichmäßig wiederholen. Achten Sie einmal auf Ihr Befinden vor, während und nach der Übung – Sie werden überrascht sein, was passiert!

Erläuterung

Diese inneren Sätze wirken auf das Gehirn bei häufiger Wiederholung, als würden sie aus der Außenwelt kommen. Aber es gibt einen entscheidenden Unterschied: Wenn Ihr Nachbar über den Gartenzaun ruft: „Du bist nicht gut genug", dann reagieren Sie blitzschnell mit (gedanklichen) Gegenargumenten und verbieten sich solche Aussagen. Wenn Ihr innerer Kritiker Ihnen den gleichen Satz sagt, glauben Sie ihm, ohne ihn zu hinterfragen. Das ist der wesentliche Unterschied. Wenn Sie nun 15 Minuten durch die Natur spazieren und einen Erlaubnissatz wiederholen, dann nimmt Ihr Gehirn dies an und was könnte es Schöneres und Selbstfürsorglicheres geben?

Sind Sie schon neugierig, wie die Übung auf Sie wirken wird? Sie werden einige Veränderungen während der Übung feststellen können – womöglich wird sich Ihr Schritttempo verändern, Sie werden Wärme oder eine tiefe Ruhe im Körper spüren, Sie werden vielleicht sogar einen kleinen Anflug von Euphorie erleben. Probieren Sie es selbst aus!

Die Herausforderung für die kommenden Wochen wird es erst einmal sein, **die antreibenden und kritischen Stimmen überhaupt im hektischen Alltag zu bemerken**. Oft sind wir so an sie gewöhnt, dass wir sie gar nicht wahrnehmen und erst durch unsere schlechte Stimmung spüren, dass sie uns sabotiert haben. Seien Sie also in den kommenden Wochen achtsam und nehmen Sie bewusst wahr, welche Bereiche Ihres Lebens durch die Stimmen beeinflusst werden.

Fazit: Ihre inneren Antreiber und inneren Kritiker verwehren Ihnen die aktive Selbstfürsorge, indem sie Ihnen keine Ruhe und keine Zufriedenheit gönnen. Sie können jedoch bewusste, positive Sätze entwickeln, um den inneren Stimmen etwas entgegenzusetzen und liebevoll mit sich umzugehen. Erlauben Sie es sich.

Empathie und Selbstfürsorge

Der größte Lohn für die Anstrengungen eines Menschen ist nicht, was er dafür bekommt, sondern was er dadurch wird.
John Ruskin (1819–1900)

Empathie bezeichnet die Bereitschaft und Fähigkeit, sich in die Einstellungen und Gefühle anderer Menschen einzufühlen. Menschen, die hohe Empathiewerte aufweisen, arbeiten **gehäuft in sozialen Berufen**, da diese Berufe Kontakt mit anderen Menschen mit sich bringen. Doch genau hier liegt die Gefahr: Wenn Sie ein sehr empathischer Mensch sind, dann verstehen Sie die Motive, die Bedürfnisse und die Gefühle Ihres Gegenüber besser als andere Menschen und daraus resultiert die höhere Chance, dass Sie sich mehr nach dem Gegenüber richten als nach Ihren eigenen Bedürfnissen und Gefühlen. Nutzen wir ein geplantes Elterngespräch als Beispiel:

> Sie laden die Mutter von Frederik zu einem Gespräch, da ihr Sohn in der Schule zunehmend stört, andere Kinder ärgert und Sie beschimpft. Die Mutter kommt nicht zum erbetenen Termin und lässt durch die Schulleitung ausrichten, dass sie selbst derzeit unter der Scheidung von ihrem Mann so leide, dass sie sich mit dieser Problematik nicht auseinandersetzen könne.

Wie sieht es mit Ihren Gefühlen und Bedürfnissen aus? Schon beim Lesen werden Sie möglicherweise Mitgefühl für die Situation der Mutter empfunden haben, nämlich als Sie das Wort „Scheidung" lasen. Wenn Sie selbst bereits eine Scheidung erlebt haben, die bei Ihnen Wunden hinterlassen hat, werden Sie gleichsam mehr Mitgefühl entwickelt haben.
Empathie und Mitgefühl sind von großer Bedeutung für das soziale Miteinander und Sie können sich glücklich schätzen, wenn Sie zu den sehr empa-

thischen Menschen unter uns zählen, da dies eine wundervolle Gabe ist. Aber in manchen Situationen **können** sie **die Selbstfürsorge erschweren**.

In unserem Beispiel hegen Sie Frederik gegenüber zunächst Gefühle von Wut und Verletzung, denn er stört massiv Ihren Unterricht, wodurch Sie mit dem Stoff langsamer vorankommen als geplant, und beleidigt Sie. Sie haben ein Bedürfnis nach gutem Unterricht für die anderen Schüler und befinden sich somit in einer schwierigen Klassensituation. Aus diesem Grund haben Sie das Gespräch mit der Mutter erbeten. In dem Moment, als die Absage kommt, müssten Ihre Wut, Ihre Verletzung und Ihre Hilflosigkeit zunehmen, denn scheinbar ist der Mutter Ihre Entlastung nicht wichtig. Aber nun versetzen Sie sich mittels Ihrer Empathie in die Mutter hinein und erkennen, dass sie sich in einer emotionalen Notlage befindet.

In diesem Moment passiert es vielen unserer Klienten, dass sie ihre **eigenen Gefühle und Bedürfnisse kaum noch wahrnehmen** und ihre Gedanken und Lösungsvorschläge vorrangig um die Situation der Mutter kreisen. Bereits in diesem Moment sind sie nicht mehr selbstfürsorglich.

Es ist weder die Lösung, mit Wut oder Verletzung auf das Kind zu reagieren (was ja vermutlich genauso unter der Scheidung leidet und eher Zuversicht und Mut vermittelt bekommen müsste), noch auf die Mutter offen aggressiv zu reagieren (was Sie sich vermutlich sowieso verbieten würden, da Sie ja empathisch verstehen, in welcher Lage sie ist). Aber es muss die Lösung sein, dass Sie sich ehrlich fragen, wie es Ihnen mit der Situation geht.

Welche Gefühle und Bedürfnisse hegen Sie gegenüber dem Schüler, der Mutter, der Schulleitung, ja vielleicht sogar dem Ehemann und, nicht zuletzt, gegenüber sich selbst? Oft hilft es, diese Gefühle und Bedürfnisse einfach niederzuschreiben und sie damit wahr- und ernst zu nehmen; manchmal ist es besser und selbstfürsorglicher, solche Situationen mit einem Coach oder Supervisor zu besprechen. Ich möchte an dieser Stelle absichtlich keine Lösungen vorschlagen, da diese so vielfältig sein können, wie es die sozialen Situationen sind. Aber ich möchte Ihnen Mut machen, den Blick auf sich zu richten, insbesondere in Situationen, in denen Sie empathisch sind. Ihre Empathie hilft Ihnen, sich zu einer weisen Persönlichkeit zu entwickeln, die imstande ist, etwas in der Gesellschaft zu bewegen. Deshalb ist es wichtig, sich nicht zu verausgaben, sich zunächst selbstfürsorglich mit den eigenen Gefühlen und Bedürfnissen zu beschäftigen, um dann gestärkt und in sich klar anderen Menschen Hilfestellung geben zu können.

Im unteren Teil der folgenden Abbildung erkennen Sie das, was im o. g. Beispiel passiert ist. Ich habe meine Identität, meine Standpunkte, meine Gefühle und Bedürfnisse verlassen, um ganz bei dem anderen zu sein. Damit verliere ich mich in diesem Moment selbst aus den Augen. Passiert dies häufig, sind wir so, wie die anderen wollen, das wir sind, aber wir sind nicht mehr so, wie wir hätten sein können. Werden Sie kein leerer Mensch, bleiben Sie bei sich und lassen Sie die anderen in ihrer Verantwortung!

Normalzustand:

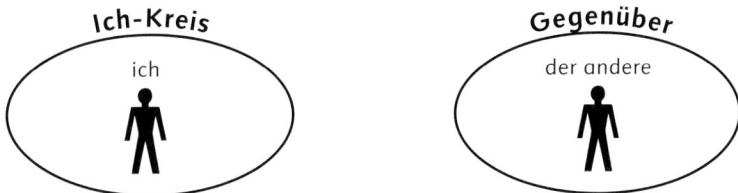

Gefahr bei zu ausgeprägter Empathiefähigkeit:

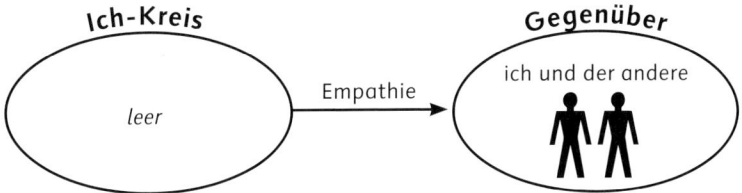

Das „Bei-sich-Bleiben" lässt sich mit folgender Übung trainieren:

 Liebevoll bei sich bleiben

Zeit: ein kurzer Moment
Ort: beliebiger Ort in einer Situation, in der Sie empathisch sind
Benötigte Hilfsmittel: keine

So funktioniert die Übung
Wenn Sie das nächste Mal in eine Situation kommen, in der Sie merken, dass Sie gerade besonders empathisch reagieren, oder wenn Sie jetzt an eine solche Situation denken, prüfen Sie, ob Sie die folgenden Fragen mit „Ja" beantworten können:
→ Nehme ich die Gefühle meines Gegenübers intensiv wahr, spüre aber dennoch auch ganz genau, welche Gefühle ich in dieser Situation habe?
→ Nehme ich meine eigenen Gefühle ernst und wichtig?
→ Spüre ich zwar die Bedürfnisse – vielleicht sogar die Appelle – meines Gegenübers, habe jedoch auch Kontakt zu meinen eigenen Bedürfnissen?
→ Spüre ich, was ICH in dieser Situation brauche?
→ Habe ich das Gefühl, bei mir zu sein und mir treu zu sein?

Üben Sie sich, wenn Sie ein empathischer Mensch sind, darin, sich Ihren Mitmenschen zuzumuten! Zuzumuten heißt, Ihren **eigenen Gefühlen und Bedürfnissen treu zu bleiben**, also bei sich zu bleiben, und sich im besten Falle dem anderen mitzuteilen. Sie dürfen so sein, wie Sie sind, und Ihre Gefühle und Bedürfnisse haben zu jeder Zeit eine Berechtigung und sind richtig. Falsch wird es erst, wenn Sie den Kontakt zu ihnen bereits verloren haben. Dann ist es wichtig, mit einem Coach zu arbeiten.

Zuzumuten heißt auch, **sich auf Augenhöhe anzuvertrauen**, z. B. den Kollegen, der Schulleitung oder dem Partner. Auch gegenüber Ihren eigenen Kindern und den Schülern in der Schule sollten Sie unbedingt authentisch sein – aber beachten Sie dabei, dass Kinder und Jugendliche sich für die von Ihnen geäußerten Gefühle schuldig fühlen könnten. Vermeiden Sie also Aussagen wie „Du machst mich ärgerlich" und nutzen Sie stattdessen neutrale Äußerungen, wie „Ich bin jetzt ärgerlich". Damit zeigen Sie auch hier, dass Sie bei sich bleiben können und unabhängig vom anderen bestimmte Gefühle und Bedürfnisse haben.

Fazit: Gerade empathische Menschen laufen Gefahr, mehr bei den Gefühlen und Bedürfnissen der anderen zu sein als bei sich selbst. Fragen Sie sich in solchen Situationen regelmäßig, wie es Ihnen geht und was die Situation mit Ihnen macht. Muten Sie sich Ihren Mitmenschen auf Augenhöhe zu und achten Sie darauf, sich selbst treu zu bleiben.

In Kapitel 7 wird noch einmal intensiv die soziale Beziehungsgestaltung vertieft.

Geben und Bekommen in Balance

Die folgende Übung soll Ihnen helfen, die in diesem Kapitel gelesenen Informationen in einen persönlichen Zusammenhang zu stellen. Nehmen Sie sich ein bisschen Zeit, um ein Gefühl dafür zu entwickeln, in welchen (Lebens-)Bereichen Sie „geben" und wo Sie etwas (zurück-)„bekommen". Sie haben damit einen guten Überblick über Ihre Kraftquellen und Ihre „Kredite" und können besser abschätzen, wo sich etwas ändern sollte.

Geben und Bekommen

Zeit: am besten jetzt, ca. 15 Minuten
Ort: wo Sie gerade sind
Benötigte Hilfsmittel: leeres Blatt und Stift

Bevor Sie weiterlesen, legen Sie ein Blatt Papier und einen Stift bereit, denn die folgende Übung sollten Sie ganz intuitiv ausführen und nicht lange darüber nachdenken (während Sie Stift und Papier holen). Los geht's!

So funktioniert die Übung
Sie sollen gleich zwei Kreise malen. Jeder Kreis sollte so klein oder groß sein, wie Ihr aktuelles Gefühl zu diesem Thema ist.
Malen Sie nun einen Kreis für das, was Sie momentan gefühlt GEBEN (Arbeitsleistung, Zeit, Hilfestellungen, Zuwendung, Engagement usw.), und einen Kreis für das, was Sie gefühlt BEKOMMEN (Anerkennung, Hilfen, Zuwendung, Dankbarkeit, Geld, Wertschätzung usw.). Wenn Sie intuitiv malen, werden Sie die für Sie gefühlt richtige Größe finden.
→ Der GEBEN-Kreis bezeichnet dabei alles, was Sie insgesamt, über alle Situationen in Ihrem gegenwärtigen Leben von sich geben bzw. anderen durch Hilfeleistung usw. geben.
→ Der BEKOMMEN-Kreis bezeichnet alles, was Sie von anderen bekommen (von anderen Menschen, der Natur, Tieren usw.).

Erläuterung
Schön wäre es, wenn Ihr BEKOMMEN-Kreis genauso groß (oder sogar größer) ist wie Ihr GEBEN-Kreis.

Nun können Sie Ihre beiden Kreise auch mit Worten oder Symbolen füllen.
→ Was kostet Kraft und wo geben Sie? Schreiben Sie dementsprechend Namen von Schülern, Kollegen, anderen Personen, Situationen und Tätigkeiten in den GEBEN-Kreis.
→ Wo bekommen Sie Energie? Wo bekommen Sie Hilfe? Welche Unterstützung erfahren Sie bspw. im Kollegium? Was sind Ihre Ressourcen? (Unterteilen Sie die Ressourcen vielleicht sogar in welche, die in Ihnen liegen, die in Ihrem privaten Umfeld liegen, die aus der Schule kommen oder auch Ressourcen [wie die Natur], auf die Sie in anderer Weise zugreifen können.) Füllen Sie so auch den BEKOMMEN-Kreis. Hier könnten sogar Gegenstände genannt werden, aus denen Sie gute Stimmung und Energie bekommen, oder auch Tätigkeiten, die Sie von sich selbst BEKOMMEN, z. B. einen Saunaabend ganz allein. Wahrscheinlich wird einer der größten BEKOMMEN-Faktoren der Kontakt zu Ihrem sozialen Umfeld sein. Prüfen Sie hier genau, wo Sie BEKOMMEN und wo Sie GEBEN. Manchmal fühlen wir uns zu sehr verantwortlich und GEBEN zu viel bzw. führt unser GEBEN zu keiner Besserung der Beziehung oder des Gemüts des anderen. Hier ist es wichtig, Verantwortung abzugeben. Lesen Sie dazu Kapitel 7.

→

Vertiefung der Übung und Varianten

Sie könnten die Übung vertiefen, wenn Sie die Kreise wie Tortenstücke aufteilen und damit in Unterbereiche gliedern. So könnte es sein, dass 30% Ihres GEBEN-Kreises durch Ihren Partner in Anspruch genommen werden. Wenn Sie aber gefühlt sagen würden, dass Sie 50% des BEKOMMEN-Kreises mit dem ausfüllen können, was Ihr Partner Ihnen gibt, dann wäre dies ein für Sie sehr günstiges Verhältnis. Wenn Sie wiederum nur 10% von ihm BEKOMMEN, wäre das Verhältnis ungünstig. Am besten ist das Verhältnis, wenn sowohl Sie als auch ihr Partner bei der Übung angeben, mehr vom anderen zu BEKOMMEN als zu GEBEN.

Sie können die Übung abwandeln, wenn Sie jeweils zwei Kreise (einen GEBEN- und einen BEKOMMEN-Kreis) zu verschiedenen Unterthemen malen, z.B. zur Arbeit, Familie, Partnerschaft, Freundschaften usw., und sich vergegenwärtigen, wie Ihr gefühltes Verhältnis in den Unterbereichen ausfällt.

Sie könnten auf die Idee kommen, intensiv nachzudenken, was Sie GEBEN und BEKOMMEN und so z.B. versuchen, das Geld, das Sie für Ihre Arbeit erhalten, rational mit einzubeziehen. Natürlich sollen Sie die finanzielle Gegenleistung für Ihre Arbeit mit bedenken, aber es geht vielmehr darum, ob Sie <u>das Gefühl</u> haben, dass der Lohn für Ihre Arbeit angemessen ist und Ihren Einsatz entsprechend würdigt. Gerade Geld ist etwas, was vermutlich weniger Einfluss auf Ihre Gefühle hat als Zuwendung, Angenommensein und Wertschätzung von anderen.

Diese Übung sollten Sie, genauso wie viele andere Übungen, **regelmäßig wiederholen**. Wir schlagen dabei einen zeitlichen Abstand von drei bis sechs Monaten zwischen den Wiederholungen vor. Diese Zeit ist ausreichend für erste Veränderungen. Betrachten Sie nach Ausführung der Wiederholung die alten Aufzeichnungen. Welche Veränderungen können Sie feststellen? Haben Sie neue Gewichtungen in Ihrem Leben erreicht? Wie stehen die beiden Kreise jetzt im Verhältnis zueinander? Konnten Sie Ihren BEKOMMEN-Kreis ausbauen?

Fazit: Selbstfürsorge beschreibt vielmehr eine Haltung als einzelne Verhaltensweisen. Durch eine liebevolle, selbstfürsorgliche Haltung sind Menschen weder egoistisch noch weniger leistungsfähig. Stattdessen verhindert Selbstfürsorge überhöhte Ansprüche, Frustration und die Entstehung psychischer Mangelzustände. Sie ist die Basis für die eigene (Lehrer-)Gesundheit und für wahrhafte Fürsorge auch im Kontakt mit anderen.

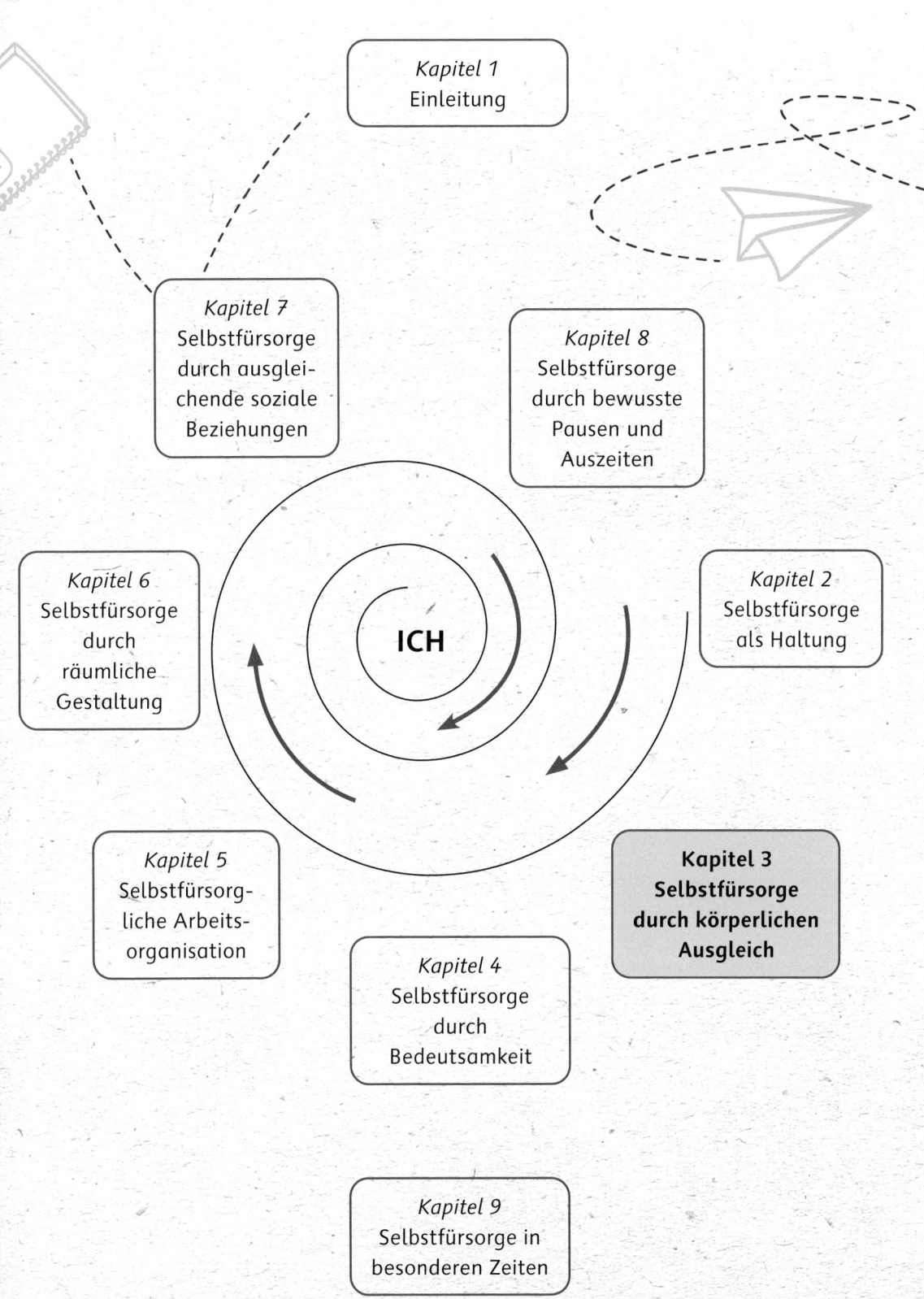

Die elementaren körperlichen Bedürfnisse, wie gesunde Ernährung, ausreichende Flüssigkeitszufuhr, Zeit für Regeneration, Ruhe und Bewegung, sind vielen von Ihnen bekannt und bei der Entstehung dieses Buches kam die Diskussion auf, ob sie hier überhaupt erwähnt werden sollten. Da sie jedoch ein unverzichtbares Fundament für unsere Gesundheit darstellen, ist es von größter Bedeutung, ihnen Aufmerksamkeit und damit auch Platz in diesem Selbstfürsorge-Ratgeber zu schenken.

Ziel des Kapitels ist die Erinnerung an die fundamentale Bedeutung unseres Körpers während unserer Arbeitsphase. Gerade im kopflastigen Lehrerberuf gerät der eigene Körper so manches Mal für Stunden in Vergessenheit und wir schenken ihm erst Beachtung, wenn er deutlich auf sich aufmerksam macht. Im Sinne der Selbstfürsorge ist es jedoch von äußerster Bedeutung, den Körper bereits im Blick zu haben, bevor es zu vegetativen Störungen kommt.

Selbstfürsorgliche Ernährung

Auch wenn die Studienlage nicht ganz eindeutig ist, so gibt es doch Belege dafür, dass bestimmte Formen der Ernährung für uns und vor allem auch für unser Gehirn zuträglicher sind als andere.

Stellen Sie sich dazu einmal vor, Sie würden in einem Preisausschreiben einen neuen Sportwagen gewinnen und erhielten dazu die Information, dass Sie einen speziellen Kraftstoff tanken sollten, um den Motor langfristig zu erhalten. Sie würden vermutlich bereitwillig Zusatzwege auf sich nehmen, um diesen Kraftstoff zu bekommen. Sie erwarten, dass der Motor dadurch volle Leistung zeigt und kein Schaden droht.

Wenn ich in Lehrerzimmer komme, dann ist dieses Wissen in Bezug auf den Umgang mit dem eigenen Körper oft weniger präsent. Da stehen dann Schüsseln mit kleinen Süßigkeiten, Keksen und Schokolade bereit, aber es findet sich selten Obst und noch seltener welches, das bereits so vorbereitet ist, dass das Zulangen Spaß macht. Genauso verhält es sich mit der Getränkeauswahl: Kaffee und schwarzer Tee, nach Wunsch mit Milch und Zucker, lassen sich leicht finden, während eine kühle Rhabarberschorle im Sommer kaum aufzutreiben ist. Warum ist das so?

Zucker und Koffein bzw. Tein täuschen uns auf zwei hochwirksamen Wegen über unser Bedürfnis nach Regeneration hinweg. Sie mobilisieren uns und

befähigen den Körper auf kurze Sicht, mehr Leistung zu zeigen. Dabei scheint es allerdings so zu sein, dass **Zucker** auf das Gehirn (in höheren Dosen) sogar eine schädliche Wirkung hat, indem er die Gehirntätigkeit verlangsamt und das Erinnerungsvermögen schwächt. Auch gibt es einige gute Belege dafür, dass Zucker uns eher aggressiv und emotional unausgeglichen macht. Wer früh morgens gleich zuckerhaltig in den Tag startet, kennt darüber hinaus den Effekt, dass nach einem ersten Hoch auch bald das erste Tief mit einem deutlichen Verlangen nach weiterem Zucker folgt. Der Körper befindet sich mit einer solchen Ernährung selten im Gleichgewicht und ist die meiste Zeit damit beschäftigt, zu hohe oder zu niedrige Glukosespiegel zu regulieren. Aus der selbstfürsorglichen Sichtweise könnte man diese körperlichen Regulationsvorgänge auch als eine Art Stress durch ständige Gegenregulation beschreiben.

Weiterhin gibt es Belege, dass ein erhöhter Verzehr **tierischer Fette** die Gehirnaktivität negativ beeinflusst und auch das Bewegungsverhalten und die Schlafqualität negativ verändert, während eine erhöhte Aufnahme von **Omega-3-Fettsäuren** (die zu den mehrfach ungesättigten Fettsäuren gehören) das Gehirn positiv zu beeinflussen scheint, zu besseren Erinnerungsleistungen führt und in der Lage ist, verschiedenen Erkrankungen vorzubeugen. Die biologisch aktivsten Omega-3-Fettsäuren EPA (Eicosapentaensäure) und DHA (Docosahexaensäure) kommen vor allem in Algen und Kaltwasserfischen (Thunfisch, Hering, Lachs oder Makrele) vor. Alpha-Linolensäure ist eine weitere wichtige Omega-3-Fettsäure, welche in Pflanzen enthalten ist, reichlich z. B. in Leinöl. Die Verwendung entsprechender pflanzlicher Öle stellt also eine gute Ergänzung zum regelmäßigen Fischverzehr dar. Omega-3-Fettsäuren sind an Aufbau und Reifung neuronaler Strukturen beteiligt und darüber hinaus während des gesamten Lebens für die Aufrechterhaltung der normalen Hirnfunktion mitverantwortlich. Eine Ernährung, die zu **zu geringen Spiegeln von Omega-3-Fettsäuren** führt (was bei den meisten Deutschen derzeit der Fall ist), reduziert die Anpassungsfähigkeit der synaptischen Bereiche im Gehirn, die für die emotionale Regulation wichtig sind. Deshalb wird davon ausgegangen, dass ein Mangel an Omega-3-Fettsäuren psychische und neurologische Störungen (z. B. Depression, Demenz, Autismus und ADHS) begünstigen kann. Omega-3-Fettsäuren erhöhen darüber hinaus das im Gehirn verfügbare Dopamin, wirken also wie die gängigen Stimulanzien (wie bspw. Amphetamine, Kokain etc.). Bei einem Großteil von Kindern, die in doppelt verblindeten klinischen Studien untersucht wurden (was bedeutet, dass weder das Kind noch die Therapeuten wussten, ob das Kind mit Omega-3-Fettsäure oder Placebo behandelt wurde), zeigten sich Behandlungseffekte nach drei bis sechs Monaten, die mit den üblichen

Behandlungen bei ADHS vergleichbar waren, sofern die Kinder täglich mindestens 0,6 g Omega-3-Fettsäuren erhielten. Belegt werden konnte außerdem, dass Jugendliche und Erwachsene, die unter ADHS leiden, niedrigere Omega-3-Fettsäure-Spiegel haben als Gesunde.

Des Weiteren konnte in zahlreichen Versuchen mit Mäusen und Ratten gezeigt werden, dass Tiere, die über einige Wochen lang mit Omega-3-Fettsäuren angereichertem Futter gefüttert werden, Verletzungen des Nervengewebes weitaus besser verkraften als Tiere, die normales Futter bekamen. Junkfood hat wiederum genau den gegenteiligen Effekt: Tiere, die mit stark zucker- und fetthaltigem Futter gemästet wurden, bauten in ihrer geistigen Leistungsfähigkeit ab und wurden anfälliger für Hirnschäden.

Es gibt zahlreiche weitere Studien, die auf die gesundheitsförderlichen Effekte von Omega-3-Fettsäuren hinweisen. So reduziert die regelmäßige Aufnahme Herzrhythmusstörungen, stabilisiert instabile Gefäßbereiche, senkt die Blutfettwerte, fördert die Durchblutung, hat eine präventive Wirkung gegen koronare Herzkrankheiten und plötzlichen Herztod und scheint eine Reihe von Autoimmunprozessen günstig zu beeinflussen.

Aufgrund der vielen Befunde definierten Harris und von Schacky 2002 den „HS-Omega-3-Index"[5]. Liegt der Index zwischen 8 % und 11 %, so wären dies optimale Werte, die bspw. in Japan gefunden werden. In Deutschland liegt der Index aber deutlich niedriger, oft nur bei ca. 4 %. Hierzulande kommen auf 100 000 Personenlebensjahre 148 plötzliche Herztode, während es in Japan, auf die gleiche Anzahl Personenlebensjahre gerechnet, nur 7,8 plötzliche Herztode sind.

Spannend ist auch, dass Japanerinnen viel seltener an Wochenbettdepressionen erkranken als Frauen in Europa. Auch hier wird angenommen, dass der deutlich günstigere Omega-3-Index der Japanerinnen (erreicht durch den erhöhten Fischkonsum) verantwortlich für die gute Gesundheit der Frauen und überdies die überdurchschnittliche Hirnentwicklung der Kinder ist.

Die Deutsche Gesellschaft für Ernährung e.V. empfiehlt die tägliche Aufnahme von 250 mg EPA und/oder DHA. Dies kann durch den täglichen Verzehr von Kaltfisch und bestimmten Ölen, wie Leinöl, unterstützt werden. Dieser Bedarf wird i. d. R. durch zwei Fischmahlzeiten (ca. 150 g Fisch) pro Woche ausreichend gedeckt. Weiterhin sind in Apotheken und Drogeriemärkten mittlerweile Fischölkapseln erhältlich, die ebenfalls die Aufnahme der so wichtigen Omega-3-Fettsäuren unterstützen sollen.

Ein weiterer Stoff, mit dem wir durch unsere Ernährung unser Gehirn beeinflussen können, ist **Tryptophan**. Tryptophan kann vom menschlichen Körper nicht selbst gebildet werden und muss, wie die Omega-3-Fettsäuren, mit der Nahrung zugeführt werden.

Tryptophan gilt als eine Art natürliches Antidepressivum, da es vom Körper in Serotonin (das sogenannte „Wohlfühlhormon") umgewandelt wird, und es gibt Belege für eine gewisse Wirksamkeit gegen depressive Erkrankungen bei gleichzeitig geringen Nebenwirkungen. Ebenso hat Tryptophan eine schlaffördernde Wirkung. Grobe Schätzungen gehen davon aus, dass etwa 3,5 bis 6 mg Tryptophan pro Kilogramm Körpergewicht den täglichen Tagesbedarf gesunder Menschen gewährleisten. Bei einer Person, die 70 kg wiegt, wären das im Mittel etwa 333 mg. Hier einige natürliche Tryptophan-Quellen: Auf 100 g gerechnet, enthalten Cashew-Kerne etwa 287 mg Tryptophan, Haferflocken enthalten 182 mg. Weitere gute Lieferanten sind Eier (167 mg), Sojabohnen (590 mg) oder Lachs (209 mg).

Diese **drei Beispiele** sollen etwas verdeutlichen. Es ist nicht ganz unwichtig, wie wir uns ernähren. Mit unserer Ernährung haben wir erheblichen Einfluss, nicht nur auf unser körperliches Wohlbefinden, sondern auch auf unser Gehirn. Zucker, bereits am Morgen als raffinierter Zucker konsumiert, führt durch die starken physiologischen Schwankungen im Blutzuckerspiegel zu Regulationen im Körper, die Kraft kosten und damit zu einem negativen Effekt auf das Wohlbefinden führen können. Omega-3-Fettsäuren sind essenziell für ein gut funktionierendes Gehirn und mit Tryptophan lässt sich die Stimmung regulieren.
Es gibt viele weitere Nährstoffe, die einen Einfluss auf unser körperliches und seelisches Wohlbefinden haben und dieser kleine Exkurs soll Sie motivieren, sich in den vielen vorhandenen Ratgebern zum Thema zu informieren und damit einen wichtigen Beitrag zu Ihrer Gesundheit zu leisten.

> **Checkliste für eine selbstfürsorgliche Ernährung**
>
> Essen Sie möglichst …
> ✓ viel Salat, Gemüse und Obst
> ✓ Vollkornprodukte (Reis, Nudeln, Brot)
> ✓ mindestens 2-mal pro Woche Fisch (z. B. Lachs oder Hering)
> ✓ hochwertige Öle (z. B. Leinöl, Rapsöl, Olivenöl)
> ✓ genügend (aber nicht zu viele) Milchprodukte
> ✓ wenig Fleisch und tierische Fette
> ✓ wenig Zucker, möglichst keine Zusatzstoffe, keine Süßstoffe
> ✓ Nüsse
> ✓ „bunt" → ausgewogene Mahlzeiten vereinen viele Farben auf dem Teller (je mehr es sich um ein „Fertigprodukt" handelt, desto gelber oder grauer ist das Gericht i. d. R.)

Ein weiterer, nicht zu unterschätzender Faktor für Ihr Wohlbefinden ist Ihre **Flüssigkeitszufuhr**. Die Deutsche Gesellschaft für Ernährung e. V. empfiehlt, etwa 1,5 Liter am Tag zu trinken. Ein erhöhter Bedarf entsteht natürlich bei Bewegung, Hitze, trockener, kalter Luft, reichlichem Kochsalzverzehr, hoher Proteinzufuhr und gesundheitlichen Einschränkungen, wie Fieber, Erbrechen, Durchfall etc. Im besten Falle sollten Sie als Faustregel 1,2 Liter bis 15 Uhr getrunken haben. Die weiteren 0,3 Liter für die Minimalversorgung an Flüssigkeit sind dann für den restlichen Tag bestimmt. Zusätzliche Flüssigkeit kann Ihr Wohlbefinden weiter steigern. Es gibt Untersuchungen, die den Schluss nahelegen, dass bei etwa 10 % der Lehrer, die sich ausgelaugt und erschöpft im Sinne eines Burnouts fühlen, die bloße Erhöhung der Flüssigkeitszufuhr sämtliche Symptome nach 14 Tagen behebt.

In unseren Seminaren sprechen wir mit den Lehrkräften immer wieder über ihre Trinkgewohnheiten während des Schulvormittags und konnten erschreckende Zitate sammeln. So hörten wir schon häufig: „Morgens trinke ich wenig, weil ich keine Zeit habe, auf die Toilette zu gehen", „Ich habe mir das Trinken regelrecht abgewöhnt", „Im Unterricht ist Trinken an unserer Schule verboten". Erschreckend sind diese Zitate, weil sie zeigen, wie wenig Selbstfürsorge ihnen zugrunde liegt. Erschreckend ist es auch, wenn Lehrer und Schüler im Unterricht keine Flüssigkeit zu sich nehmen dürfen, wobei belegt ist, dass eine ausreichende und **regelmäßige Flüssigkeitszufuhr** grundlegende Voraussetzung nicht nur **für körperliches Wohlbefinden**, sondern vor allem auch **für Hirnleistung**, ist. Bereits ein Verlust von knapp 2 % unserer Körperflüssigkeit führt dazu, dass wir uns müde und schwach fühlen.

Sinkt der Flüssigkeitsanteil um circa 0,5 %, signalisiert das Gehirn ersten Durst, doch erst bei einem Verlust von etwa 10 % Flüssigkeit kommt es zu einem Trockenheitsgefühl im Mund und zu Sprechstörungen, dem bekannten trockenen Mund. Wenn Sie „so richtig Durst" haben, ist es also eigentlich schon zu spät. Wir haben in unseren Trainings gute Erfahrungen damit gemacht, dass die Teilnehmer über nur sieben Tage ein Trinkprotokoll erstellt haben. Dabei gibt es für alle Beteiligten sehr spannende Effekte, die ich Ihnen nicht vorenthalten will.

Mein Trinkprotokoll

Zeit: begleitend über 7 Tage
Ort: überall
Benötigte Hilfsmittel: Stift

→

Kapitel 3 – **Selbstfürsorge durch körperlichen Ausgleich**

Ich möchte Sie an dieser Stelle einladen, in den nächsten sieben Tagen Ihr eigenes Trinkprotokoll anzufertigen. Sie können direkt morgen früh damit anfangen!

So funktioniert die Übung

Schreiben Sie jeden Tag auf, wann Sie wie viel Flüssigkeit zu sich genommen haben. Versuchen Sie dabei, jeden Tag bis 15 Uhr mindestens 1,2 Liter getrunken zu haben und darüber hinaus noch mindestens weitere 0,3 Liter zu trinken. Geeignete Getränke sind Wasser, Brühen, Tees (schwarzer und grüner Tee sollten jedoch max. 0,5l ausmachen) und Saftschorlen.

Notieren Sie mit Werten von 0 = minimal bis 10 = maximal Ihre Energie (E) und Ihr Wohlbefinden (WB). Tragen Sie in der Spalte „Menge" jeweils die Trinkmengen bei den entsprechenden Uhrzeiten ein.

Idealerweise notieren Sie den Tag über ca. 4- bis 5-mal, wie es gerade um Ihre Trinkmenge, Ihre Energie und Ihr Wohlbefinden bestellt ist (wenn Sie nur abends einmal rückblickend für den ganzen Tag die Tabelle füllen, könnte dies die Ergebnisse verzerren).

Uhrzeit	1. Tag			2. Tag			3. Tag			4. Tag			5. Tag			6. Tag			7. Tag		
	Menge	E	WB	Menge	E	WB	Menge	E	WB	Menge	E	WB	Menge	E	WB	Menge	E	WB	Menge	E	WB
6																					
7																					
8																					
9																					
10																					
11																					
12																					
13																					
14																					
15																					
16																					
17																					
18																					
19																					
20																					
21																					
22																					
23																					

→

Selbstfürsorge als Basis der Lehrergesundheit

> **Erläuterung**
> Wahrscheinlich werden Sie nach drei bis vier Tagen merken, dass Sie sich deutlich fitter und besser fühlen. Dann ist es wichtig, auch in Zukunft an der erhöhten Trinkmenge festzuhalten und diese immer wieder zu kontrollieren. Achten Sie darauf, Ihre Flüssigkeitszufuhr möglichst nicht mit Kaffee oder Limonaden zu erhöhen. Selbstverständlich eignet sich auch Alkohol nicht.

Hilfreich können einige kleine Tricks sein, um die tägliche Trinkmenge spielerisch zu erreichen:

> **So klappt es mit der ausreichenden Flüssigkeitszufuhr**
> ✓ Stellen Sie schon abends die Gefäße bereit, aus denen Sie am kommenden Tag trinken wollen. Das kann die morgendliche Teetasse sein genauso wie die Wasserflasche für den Schulvormittag. Vielleicht legen Sie auch schon Teebeutel oder Brühwürfel in die jeweiligen Tassen.
> ✓ Messen Sie in Messbechern ab, wie viel Flüssigkeit in welches Glas oder in welche Tasse passt. Manchmal verschätzt man sich sonst ziemlich.
> ✓ Beginnen Sie direkt nach dem Aufstehen mit einem Glas Wasser (0,3l).
> ✓ Nehmen Sie dann ein ungesüßtes Heißgetränk Ihrer Wahl zu sich (0,2l).
> ✓ Nehmen Sie sich zur Schule eine kleine Wasserflasche mit oder mischen Sie sich eine Saftschorle (0,5l).
> ✓ Zur Mittagszeit könnten Sie eine Brühe vor dem Essen trinken (0,2l). oder Sie trinken zum Essen noch einmal ein Glas Wasser (0,2l).
>
> → So haben Sie bis 15 Uhr bereits den Großteil der Flüssigkeit getrunken, die Ihr Körper braucht, um fit zu bleiben.

■ Selbstfürsorgliche Ernährung im Kollegium

Mit großem Erfolg haben wir in vielen Schulen, nachdem wir über die Auswirkungen von guter und schlechter Ernährung auf das Gehirn und den Körper hingewiesen haben, Vitamintage eingeführt.
Viele Schulen wählen für den **Vitamintag** den Mittwoch. Das Vorgehen ist simpel:
Möglichst jede Lehrkraft bringt etwas frisches Obst oder Gemüse (bereits vorbereitet, also gewaschen und geschnitten) mit in die Schule. Wenn es mal schnell gehen muss, reichen auch ein paar Nüsse in einer Schüssel, Trocken-

früchte oder eine Flasche Saft. Seien Sie gern kreativ! Es müssen nicht immer Studentenfutter und Apfelsaft sein. Wie wäre es mit getrockneten Beeren und Rhabarbersaft? Diese Dinge lassen sich lagern, sodass es keine Ausreden gibt, sollte am Dienstag kein frisches Obst oder Gemüse im Haus sein. Als Faustformel sollten Sie nur so viel mitbringen, wie Sie selbst ungefähr essen bzw. trinken könnten.

Nun wird ein Tisch im Lehrerzimmer mit all den leckeren Kleinigkeiten bestückt. Die Saftflaschen werden dazugestellt. Besonders schön ist es, wenn Wasser zentral über die Schule zur Verfügung gestellt wird und damit immer vorrätig ist. Ansonsten bringen einige Kollegen Wasser zum Vitamintag mit. Ab früh morgens bis in den Nachmittag steht Ihnen an diesem Tag alles zur Verfügung, was Sie brauchen, um Ihren Körper möglichst selbstfürsorglich und gesund zu ernähren. Hilfreich ist es, bereits am Vortag mit einem gut sichtbaren Schild im Lehrerzimmer an den bevorstehenden Vitamintag zu erinnern.

Je nach Schule und der Ausgestaltung Ihres Unterrichts lassen sich kreative Abwandlungen auch für Ihre Unterrichtsstunden finden! Falls es in Ihrer Schule bisher nicht üblich ist, dass Schüler und Lehrer im Unterricht Getränke zu sich nehmen dürfen, sollten Sie diese Regelung zur Diskussion stellen. Im Internet finden sich viele nützliche Infoseiten, die Ihren Kollegen und der Schulleitung verdeutlichen, wie wichtig es für Sie und Ihre Schüler ist, genügend trinken zu *können*. Sollte viel Skepsis herrschen, finden Sie einen Kompromiss vielleicht darin, dass zumindest Wasser zukünftig erlaubt ist.

■ Ökologische Lebensmittel

So kontrovers, wie die gesundheitsförderliche Wirkung von ökologisch angebauten Lebensmitteln im Vergleich zur konventionellen Landwirtschaft diskutiert wird, so heterogen sind die Studienergebnisse. Klar ist, dass ökologische Lebensmittel sich nicht nachteilig auf die Gesundheit auswirken. Im Sinne der Selbstfürsorge ist allerdings ein anderer Aspekt von größerer Bedeutung, nämlich der der eigenen Werte. Unbestritten greift die ökologische Landwirtschaft durch die Vermeidung von chemischen Pflanzenschutz- oder Düngemitteln weit weniger in die Natur ein. Im ökologischen Landbau wird daher oft vom „Einklang zwischen Natur und Mensch" gesprochen. Auch in Bezug auf die Tierhaltung wird in den angesehenen Vereinigungen, wie Demeter oder Bioland, auf das Tierwohl weit mehr geachtet als in der Massentierhaltung. Ich habe, mitten in der Natur aufgewachsen und auch jetzt lebend, viele Erfahrungen mit Landwirten beider Richtungen gemacht und mir ist dabei etwas aufgefallen, was mich beeindruckt hat. Viele der ökologisch agierenden Landwirte handeln aus einem tiefen Bewusstsein für die Schönheit und Schutzbedürftigkeit der Natur. Sie geben ihren Tieren manches Mal Namen und es stellte sich in Gesprächen immer wieder heraus, dass sie auf eine andere Art mitfühlen. Ausdrücklich möchte ich betonen, dass es sich hierbei um persönliche Erfahrungen handelt, aber sie haben mich nachhaltig geprägt und meine Werte und Haltungen hinterfragen lassen. Für mich ist es selbstfürsorglicher, im kleinen Bioladen um die Ecke einkaufen zu gehen und die dadurch entstehenden (geringen!) Mehrkosten als eine Art Spende an die Natur bzw. den Naturschutz zu verbuchen als die in Plastik verpackten Lebensmittel im Supermarkt auf das Laufband zu legen. Was Ihre Werte und Haltungen sind, wofür Sie einstehen wollen, wofür Sie durch Ihre Kaufentscheidungen Verantwortung übernehmen und nach welchen Prinzipien Sie leben möchten, das entscheiden natürlich Sie ganz allein.

■ Selbstfürsorgliche Ernährung, die dazu noch Glück schenkt

Eva Koppenhöfer hat mit ihrem Werk „Die kleine Schule des Genießens – Ein verhaltenstherapeutisch orientierter Behandlungsansatz zum Aufbau positiven Erlebens und Handelns" (2004)[6] gezeigt, wie **Genusstraining** sich bei Patienten mit psychischen Störungen etablieren lässt. Ihr kleiner Ratgeber ist ein Klassiker der Euthymen-Therapie, wobei das Wort euthym „alles, was der Seele guttut" bedeutet. Im Zentrum steht eine Aufmerksamkeitsfokussierung. Sie wird als Voraussetzung für die Entstehung positiver Emotionen angenommen. Dabei besagt die Definition von Genuss, dass er mit all unseren Sinnen verbunden sein sollte. In diesem Zusammenhang hat die Autorin sieben Genussregeln zusammengetragen, die sie als Basis einer guten Selbstfürsorge ansieht. Diese Regeln beziehen sich nicht ausschließlich auf den Genuss von Lebensmitteln, sollen aber im Zusammenhang dieses Buches an dieser Stelle exemplarisch dargestellt werden. Die Regeln lassen sich dann auf andere Bereiche leicht selbst übertragen (siehe den folgenden Abschnitt „Bewegung und Sport" ab S. 65).

Wie Sie richtig genießen (nach Koppenhöfer 2004[6])

<u>Regel Nr. 1: Genuss braucht Zeit</u>
Es ist wichtig, dass Sie sich Zeit für Ihre Selbstfürsorge und damit auch für den Genuss nehmen. In der Hektik des Schulvormittags kann es von besonderer Bedeutung sein, sich achtsam den eigenen Bedürfnissen zuzuwenden. Positive Emotionen entstehen eben nicht im Stress, sondern in den bewussten Momenten. Die Freiräume, die Sie sich dafür nehmen sollten, sind Teil Ihrer aktiven Selbstfürsorge.

Regel Nr. 2: Genuss muss erlaubt sein
Durch eine genusseinschränkende Erziehung (erst die Arbeit, dann das Vergnügen) tragen viele Menschen ein unbewusstes Genussverbot in sich. Im Unterricht einmal genüsslich bei sich selbst sein, während die Schüler eine Stillarbeit erledigen, kann für manch eine Lehrkraft bereits eine große Herausforderung darstellen. Und auch nach dem Unterricht muss Genuss als Form der Belohnung erlaubt sein, um ihn überhaupt erleben zu können. Durch Ihr selbstfürsorgliches Tun können Sie die genussverbietende Haltung korrigieren. Sie sollten es sich wert sein.

Regel Nr. 3: Genuss geht nicht nebenbei
Haben Sie schon einmal beobachtet, wie Sie das Essen zu sich nehmen, wenn Sie währenddessen eine spannende Dokumentation im Fernsehen sehen? Sie werden vielleicht nur am vollen Magen erinnern, dass Sie gegessen haben. Bei dieser Regel geht es darum, die Genussmomente von Verhaltensweisen zu trennen, die dem Genuss entgegenstehen. Das können Hektik, Multitasking oder ein schwieriges Gespräch (und sei es über die unerledigten Hausaufgaben der eigenen Kinder) sein.

Regel Nr. 4: Wissen, was mir guttut
Wissen Sie, welche Genüsse Ihnen so richtig guttun? Welche Lieblingsessen haben Sie? Welche Düfte mögen Sie? Was mögen Sie sich gern ansehen? Jeder einzelne Mensch hat seine Präferenzen und Sie sollten sich darin üben, zu erkennen, was Ihnen guttut.

Regel Nr. 5: Weniger ist mehr
Grenzenloser Genuss ist nicht möglich, obwohl wir (im Sinne von Konsum) häufig danach streben. Achten Sie darauf, dass Qualität nicht in Quantität umschlägt. Ein gutes Glas Rotwein ist etwas anderes als eine ganze Flasche eines einfachen Rotweins und eine besondere Praline, in Ruhe und mit Zeit genossen, wird Sie glücklicher machen, als das gierige Verschlingen einer großen Tafel Schokolade. Askese ist genusssteigernd, da sie der Gewöhnung entgegenwirkt.

Regel Nr. 6: Ohne Erfahrung kein Genuss
Denken Sie noch einmal an das Glas Rotwein. Ein Weinkenner kann jede Nuance schmecken, da sein Geschmackssinn ganz fabelhaft trainiert ist. Sie können solche Differenzierungen erlernen – in Bezug auf die Speisen, die Sie zu sich nehmen, in Bezug auf Gerüche oder Farben, Formen und Geräusche der Natur.

Regel Nr. 7: Genuss ist alltäglich
Versuchen Sie, jeden Tag kleine Genussmomente in Ihr Leben einzubauen. Diese dienen wunderbar als Belohnung nach aufreibenden Arbeitstagen

und hier sind der eigenen Kreativität keine Grenzen gesetzt. Sie entscheiden, was Sie als Genuss erleben!

■ Genuss im Übermaß

Es versteht sich von selbst, dass gesundheitsschädigende Substanzen, wie ein **Übermaß an Alkohol, Nikotin, anderen Drogen oder Fast Food und Zucker** nicht ein Mehr an Genuss schaffen, sondern das Gegenteil bewirken. Wichtig im Rahmen der eigenen Selbstfürsorge ist es sicherlich, zu fragen, warum Sie diese Stoffe konsumieren, sofern Sie es tun. Wenn Alkohol zum Trost eingesetzt wird, entsteht i. d. R. eine dramatische Spirale, die in einer Abhängigkeit endet, die dann die Probleme vergrößert statt verkleinert.
Die Folgen betreffen dann nicht nur den Abhängigen oder die Gesellschaft durch Krankheitskosten oder Arbeitsausfall, sondern auch und vor allem den Partner, die Kinder, ja, sogar die Enkelkinder, wenn die eigenen Kinder keine guten Bewältigungsstrategien gefunden haben, mit dem Alkoholmissbrauch des Elternteils und den damit eigenen tiefen Verletzungen umzugehen. Auch das Essen kann zu einem Trost werden oder negative Emotionen regulieren. Übergewicht und Krankheit sind die Folgen.
Wenn Sie merken, dass eines dieser Themen *Ihr* Thema ist, dann suchen Sie sich geeignete Hilfe (die meist nicht in der eigenen Familie liegt). Wenn Sie diesen Schritt nicht im Rahmen Ihrer Selbstfürsorge schaffen, was bei den meisten Abhängigen der Fall ist, dann belesen Sie sich, wie weitreichend die Konsequenzen Ihres gesundheitsgefährdenden Verhaltens für Ihre engsten Vertrauten sind. Machen sich Ihre Kinder oder Ihr Partner Sorgen? Das Weinen der Kinder erfolgt häufig in der Stille. Sie sind allein mit ihrem Schmerz und überfordert. Gucken Sie genau hin. Es ist ein äußerst schwieriges Unterfangen, sich von Süchten loszusagen.
In der Bibel heißt es im 1. Korinther, 13: „Nun aber bleibt Glaube, Hoffnung, Liebe, diese drei; aber die Liebe ist die größte unter ihnen."[7] Geben Sie der Liebe, die Sie für Ihre Liebsten fühlen, die Chance, Veränderungen herbeizuführen, und vertrauen Sie sich Fachleuten an, die Ihnen Hilfe bieten werden.

Fazit: „Der Mensch ist, was er isst" – ein besseres Fazit kann es für diesen Abschnitt kaum geben. Hinzu sollte noch die Ergänzung kommen, dass der Mensch ist, wie er das isst, was er isst. Neben der reinen Aufnahme von gesundheitsförderlicher Nahrung und der Vermeidung gesundheitsschädlicher Substanzen ist es für die Selbstfürsorge von Bedeutung, achtsam und genussvoll zu leben.

Bewegung und Sport

Genauso wie es Ihnen vermutlich logisch vorkommt, sich gesund zu ernähren, ist Ihnen natürlich klar, dass Sie sich ausgleichend zu Ihrem Schulalltag bewegen sollten. So weit, so gut. Wir haben in unseren Trainings immer wieder anonyme Befragungen der Kollegien durchgeführt, um herauszufinden, ob die Teilnehmer meinen, dass sie sich tatsächlich ausreichend und entlastend bewegen. Die Ergebnisse sind eindeutig: Die große Mehrheit gab an, direkt nach dem Schulvormittag keine Kraft mehr für Bewegung und Sport zu haben. Gleichsam halten die meisten Befragten es nicht für möglich, sich am Schulvormittag genügend ausgleichend zu bewegen. Nur etwa 15 % unserer Befragten gaben an, dass sie sich regelmäßig sportlich betätigen würden und mit ihrem körperlichen Zustand zufrieden seien. Das Problem ist also nicht, dass wir nicht wissen, was uns guttun würde, sondern dass wir ein **Problem in der Umsetzung** haben. In diesem Abschnitt will ich Ihnen verdeutlichen, warum und wie Bewegung bereits am Schulvormittag einen wichtigen Beitrag zur Selbstfürsorge leisten kann und wieso es überhaupt sinnvoll ist, sich selbst einmal in Bezug auf die eigenen Bewegungsmuster kritisch zu hinterfragen.

Wir haben in unseren anonymen Befragungen auch immer wieder nach **körperlichen Symptomen** gefragt und konnten feststellen, dass besonders Verspannungen (insbesondere Nacken-Schulter-Bereich, Lendenwirbelsäule und Kiefermuskulatur) genannt wurden. Wie kommt es zu typischen Verspannungsschmerzen?
Häufig sind Lehrkräfte am Vormittag vielen eher unklaren sozialen Situationen ausgesetzt, die sie „irgendwie regeln" müssen. Solche und andere Stressoren (Zeitdruck, Multitasking, Lärm, unvorhersehbare Dinge, Konflikte usw.) können Stressreaktionen auslösen. Dabei ist insbesondere die sogenannte **Kampf-Flucht-Reaktion** von Bedeutung (vgl. S. 38f.). Sie befähigt uns in Situationen, die wir als bedrohlich erleben, zu einer schnellen physiologischen und psychologischen Anpassung. Unser Organismus bereitet sich auf Kampf oder Flucht vor. Dies geschieht durch eine Vielzahl körperlicher Vorgänge, insbesondere die Freisetzung von Stresshormonen, die dann wiederum andere Reaktionen fördern, wie z. B. die Erhöhung der Pulsfrequenz, der Atemfrequenz, Änderungen im Muskeltonus usw. Wir fangen häufig auch an zu schwitzen. Dieses Schwitzen dient dazu, den Körper bei der gleich folgenden Bewegung (Kampf oder Flucht) zu kühlen. Das Problem ist allerdings, dass wir i. d. R. im Schulalltag nicht kämpfen und auch nicht flüchten können und damit der Stressreaktion relativ handlungsunfähig ausgeliefert sind. Durch die eigentlich vom Körper geplante Bewegung würden die Stresshormone und die entstandenen vegetativen Änderungen wieder reguliert werden und es käme

nach erfolgreichem Kampf oder gelungener Flucht zu einer Entspannungsphase. Doch genau diese Abfolge fehlt im Schulalltag. Wir geraten in Stress, bauen ihn nicht (durch Bewegung) ab und geraten in den nächsten Stress. So lässt sich verstehen, warum viele Lehrkräfte im Vergleich zu anderen Berufsgruppen überdurchschnittlich häufig unter Erkrankungen leiden, die mit übermäßigem Stress assoziiert sind. Professor Rudolf Kretschmann weist in seinem überaus zu empfehlenden Buch „Stressmanagement für Lehrerinnen und Lehrer" (2012)[8] detailliert auf das Stressgeschehen an einem Schulvormittag hin und liefert hierzu interessante Daten und veranschaulichende Abbildungen sowie verschiedene Übungen. Mir ist es an dieser Stelle wichtig, auf Bewegung im Sinne der Stressregulation und Selbstfürsorge hinzuweisen. Es ist nicht selbstfürsorglich, wenn Sie auf unbequemen Stühlen angespannt den Unterricht leiten, dann in ungeeigneten Schuhen von Klasse zu Klasse hetzen, um wieder starr zu sitzen oder angespannt zu stehen. Ich möchte Sie an die Genussregeln aus dem vorherigen Abschnitt „Selbstfürsorgliche Ernährung" erinnern und diese in der folgenden Checkliste einmal für selbstfürsorgliche Bewegung im Schulalltag abwandeln.

Selbstfürsorgliche Bewegung im Schulalltag
(eine Abwandlung der Genussregeln nach Koppenhöfer 2004[6])

Regel Nr. 1: Selbstfürsorgliche Bewegung braucht Zeit
Nehmen Sie sich Zeit, Bewegungen in Ihren Schulvormittag einzubauen. Nutzen Sie das Fahrrad für den Arbeitsweg, gehen Sie eine ausgewählte Strecke zu Fuß oder beginnen Sie den Tag mit einigen Yoga- und Dehnübungen. Nehmen Sie sich auch in der Schule immer wieder Zeit, kleine Übungen durchzuführen, z. B. in den Stillarbeitsphasen, in den Pausen im leeren Klassenraum, bei der Aufsicht oder auch im Unterricht zusammen mit den Schülern.

Regel Nr. 2: Selbstfürsorgliche Bewegung muss erlaubt sein
Wenn Sie sich selbst nicht das Recht auf ausgleichende Bewegungen geben, wird es Ihnen auch kein anderer geben. Überprüfen Sie Ihre Ansprüche. Wie meinen Sie, vor der Klasse wirken zu müssen? Als perfekte, jederzeit auf die Schüler fokussierte Lehrkraft oder als menschliches Vorbild mit eigenen Bedürfnissen? Erlauben Sie sich kleine Übungen am Vormittag als Teil Ihrer aktiven Selbstfürsorge. Dies gelingt gut, wenn Sie sich einen Plan machen, an welchem Wochentag Sie welche Bewegungen in den Vormittag einbauen könnten (siehe Übung auf S. 68 f.).

Regel Nr. 3: Selbstfürsorgliche Bewegung geht nicht von allein
Bewegungen, die wir unwillkürlich oder automatisiert ausführen, sind meist nicht die Bewegungen, die uns Ausgleich schaffen. Sie sitzen und stehen viel

und werden so manches Mal angespannt sein. Lenken Sie Ihre Aufmerksamkeit auch während des Schulvormittags immer wieder ganz bewusst auf Ihren Körper und fragen Sie sich, wie er sich anfühlt. Hier kann die Methode „Bodyscan"* Ihnen helfen, einen guten Kontakt zu Ihrem Körper zu erlernen. Sind Sie entspannt oder angespannt? Tut irgendetwas weh? Welche Bewegung könnte Ihnen jetzt guttun?

Regel Nr. 4: Wissen, was mir guttut
Hier ist mein Rat an Sie, dass Sie sich im Laufe des Schulvormittags immer wieder ausprobieren. Welche Körperregionen spannen Sie unbewusst an und welche entlastenden Bewegungen würden Ihnen persönlich guttun?

Regel Nr. 5: Weniger ist mehr
Bei den selbstfürsorglichen Bewegungsabläufen des Schulvormittags geht es nicht um ein ausgeklügeltes Sportprogramm. Planen Sie kleine bewusste, achtsame, ausgleichende Bewegungen ein. Schreiten Sie, dehnen Sie sich langsam, führen Sie die Bewegungen in großer Konzentration und Bewusstheit aus. Das ist Selbstfürsorge.

Regel Nr. 6: Ohne Erfahrung keine selbstfürsorgliche Bewegung
Lernen Sie Verfahren, die Ihnen bei Ihren Verspannungen gezielt Ausgleich verschaffen. Dies kann in Form von Krankengymnastik sein oder durch das Erlernen von bestimmten Bewegungsabläufen, wie es beim Yoga üblich ist. Ebenso helfen Entspannungsverfahren (siehe nächster Abschnitt ab S. 69), gezielten Ausgleich zu schaffen.

Regel Nr. 7: Bewegung ist alltäglich
Machen Sie selbstfürsorgliche Bewegung zum Teil Ihrer Professionalität. Nutzen Sie kleinste Zeitfenster, um Ihrem Körper und Ihrer Seele regelmäßig mit ausgleichenden Bewegungen Aufmerksamkeit zu schenken.

Wir haben einige unserer Teilnehmer gebeten, uns zu verraten, was sie als selbstfürsorgliche Bewegungen in ihren Schulalltag integrieren. Einige der Antworten sollen Ihnen helfen, Ideen zu entwickeln, was Ihnen guttun könnte:
→ „Nach der Stunde bleibe ich für einige Minuten im leeren Klassenraum. Ich sitze auf meinem Stuhl und dehne meine Schultern, indem ich die Arme ausgestreckt nach vorn und nach oben bewege. Danach neige ich die Arme abwechselnd zu den Seiten und spüre eine angenehme Dehnung meines Oberkörpers. Diese kleine Übung dauert 2 Minuten und tut meinem verspannten Nacken gut."

---

* Die Techniker Krankenkasse stellt bspw. auf ihrer Website Erläuterungen und eine Übung zum Bodyscan kostenlos zum Download zur Verfügung. Sie könnten die Übung noch heute ausprobieren!

→ „Ich gehe im Raum umher und ziehe die Schultern bewusst hoch, dann lasse ich sie fallen. Das mache ich einige Male. Ich spanne kräftig an und lasse dann so richtig los."

→ „Ich mache Kniebeugen. Manchmal sogar in der Pausenaufsicht. Das führt nicht selten dazu, dass einige Schüler sich ermuntert fühlen, gleich mitzumachen. Wir haben jede Menge Spaß."

→ „In Stillarbeitsphasen spanne ich den Beckenboden bewusst an und lasse ihn wieder los. Das habe ich im Rückbildungskurs gelernt. Keiner bekommt davon etwas mit und ich habe das Gefühl, etwas Gutes für mich zu tun."

→ „Mit meinen Schülern hat sich folgende Übung bewährt: Wir stellen uns alle hin und dann erzähle ich die Geschichte von den zehn niedlichen Hundewelpen. Wir sehen sie am Horizont und winken so wild, wie wir können, damit sie zu uns kommen. Auch klopfen wir auf unsere Oberschenkel, um sie anzulocken. Nun stürmen die Welpen auf uns los. Sie wuseln um unsere Beine und wir begrüßen sie, indem jeder von uns sich mit dem Oberkörper runterbeugt und versucht, alle zehn einmal zu streicheln. Wir müssen schnell sein, weil die Welpen so hektisch sind. Also schwingen wir die Arme vor uns her. Dann aber wird es den Welpen langweilig und sie fangen an, in unsere Hosenbeine zu beißen. Also richten wir uns wieder auf und schütteln sie mit lockeren Beinbewegungen sanft ab. Die Schüler haben immer mächtig Spaß bei der Übung und auch mir tut sie sehr gut."

Wichtig ist es, dass Sie sich bewusst, z. B. bereits am Sonntag, vornehmen, wann Sie welche selbstfürsorglichen Bewegungen in Ihren Tag einplanen wollen. Die folgende Übung soll Ihnen als Planungshilfe dienen.

 Selbstfürsorgliche Bewegung muss erlaubt sein

Zeit: einmalige Planung mit individueller Dauer; Anwendung: wenige Minuten, mehrfach am Schulvormittag
Ort: überall
Benötigte Hilfsmittel: Stift

„Erlauben beginnt im Kopf." Welcher körperliche Ausgleich könnte Ihre Selbstfürsorge erhöhen und wann lassen sich diese Übungen in Ihren Schulalltag integrieren?

→

So funktioniert die Übung

Planen Sie, wann, an welchem Wochentag, in oder zwischen welchen Unterrichtsstunden sich kleine selbstfürsorgliche Bewegungseinheiten für Sie einschieben lassen. Es ist hilfreich, den Schulvormittag dafür einmal ganz genau durchzugehen und zu prüfen, zu welchen Zeiten diese kleinen Übungen offen, versteckt oder im leeren Klassenraum möglich sind. Diese Planungen können Sie direkt in Ihrem Stundenplan, Lehrerkalender o. Ä. eintragen und z. B. farbig hervorheben. Verwenden Sie kleine Symbole (z. B. Sternchen) oder Striche in einer von Ihnen festgelegten Farbe als Zeichen für die verschiedenen Bewegungseinheiten. Es sind dabei die kleinen Dinge, um die es geht: Dehnübungen in der Stillarbeitsphase, bewusstes Schreiten von einem Unterrichtsraum in den nächsten, Beckenbodenübungen, bewusstes und bewegtes Stehen, wenn Sie viel an der Tafel arbeiten usw.
(Natürlich können Sie zusätzlich auch Ihre Spaziergänge oder Ihr wöchentliches Sportprogramm mit eintragen.)

Erläuterung

Diese Übung soll Ihnen helfen, die kleinen Erlaubnisse, die Sie sich selbst gegeben haben, strukturiert und konsequent in die Tat umzusetzen. Es sind nur ganz kleine Momente, um die es hier geht, in denen Sie allerdings ganz besonders selbstfürsorglich sein können.

Fazit: Sport in geeigneter Form ist unerlässlich für unsere Gesundheit, das wissen Sie natürlich. Wichtig sind daneben aber auch die kleinen, achtsamen Übungen, die Sie in den Schulalltag integrieren, um Ihrem Körper und Ihrer Seele immer wieder bewusste Auszeiten zur Regeneration zu ermöglichen. Diese kleinen Momente müssen erlaubt und fest eingeplant sein, damit die Umsetzung funktioniert.

Ruhe und aktive Entspannung mittels Entspannungsverfahren

Neben **ausreichend Schlaf in der Nacht**, der nicht durch Schlafstörungen behindert ist, gehört zum Thema „Ruhe" auch die **bewusste Pflege** des eigenen Körpers. Bereits ein Bad, ein Eincremritual oder ein Besuch in der Sauna sind solche kleinen Maßnahmen, um für mehr Entspannung zu sorgen. Der

Körper braucht dabei bewusste Signale, die ihm zeigen, dass es jetzt Zeit ist, in den Entspannungsmodus zu wechseln. Viele Saunagänger berichten, dass sie Schule und andere Aufgaben bereits vergessen, sobald sie in der Umkleidekabine den Eukalyptusduft wahrnehmen. Ähnlich geht es begeisterten Schwimmern mit dem Chlorgeruch im Schwimmbad. Was auch immer Ihre Maßnahme ist, um sich diese Zeiten der Ruhe zu nehmen, so sollten Sie jetzt einen Moment innehalten und sich fragen, ob Sie genügend unterschiedliche und hilfreiche Maßnahmen kennen und ob diese im Alltag gut funktionieren, sprich: ob sie sich für Sie regelmäßig umsetzen lassen. Wenn Sie sich die meiste Zeit der Woche gut entspannen können und geeignete Wege für sich gefunden haben, dann wird Ihnen dieser Abschnitt kaum neue Informationen liefern. Wenn Sie jedoch merken, dass das Thema „Ruhe" derzeit zu kurz kommt und Sie sich danach sehnen, dann können Sie hier einige **Anregungen zur bewussten Entspannung** erhalten.

Wir können unterscheiden zwischen Tätigkeiten, die wir oft unbewusst wählen, um uns zu entspannen (Spaziergänge, Lesen, ein Vollbad usw.) und Maßnahmen, die konkret und geleitet Entspannung bringen sollen, die wir also aktiv einüben. Solche Maßnahmen sind neben dem im vorigen Abschnitt bereits erwähnten Bodyscan bspw. Autogenes Training, Atementspannung oder Progressive Muskelentspannung. Die Krankenkassen übernehmen meist den Großteil der Kosten, wenn Sie sich zu solchen Kursen anmelden, die z. B. in Fitnesscentern oder an der Volkshochschule angeboten werden. Sie trainieren dann ein Verhalten ein, mit dem Sie sich in stressigen Zeiten bewusst und **aktiv entspannen** können. Wichtig ist es, solche Verfahren nicht erst zu erlernen, wenn Sie schon sehr gestresst sind (z. B. kurz vor den Zeugnissen), sondern möglichst in einer ruhigen Phase. Die Ferien oder andere ruhigere Zeiten eignen sich hier hervorragend, um ganz bewusst etwas für sich zu tun. Neben den reinen Entspannungsverfahren gibt es Techniken, die eine **Kombination aus Entspannung und körperlichem Ausgleich** bieten, wie z. B. Yoga, Pilates, Tai-Chi-Chuan oder Meditation. Diese Techniken sind i. d. R. etwas schwerer zu erlernen und deshalb weniger als Soforthilfe zu gebrauchen. Die Entspannung stellt sich meist erst ein, wenn Sie die Technik sicher beherrschen.

Im Kapitel 8 „Selbstfürsorge durch bewusste Pausen und Auszeiten" werden noch einmal die Möglichkeiten vertieft, die Ihnen neben den bewusst durchgeführten Verfahren Zeiten der Ruhe und Regeneration im Alltag liefern. Neben dem körperlichen Ausgleich und der körperlichen Ruhe, die sich durch die Anwendung der Verfahren ergibt, ist es unbedingt wichtig, auch **seelisch zur Ruhe zu kommen**. Ein Spaziergang, bei dem Sie zwar versuchen zu schreiten, aber die gesamte Zeit über anstehende oder verdrängte Probleme nachdenken, wird Ihnen keine Ruhe verschaffen. Wichtig ist es, in Phasen, in denen Sie sich gedanklich viel mit zu bewältigenden Problemen beschäftigen, auch Pausen zu schaffen, in denen Sie „abschalten" können. Manchen von uns gelingt dies bereits, wenn sie ein spannendes Buch lesen – andere hingegen können das Gedankenkarussell in solchen Phasen selbst bei Entspannungsübungen kaum stoppen.

Um sich von den zu bewältigenden Problemen für eine gewisse Zeit zu distanzieren, helfen **mentale Techniken**. Einige meiner Kollegen „verpacken" ihre Klienten bspw. am Abend in kleine Pakete und lassen sie im Praxisschrank zurück, damit sie die Fälle nicht mit nach Hause nehmen. Andere verabschieden sich auf dem Weg nach Hause bewusst von den Klienten oder Problemen. Manchmal hilft es auch, ganze Probleme „zu verpacken" und für einige Zeit in eine Box oder Kiste zu verstauen und diese Kiste dann in einem guten Abstand zum täglichen Leben (nicht unter dem Bett!) aufzubewahren. Sie können in diese Kiste alle zu dem Problem gehörenden Details legen, seien es Fotos, Briefe, Aufgabenzettel oder Karteikarten, auf denen Sie das Problem benannt haben. Die Kiste können Sie nun wegstellen und zum passenden Zeitpunkt wieder hervorholen. Manche von uns legen sich reale Kisten an, andere stellen sich mental vor, wie sie das Problem in die Kiste legen und die Kiste an irgendeiner Stelle deponieren.

Eine andere Übung, die ich gern mit meinen Klienten durchführe und die in meiner Zusammenarbeit mit Lehrkräften entstanden ist, hat den Namen „Das Floß". Es handelt sich dabei um eine ca. 20- bis 30-minütige Fantasiereise, die auch Ihnen helfen kann, von den täglichen Dingen, mit denen Sie sich befassen (müssen), **Abstand zu gewinnen**. Ich möchte Sie ermutigen, die Übung einfach einmal auszuprobieren – unter https://www.verlagruhr.de/Selbstfuersorge-als-Basis-der-Lehrergesundheit/9783834630773 können Sie sie kostenfrei herunterladen. Vielleicht finden Sie Gefallen daran und machen diese (oder eine ähnliche) Reise zu Ihrem persönlichen „Abschalt-Ritual"!

Fazit: In diesem Kapitel haben Sie erfahren, was Sie schon wussten: Unsere Ernährung und Bewegung sowie Zeiten für Ruhe sind wichtig für unsere aktive Selbstfürsorge. Mein Ziel war es, Sie darüber hinaus mit Hintergrundinformationen zu versorgen und Ihnen aufzuzeigen, wie die selbstfürsorglichen Strategien sich in Ihren Alltag integrieren lassen und damit einen wichtigen Beitrag zur Lehrergesundheit leisten. Ich möchte noch einmal betonen, dass ich überzeugt davon bin, dass alle psychologischen Methoden und Techniken

Ihnen kein glücklicheres Leben bescheren werden, wenn die Basics – nämlich, den Körper gut zu versorgen – nicht gewährleistet sind. Gerade auf diese Basics kommt es also an. Wenn Sie mit Ihrem Auto eine weite Strecke fahren wollen, dann sollten Sie vorher nicht nur zur Inspektion gefahren sein, sondern auch geprüft haben, ob Sie ausreichend getankt haben.

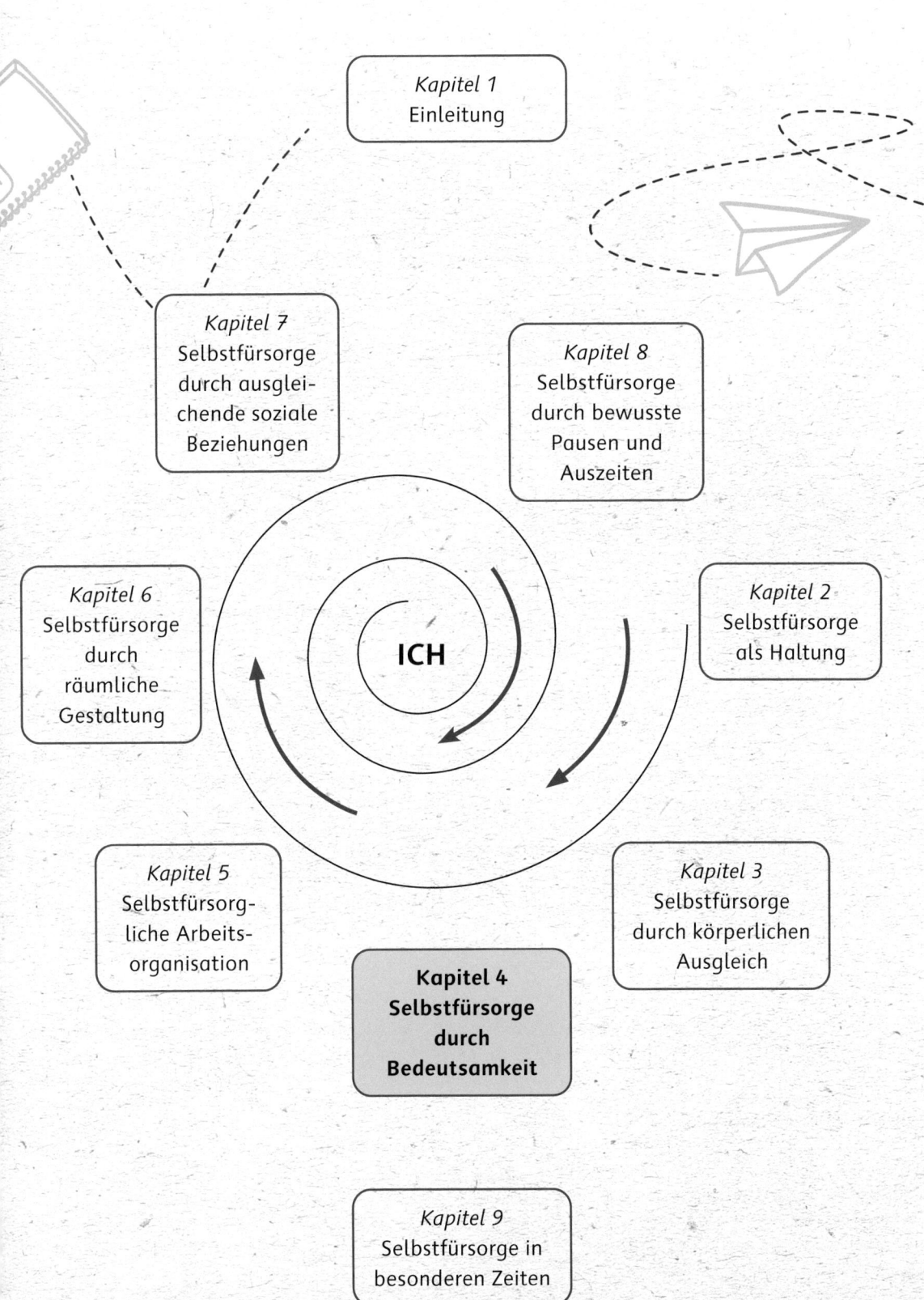

Im vorherigen Kapitel wurden allgemeine Gesundheitsfaktoren, wie Ernährung, Bewegung und Entspannung, thematisiert. Diese Faktoren wirken auf die gesamte Person – physisch und psychisch – und können dazu beitragen, Belastungen besser zu bewältigen. In diesem Kapitel soll die Selbstfürsorge jedoch deutlich differenzierter dargestellt werden. Es soll darum gehen, was in Ihrem Leben für Sie persönlich bedeutsam und damit unendlich wichtig ist. Bedeutsamkeit kann sich dabei in verschiedenen Lebensbereichen ungleich auswirken und deshalb ist es wichtig, Ihre verschiedenen Lebensbereiche zu fokussieren und sie jeweils einer ganz eigenen Betrachtung zu unterziehen. Darüber hinaus wird es darum gehen, diese wichtigen Lebensbereiche in Bezug auf das Erreichen von Bedeutsamkeit kritisch zu hinterfragen und ggf. neue Ziele zu definieren. Ein wichtiger Aspekt von psychischer Gesundheit ist es, die Dinge, die man tut, als sinnvoll, sinnstiftend oder eben bedeutsam zu empfinden. Alle drei Begriffe sollen dabei das Gleiche widerspiegeln. Menschen sind besonders gesund und leistungsstark, wenn sie Ziele verfolgen, die sie als bedeutsam erachten. Aber welche Ziele haben Sie in welchen Lebensbereichen? Ich bin davon überzeugt, dass Sie Ihre Selbstfürsorge durch eine ernsthafte Auseinandersetzung mit diesem Kapitel wesentlich verbessern können. Vielleicht ist dieser Teil des Buches sogar am besten dazu geeignet, grundlegend neue Schritte zu wagen.

Ziel des Kapitels ist die Erhöhung von Bedeutsamkeit in den verschiedenen Lebensbereichen, die Sie ausfüllen. Es wird um die Frage gehen, welches Ihre Ziele sind und wie groß die Diskrepanz zwischen Ist- und Soll-Zustand ist. Letztlich geht es darum, was Sie persönlich im Innersten berührt (oder einmal berührt hat) und was der Sinn Ihres Lebens sein kann.

Bedeutsamkeit – was genau ist darunter zu verstehen?

Zunächst ist es wichtig, die Begrifflichkeiten zu klären: Bedeutsamkeit ist hier gemeint als eine Art **Wichtigkeit**, der gleichzeitig eine **emotionale Komponente** beigemischt ist. Etwas ist für mich bedeutsam, wenn es mich in irgendeiner Weise berührt. Dann ist es gleichsam wichtig für mich. Vielleicht ist Bedeutsamkeit hier auch einfach das Gegenstück zu Bedeutungslosigkeit.

Einige Autoren nutzen auch den „inneren Kompass" als Bezeichnung für diese Bedeutsamkeit und meinen damit eine Art Verbindung zum Inneren, die weiß, was für Sie wirklich wichtig ist.

In dem Konzept der Salutogenese (von lat. salus: Gesundheit bzw. Wohlbefinden und -genese: Entstehung, also etwa „Gesundheitsentstehung") von Aaron Antonovsky (1923–1994) ist das **Kohärenzgefühl** ein zentraler Aspekt. Antonovsky fragte sich in seinem Ansatz nicht, was Menschen krank werden lässt, sondern wie Gesundheit entsteht und erhalten werden kann. Das Kohärenzgefühl hat dabei drei Komponenten, die sich als (subjektive) Empfindungen zeigen. Sie drücken aus, in welchem Maß ein Mensch ein durchdringendes, andauerndes und dennoch dynamisches Gefühl des Vertrauens hat, dass …

1. die Welt bzw. die Stimuli der inneren und äußeren Welt **verstehbar** (und damit strukturiert, in gewisser Weise vorhersehbar und erklärbar) sind.
2. genügend Ressourcen zur Bewältigung der Anforderungen bereitstehen, sprich ein Gefühl von Handhabbarkeit bzw. **Bewältigbarkeit** entsteht.
3. die Anforderungen Herausforderungen sind, für die es sich lohnt, sich anzustrengen und die ein Gefühl von **Bedeutsamkeit** bzw. **Sinnhaftigkeit** entstehen lassen.

Nach Antonovsky entsteht Gesundheit also, wenn Dinge als verstehbar, bewältigbar und sinnhaft bzw. bedeutsam erlebt werden. Dieses etablierte Modell ist unter anderem auch die Basis des Konzepts des salutogenen Leitungshandelns. Hier werden Schulleitungen angeleitet, diese drei Bereiche in ihrer Führung zu berücksichtigen und zu fördern, um das Konzept der guten und gesunden Schule umzusetzen.

Ich will Ihnen ein Beispiel aus einem anderen Bereich nennen: Eine Bäckerei wandte sich an uns, weil es immer wieder Probleme mit der Umsetzung von Anweisungen bei den Filialmitarbeitern gab. Diese reinigten trotz wiederholter Aufforderungen nicht zuverlässig die Brotschneidemaschinen, bevor sie in den Feierabend starteten. Wir befragten die Führungsebene, ob die Anweisungen die o. g. drei Punkte berücksichtigten. Dabei fragt man sich:

→ **Verstehbarkeit:** Verstehen die Mitarbeiter, **WIE** (nicht warum!) die Maschine gereinigt werden muss? Wenn die Mitarbeiter gar nicht wissen, wie die Maschine z. B. auseinandergebaut wird und welche Teile im Innenbereich wie (z. B. mit welchen Hilfsmitteln) zu reinigen sind, dann werden die Mitarbeiter die Anweisung nicht umsetzen (können). Viele Führungskräfte, auch Schulleitungen, gehen davon aus, dass das Gegenüber das WIE der Prozesse versteht. Unsere Erfahrung ist, dass, wenn Prozesse nicht zu den gewünschten Ergebnissen führen, die Verstehbarkeit häufig nicht genügend gegeben war. Sie können die Verstehbarkeit Ihres Gegenübers überprüfen, indem Sie ihn z. B. bitten, in eigenen Worten zu erklären und zu wiederholen, was zu tun ist (dies muss nicht „von oben herab" wirken, sondern kann, gekonnt angewendet, ein Bestandteil normaler Kommunikation werden). Natürlich gibt es vielfältige andere Möglichkeiten, die hier aber nicht dargestellt werden sollen.

→ **Bewältigbarkeit:** Haben die Mitarbeiter überhaupt die Ressourcen und z. B. zeitlichen Kapazitäten, die Maschine zu reinigen, oder machen sie jeden Tag Überstunden, sodass scheinbar unwichtige oder weniger kontrollierte Aufgaben nicht erledigt werden?

→ **Sinnhaftigkeit/Bedeutsamkeit:** Verstehen die Mitarbeiter, **WARUM** die Maschine zu reinigen ist? Ist der Prozess für sie selbst bedeutsam? Wenn dieser dritte Punkt nicht gegeben ist, dann scheitert die Umsetzung mit hoher Wahrscheinlichkeit, es sei denn, Sanktionen und Zwang lassen Gefühle von Angst entstehen und die Umsetzung verringert diese Angst. In diesem Fall allerdings hätte die Bäckerei keine von innen heraus motivierten Mitarbeiter, die mitdenken und im Sinne des Unternehmens handeln, sich selbstwirksam fühlen und ihr Potenzial leben, sondern Mitarbeiter, die aus Angst vor Bestrafung versuchen, möglichst wenig aufzufallen.

Bewusst habe ich ein Beispiel aus einem nicht schulischen Bereich gewählt, damit Sie möglichst ohne eigene Assoziationen folgen. Mit etwas Übung werden Sie die drei Bereiche auf Ihre Aufgaben in Schule, Partnerschaft und (wichtig) Kindererziehung übertragen können und damit große Erfolge in der Kommunikation erzielen, wenn Sie sich immer wieder fragen, ob Ihr Gegenüber Sie versteht, ob die Anforderungen für Ihr Gegenüber (nicht für Sie!) bewältigbar sind und ob Ihr Gegenüber ein Gefühl von Sinnhaftigkeit bzw. Bedeutsamkeit empfindet.

Um den dritten Punkt, **Sinnhaftigkeit bzw. Bedeutsamkeit**, soll es jetzt gehen – allerdings nicht bei Ihrem Gegenüber, sondern **in Ihrem Leben**. Die vorgeschalteten Erläuterungen habe ich für bedeutsam erachtet, damit Sie eine theoretische Zuordnung haben und einen Zusammenhang zwischen Gesundheit, Wohlbefinden und Bedeutsamkeit erkennen. Stellen Sie sich noch einmal vor, wie es wäre, wenn Sie an einer Aufgabe arbeiten müssten, die Sie selbst mit Anstrengung nicht verstehen, bei der Sie das Gefühl haben, sie nicht bewältigen zu können, und die Ihnen dazu noch sinnlos erscheint. Wie würden Sie sich fühlen? Vielen unserer Seminarteilnehmer fällt an dieser Stelle spontan die jährliche Steuererklärung ein. Stellen Sie sich vor, jeder Tag wäre mit solchen Aufgaben gefüllt. Sie würden auf Dauer unter einem geringen Wohlbefinden und schlechter Gesundheit leiden.

Weiter unten in Kapitel 7, genauer: in dem Abschnitt „Privates Engagement – mehr vom Gleichen oder etwas Neues?" (S. 163 ff.) lesen Sie etwas zum PERMA-Modell als erklärendem Modell für **allumfassendes Wohlbefinden**. Auch darin wird postuliert, dass Sinnhaftigkeit bzw. Bedeutsamkeit einen der wesentlichen Faktoren für langfristiges Wohlbefinden bzw. Gesundheit darstellt.

Aber was genau ist bedeutsam? Was ist es, das Ihrem Leben einen Sinn gibt? Was ist wichtig im Leben? Diese Frage stellen wir uns häufig gar nicht, weil wir intuitiv spüren, dass der Alltag sich nicht danach richtet. Ich möchte Sie ermuntern, heute, jetzt, darüber nachzudenken, was in Ihrem Leben bedeutsam ist oder einmal war. Ich glaube fest daran, dass Sie diese Faktoren aufschreiben sollten, um dann, darauf aufbauend, Ihren Alltag selbstfürsorglicher gestalten zu können. Meist schenken wir den „dringlichen" Dingen viel mehr Aufmerksamkeit als den wirklich wichtigen Dingen. Es mag dringlich sein, dass Sie am Abend Ihre Wäsche machen. Aber es mag ein sehr bedeutsamer Abend werden, wenn Sie die Wäsche liegen lassen und mit Ihrem Partner ein Gespräch über die Dinge führen, die Sie gerade berühren. Die Frage ist also, was Ihnen wirklich wichtig ist, was Sie als tieferen Sinn in Ihrem Leben empfinden und weshalb Sie die Dinge tun, die Sie tun, also warum Sie bestimmte Ziele verfolgen. Vielleicht wagen Sie auch den Blick zurück. Ungefähr als Sie 15 Jahre alt waren, werden Sie Haltungen und Ziele ausgebildet haben, die Ihnen bedeutsam vorkamen. Bedeutsamkeiten entstehen durch unser soziales Umfeld, zunächst im Mutterleib, später dann durch den Kontakt mit bestimmten Bezugspersonen, die uns Erfahrungen von Bedeutsamkeit ermöglichen.

Mit ungefähr 15 Jahren geht einem, rein aufgrund der hormonellen Veränderungen, vieles unter die Haut und Sie werden differenziert auf die bisherigen Jahre und die vorherrschenden Sozialkontakte blicken. Sie werden Träume, Wünsche und Ziele gehabt haben. Sie werden sich für ganz spezifische Dinge begeistert haben, die Sie von den anderen unterschieden. Versuchen Sie, sich an diese Zeit zurückzuerinnern. Gibt es Dinge, die Ihnen noch heute bedeutsam vorkommen, die aber aufgrund von Verpflichtungen, Alltag oder Routine auf der Strecke geblieben sind? Haben Sie sich mit bestimmten Dingen beschäftigt, die Ihnen große Freude bereitet haben, die Sie leidenschaftlich gemacht haben? Die ersten Liebesbeziehungen haben die meisten Menschen als besonders gefühlsintensiv erlebt, weil sie eben auch besonders bedeutsam waren. Bei manchen Paaren geht auf dem gemeinsamen, alltäglichen Weg irgendwann die Bedeutsamkeit verloren; manchmal, noch viel schlimmer, wird das Zusammenleben bedeutungslos. Es liegt an Ihnen, Ihrem Leben wieder Bedeutung zu geben, und dies gelingt, indem Sie sich Ziele setzen, die Ihnen bedeutsam und wichtig erscheinen.

Wenn Sie ein ungefähres Bild von sich im Alter von etwa 15 Jahren haben, ist es wichtig, Ihren weiteren Lebensweg differenziert anzusehen. Sie waren mit 15 Jahren vor allem Sie selbst und hatten eine ganz eigene Haltung. Mit der Zeit kamen immer neue Rollen (des Berufstätigen, des Ernährers, des Elternteils u. v. m.), Erfahrungen und damit auch neue Haltungen hinzu. Bei manchen Menschen verliert sich die tiefe Bewegtheit im Alltagsstress. Während kleine Kinder sich noch für fast alles, Tag für Tag hunderte Male, begeistern können, gibt es manchen Erwachsenen, der nicht mehr weiß, wie sich Begeisterung anfühlt.

Im Erwachsenenleben nehmen wir Begeisterung oft etwas abgeschwächter wahr, aber wenn etwas passiert, was für uns bedeutsam ist, so spüren wir das im ganzen Körper.

Die verschiedenen Rollen, die Sie täglich ausfüllen, können verschiedene Bedeutsamkeiten mit sich bringen.

Zunächst möchte ich Sie also einladen, darüber nachzudenken, wer Sie wann sind. Warum „wann"? Wir alle erleben Bedeutsamkeit ganz unterschiedlich, je nachdem in welchem Lebensbereich wir uns gerade aufhalten. Im Schulalltag sind für Sie vielleicht andere Dinge bedeutsam als in Ihrer Rolle als Mutter oder Vater.

Rollen erkennen und Ziele definieren

Ich möchte mich den unterschiedlichen Rollen zuwenden, in denen Sie ganz verschieden agieren, fühlen und denken.

Dabei ist eine Rolle gesetzt. Nämlich die, die Sie gern vergessen ... Es ist die **Rolle als Selbstfürsorger** – so soll sie zunächst heißen. Hier geht es um Ihre Selbstachtsamkeit, Selbstakzeptanz und Selbstwertschätzung. In diese Rolle fließen die Selbstfürsorge für den Köper (vgl. Kapitel 3) genauso hinein wie andere selbstfürsorgliche Strategien, Persönlichkeitsentwicklung und die Hinwendung zu Ihren Stärken und Potenzialen. Es ist sozusagen die „ICH"-Rolle und damit **die Wichtigste**. Sie beantwortet die Frage, wer Sie sind und nach welchen Zielen Sie streben, wenn Sie losgelöst wären von allen äußeren Reizen, vom Beruf, von Familie und Freunden – als wären Sie auf einer einsamen Insel gestrandet. Wen hätten wir dann vor uns?

Bei manchen Menschen, die sehr im Außen leben, ist diese Rolle fast „leer" – es fehlen Ziele und es fehlt an Bedeutsamkeit des eigenen Seins – und irgendwann fühlen diese Menschen sich dann auch tatsächlich ausgehöhlt und formulieren das genauso (vgl. Abschnitt „Burnout, Stress und Angsterkrankungen als Folgen mangelnder Selbstfürsorge" in Kapitel 2, S. 30ff.). Damit es gar nicht erst so weit kommt, ist es zentral, dieser Selbstfürsorgerolle große Aufmerksamkeit zu schenken.

Neben dieser Rolle sind für jeden von uns weitere Rollen von Bedeutung. In der folgenden Übung sollen Sie sich Ihren persönlichen Rollen einschließlich der damit verbundenen Ziele zuwenden. Rolle mag dabei negativ klingen, so als „spielten" Sie eine Rolle. Lange habe ich über ein besseres Wort nachgedacht und mich dann doch für „Rolle" entschieden. Der Fokus liegt nicht auf „spielen" oder „vortäuschen", sondern „sich in einer Rolle befinden". Sobald Sie bspw. in der Schule sind, werden Sie von Kollegen und Schülern in Ihrer Rolle als Lehrkraft erkannt, der Kinderarzt oder Ihre Kinder hingegen richten sich mit ihren Anliegen an Sie in Ihrer Rolle der Eltern. Meist werden Sie in einer konkreten Rolle angesprochen und agieren je nach Rolle auch unterschiedlich. Deshalb ist eine Differenzierung wichtig.

Identifikation bedeutsamer Rollen und Ziele – Teil 1

Zeit: 30 bis 120 Minuten
Ort: überall
Benötigte Hilfsmittel: Stift

Nehmen Sie sich Zeit, die wesentlichen Rollen, die Ihr Leben ausmachen, zu identifizieren, sich der damit verknüpften Wünsche und Bedürfnisse bewusst zu werden und dementsprechende Zielsetzungen zu formulieren.

So funktioniert die Übung

Schritt 1: Rollen identifizieren
In welchen Rollen agieren Sie, neben Ihrer Selbstfürsorgerrolle? Beschriften Sie die fünf Felder auf der übernächsten Seite mit Rollen-Titeln (z. B. Lehrkraft, Partner, Elternteil, Kind, Freund, Kollege, Musiker, Hobbygärtner ...). Wenn Sie weniger Rollen identifizieren, ist dies kein Problem. Sollten Sie neben Ihrer Selbstfürsorgerrolle mehr als fünf Rollen ausfüllen, versuchen Sie, diese sinnvoll zusammenzufassen (z. B. wenn ein Lebensbereich mehrere Rollen beinhaltet), sodass Sie sich insgesamt in maximal sechs Rollen widerspiegeln. Wichtig ist, dass zum Schluss möglichst alle wesentlichen Lebensbereiche abgedeckt sind.

Schritt 2: Rollen beschreiben
Versuchen Sie nun, den IST- und den SOLL-Zustand für die verschiedenen Rollen zu beschreiben. Hier geht es um Ihre Bedürfnisse. Nehmen Sie sich die Zeit, die Sie brauchen. Vielleicht gehen Sie einen Moment spazieren, um in

➔

sich hineinzuhorchen. Schreiben Sie diese Überlegungen in das jeweilige Rollen-Feld.

Die IST-Zustandsbeschreibung muss nicht nur negativ sein. Sie soll ein möglichst realistisches Bild Ihres aktuellen Zustandes in der jeweiligen Rolle geben. Auch ist es wichtig, niederzuschreiben, worauf Sie in der jeweiligen Rolle bereits stolz sind – was also unbedingt so bleiben oder ausgebaut werden sollte. Die SOLL- Zustandsbeschreibungen sind oft Wünsche und manchmal auch Träume und dürfen genauso formuliert werden (z. B. in der Selbstfürsorgerrolle: IST-Zustand: 10 Kilo Übergewicht; stolz bin ich darauf, dass ich schon 15 Kilo abgenommen habe und mich grundsätzlich viel bewege, SOLL-Zustand: noch mehr abnehmen. Oder ein anderes Beispiel in der Vaterrolle: IST-Zustand: häufig abwesend; stolz bin ich auf die gute Beziehung zu meinem Sohn; SOLL-Zustand: mehr Zeit für meinen Sohn, ich möchte ein ausgeglichener, lustiger Vater sein).

Wichtige Säulen in unserem Leben sind unsere …
1. *Gesundheit* (Ernährung, Bewegung, Ruhe, Genuss, Entspannung etc.)
2. *unsere persönliche Verwirklichung* (Selbstentwicklung, Sinn im Leben spüren, Werte, Visionen, Kreativität …)
3. *unsere sozialen Kontakte* (Partnerschaft, Familie, Freunde …)
4. *unsere Arbeit* (Leistung, Karriere, Erfolg, berufliche Erfüllung, Einkommen …)

Der erste und zweite Bereich werden häufig in der Selbstfürsorgerrolle bedient. Bekommen sie genügend Aufmerksamkeit von Ihnen? Wie sieht es mit den anderen Bereichen aus? Stehen sie alle in Balance zueinander?

Schritt 3: Ziele festlegen
Legen Sie für jede Rolle konkrete Ziele fest, die Sie sich setzen, um den zuvor notierten SOLL-Zustand zu erreichen (z. B. in der Selbstfürsorgerrolle: Diät und Gewichtsreduktion um weitere 10 Kilo in 4 Monaten; oder in der Vaterrolle: zukünftig jeden Mittwoch und Freitag früher Feierabend machen und mit meinem Sohn etwas unternehmen, was auch mir Freude bereitet).
In Kapitel 5 „Selbstfürsorgliche Arbeitsorganisation", lesen Sie, wie Sie diese Ziele so verfolgen können, dass sie wirklich erreichbar werden.

Erläuterung
Diese Übung soll Ihnen Klarheit über Ihre wichtigsten Rollen geben und hinterfragen, ob die Rollen in Balance sind und Sie sich auf einem guten Weg befinden. Eine große Kluft zwischen Wunsch und Wirklichkeit (Ist- und Sollzustand) kann schmerzhaft sein. Meine liebste Kollegin sagt dann: „Es muss weh tun, damit es heilen kann." In diesem Sinne ist der Schmerz vielleicht ein wichtiger Antrieb für Sie, Veränderungen anzugehen und ernst zu nehmen. Keiner kann Ihr Leben so verändern, wie Sie selbst es imstande sind, zu tun.

Kapitel 4 – **Selbstfürsorge durch Bedeutsamkeit**

Rolle: ....
- Beschreibung (IST-Zustand): ....
- Stolz bin ich in dieser Rolle bereits auf: ....
- SOLL-Zustand: ....
- Ziele: ....

Rolle: ....
- Beschreibung (IST-Zustand): ....
- Stolz bin ich in dieser Rolle bereits auf: ....
- SOLL-Zustand: ....
- Ziele: ....

Rolle: *Selbstfürsorger/in*
- Beschreibung (IST-Zustand): ....
- Stolz bin ich in dieser Rolle bereits auf: ....
- SOLL-Zustand: ....
- Ziele: ....

Rolle: ....
- Beschreibung (IST-Zustand): ....
- Stolz bin ich in dieser Rolle bereits auf: ....
- SOLL-Zustand: ....
- Ziele: ....

Rolle: ....
- Beschreibung (IST-Zustand): ....
- Stolz bin ich in dieser Rolle bereits auf: ....
- SOLL-Zustand: ....
- Ziele: ....

Rolle: ....
- Beschreibung (IST-Zustand): ....
- Stolz bin ich in dieser Rolle bereits auf: ....
- SOLL-Zustand: ....
- Ziele: ....

Selbstfürsorge als Basis der Lehrergesundheit

Zielkonflikte, Zielsynergien und implizite Motive erkennen

Wenn Ziele sich einfach umsetzen lassen würden, dann gäbe es weder frustrierte Gesichter nach den Neujahrsvorsätzen noch unzählige Ratgeber und Coaching-Angebote, um den eigenen Zielen näherzukommen. Allerdings sind Ziele immens wichtig, um den eigenen Weg mit Erfolg gehen zu können und sich dabei nicht in Nebensächlichkeiten zu verlieren. Bereits Mark Twain schrieb: „Kaum verloren wir das Ziel aus den Augen, verdoppelten wir unsere Anstrengungen."

An dieser Stelle will ich Ihnen drei wichtige Bereiche nennen, die maßgeblich unsere Zielerreichung beeinflussen:

Zielkonflikte hindern uns ganz offensichtlich daran, bestimmte Ziele zu erreichen. Diese Zielkonflikte müssen bedacht, eingeplant und überprüft werden. Wenn Sie sich z. B. als Ziel gesetzt haben, mehr Zeit für die Vorbereitung Ihres Unterrichts zu verwenden, um im Unterricht entspannter sein zu können, gleichsam Ihren Partner zu Hause mehr unterstützen wollen und sich ehrenamtlich mehr engagieren wollen, bekommen Sie ein Zeitproblem. Dieses zeigt an, dass die gesetzten Ziele in Konflikt zueinander stehen. Hier ist es also wichtig, zu überprüfen, welche Ziele für Sie eventuell wichtiger sind oder wie Sie die Ziele realistischer formulieren, um alles in der zur Verfügung stehenden Zeit „unter einen Hut" zu bekommen. Zielkonflikte können Sie also nur durch Zielreduktionen oder Kompromisse lösen. Wenn Sie Zielkonflikte in Ihrem Handeln nicht erkennen, können Sie schnell frustriert von Ihren eigenen Vorhaben sein. Während Zielkonflikte u. U. unseren erfolgreichen Weg behindern, können hingegen bewusst **Zielsynergien** eingeplant werden, um Motivation aufzubauen und die Erreichung verschiedener Ziele durch bewusste Planung zu verbinden. Sie könnten z. B. Ihre Ziele „gesunde Ernährung durch Kochen" und „mehr Zeit mit den Kindern" verbinden, indem Sie mit Ihren Kindern gemeinsam kochen. Das gelingt, wenn Ihre Kinder einen Teil der Bedeutsamkeit übernehmen können, durch Heiterkeit, Spaß, Selbstwirksamkeit und Leichtigkeit, die Sie als Elternteil vorleben. Neben den bereits erwähnten Zielkonflikten gibt es jedoch noch einen weiteren gewichtigen Punkt, weshalb Ziele oft nicht erreicht werden, nämlich die **impliziten Motive**. Hierunter versteht man unbewusste Motive, die insbesondere auch auf unser Gefühlsleben wirken und bestimmte Handlungen unterdrücken. Unbewusst könnte ich bspw. Angst haben, dass mein Partner sich von mir trennt, wenn ich anspreche, was mir nicht gefällt, z. B. seinen Alkoholkonsum. Diese Angst ist das implizite Motiv. Mein Ziel hingegen wäre das offene Gespräch und eine Veränderung des Alkoholkonsums meines Partners. Wenn das implizite Motiv (Angst vor

Trennung) stark ist, wird es mir nicht möglich sein, mein gewünschtes Ziel (Aussprache) umzusetzen. Besonders wirken sich frühere Erfahrungen auf unsere impliziten Motive aus, was erklärt, warum sich manche Verhaltensweisen in Familien über Generationen wiederholen. Die Identifikation impliziter Motive gelingt z. B. durch die kritische Auseinandersetzung mit folgenden Fragen:

→ **Was ist mir möglich, wenn ich mein Ziel NICHT erreiche/nichts unternehme?**

In unserem Beispiel ist es mir möglich, meine Angst vor Trennung klein zu halten, wenn ich mein Ziel (Aussprache) nicht erreiche bzw. nichts unternehme. Zwar ist mein Wunsch nach Aussprache groß, aber meine Angst vor Trennung ist größer, sodass ich es in Kauf nehme, dass die Beziehung bleibt wie sie ist.

→ **Was könnte es für negative Folgen haben, wenn ich mein Ziel erreiche/ meinen Handlungsplan umsetze?**

Die negativen Folgen könnten Streit oder Trennung sein. Deshalb hat es für mich auch Vorteile, mein Ziel nicht zu erreichen.

Wenn Sie implizite Motive bei sich erkennen, ist es wichtig, diese ernst zu nehmen. Welche Schlüsse können Sie aus dem Vorliegen der impliziten Motive ziehen? Wie wollen Sie mit ihnen umgehen? Welche Hilfe brauchen Sie, um Handlungen durchzuführen, die bisher durch implizite Motive unterdrückt wurden? Oft kann hier ein Coaching oder eine Beratung wichtige Hilfestellung leisten. Auch ein Gespräch mit Freunden kann Ihnen helfen, Ihre impliziten Motive zu reflektieren. In jedem Fall ist es aber schon ein sehr großer Erfolg, wenn Sie Ihre impliziten Motive erst einmal erkannt haben.

In der folgenden Übung sollen Sie Ihre Notizen aus „Identifikation bedeutsamer Rollen und Ziele – Teil 1" aus dem vorigen Abschnitt (S. 79 ff.) noch einmal verfeinern und dabei die Zielkonflikte, Zielsynergien und impliziten Motive berücksichtigen.

Identifikation bedeutsamer Rollen und Ziele – Teil 2

Zeit: 15–60 Minuten
Ort: überall
Benötigte Hilfsmittel: je 1 roter, grüner und schwarzer Stift

Betrachten Sie noch einmal Ihre Aufzeichnungen aus dem ersten Teil der Übung (S. 81) und ergänzen Sie nun die neu hinzugekommenen Aspekte.

→

So funktioniert die Übung

Schritt 4: Eventuelle Zielkonflikte identifizieren
Überprüfen Sie nun, ob zwischen den oben in Schritt 3 definierten Zielen Konflikte bestehen. Solch ein Konflikt könnte z. B. darin bestehen, dass Ihr Ziel, dass Sie sich als Selbstfürsorger mehr Ruhe gönnen möchten, dem Ziel nach mehr Einsatz bei der Arbeit (und dadurch mehr Sicherheit) entgegensteht. Konflikte entstehen also immer dann, wenn Sie sich Ziele setzen, die gegeneinander wirken, oder wenn Ziele dieselbe, knappe Ressource beanspruchen (z. B. Zeit), sie sich also gegenseitig ausschließen. Markieren Sie solche Zielkonflikte, indem Sie *ROTE Pfeile* (⟷) zwischen die in Konflikt stehenden Ziele zeichnen.

Schritt 5: Mögliche Zielsynergien überprüfen
Es gibt zwischen den Zielen in Ihren verschiedenen Rollen auch Synergien, die Sie zukünftig aktiv nutzen können. Wenn Sie bspw. mehr Zeit mit den Kindern verbringen wollen (in der Rolle als Elternteil) und gleichsam gesünder essen wollen (Ziel in der Rolle als Selbstfürsorger), dann bietet es sich an, mit den Kindern zusammen das Essen vorzubereiten und zu kochen. Dies sollten Sie dann nicht mehr als Pflicht (irgendwie die Kinder beaufsichtigen, während ich koche) ansehen, sondern als eine besondere Zeit mit Ihren Kindern, die Sie entsprechend heiter gestalten.
Verbinden Sie solche Synergien mit *GRÜNEN Pfeilen* (⟷).

Schritt 6: Eventuelle implizite Motive bewusst machen
Manchmal fällt es schwer, ein Ziel zu erreichen, obwohl dieses sogar die Kriterien der SMART-Regel (vgl. Kapitel 5, S. 90) erfüllt. Ein möglicher Grund hierfür könnte sein, dass wir implizite Motive haben, die uns noch nicht bewusst sind, die aber dem gesetzten Ziel entgegenstehen. Beispiel: Ich würde in meiner Rolle als Selbstfürsorger gern mehr Zeit für mich zu Hause haben, aber dann würde ich meinen Partner mehr sehen und unsere Konflikte würden deutlicher zutage treten. So lange ich also viel arbeite, muss ich mich nicht mit dem Zustand meiner Ehe beschäftigen, denn ich habe Angst vor den Konsequenzen.
Denken Sie an etwas, dass Sie sich schon länger vorgenommen haben, aber noch nicht geschafft haben umzusetzen. Prüfen Sie mithilfe der folgenden Fragen, ob es Ihnen gelingt, ein implizites Motiv zu entlarven, das Ihrem Ziel entgegenwirkt:
→ Was ist mir möglich, wenn ich mein Ziel NICHT erreiche/nichts unternehme?
→ Was könnte es für Folgen haben, wenn ich mein Ziel erreiche/meinen Handlungsplan umsetze?

Markieren Sie das Ziel, bei dem Sie ein implizites Motiv entlarvt haben, mit einem *SCHWARZEN Blitz* (⚡) und machen Sie sich kleine Notizen dazu.

→

Kapitel 4 – Selbstfürsorge durch Bedeutsamkeit

> **Erläuterung**
> Dieser zweite Teil der Übung „Identifikation bedeutsamer Rollen und Ziele"
> soll Ihnen helfen, die gesetzten Ziele in den unterschiedlichen Rollen abzugleichen und eventuell zu verbinden sowie Konflikte und implizite Motive
> frühzeitig zu erkennen, um gegensteuern zu können. Erst dann ist es sinnvoll,
> die Ziele in den Alltag zu integrieren und an ihrer Umsetzung zu arbeiten.

Die hier vorgestellten Gedanken zu den unterschiedlichen Rollen und den damit verbundenen Zielen sind ein großer Bestandteil der Forschung und Literatur des Selbstmanagments. Während sich das Selbstmanagement jedoch viel weitergehender auch mit Fragen zur Planung und Organisation des Lebens beschäftigt, sollte hier zunächst dargestellt werden, wie Sie **den wirklich wichtigen Dingen in Ihrem Leben wieder mehr Aufmerksamkeit schenken** können. Sobald Sie Ziele für die verschiedenen Rollen bzw. Lebensbereiche entworfen haben, sind Sie vermutlich schon motiviert, diese auch zu erreichen. Kapitel 5 zeigt Ihnen anwendungsbezogen, wie dies im Alltag funktionieren kann.

Literatur aus dem Bereich des Selbstmanagements, z. B. von Stephen R. Covey, einem führenden Experten auf diesem Gebiet, kann Sie darin unterstützen, den Weg der Bedeutsamkeit erfolgreich auszubauen und sich vielfältige Strategien anzueignen, um das eigene Leben in entsprechender Weise zu verändern (siehe Medientipps am Ende des Buches).

Warum ist es letztlich wichtig und essenziell für die Selbstfürsorge, Bedeutsamkeit zu erhöhen und klare Ziele für seine unterschiedlichen Rollen zu entwickeln?

Ziele geben Klarheit, Struktur und stecken einen Rahmen ab, in dem Sie sich bewegen. Wer gesundheitsförderliche Ziele im Bereich Selbstfürsorger formuliert („ich will mich gesünder ernähren und beweglicher werden"), der ist damit offensichtlich selbstfürsorglich. Aber auch in den weiteren Rollen helfen Ziele, Aufgaben klar zu benennen und auch Grenzen zu achten. Wenn Sie als Lehrer besser vorbereitet in die Schule gehen wollen und es deshalb Ihr Ziel ist, Arbeitsblätter im Vorfeld so zu gestalten, dass sie genau zu Ihrem Unterricht passen, dann ist die Entspannung im Unterricht während der Stillarbeitsphasen eine Zeit, die Sie selbstfürsorglich herbeigeführt haben und die Sie nun als bewusste Ressource nutzen können. Durch die Definition von Zielen und das „Sich-auf-den-Weg-Machen" sind Sie also offen oder latent selbstfürsorglicher, als wenn Sie sich nur durch den hektischen Alltag treiben lassen.

Kapitel 4 – **Selbstfürsorge durch Bedeutsamkeit**

Wichtig wäre es nun zum Ende des Kapitels jedoch, noch einmal zur Übung „Identifikation bedeutsamer Rollen und Ziele" zurückzugehen, die definierten Ziele erneut zu betrachten und zu prüfen, ob diese insgesamt mit Selbstfürsorge übereinstimmen. Leistungssport kompensiert z. B. manches Mal Selbstwertzweifel bzw. Bedürfnisse nach Zuwendung und Anerkennung. Er kann sich in diesen Fällen aber auch schädigend auf den Körper auswirken und der Selbstfürsorge entgegenstehen. Sie selbst werden am ehrlichsten beantworten können, ob die Ziele, die Sie sich gesetzt haben, selbstfürsorglich, liebevoll und selbstwertschätzend sind.

Unsere Wünsche sind Vorgefühle der Fähigkeiten, die in uns liegen, Vorboten desjenigen, was wir zu leisten imstande sein werden. Was wir können und möchten, stellt sich unserer Einbildungskraft außer uns und in der Zukunft dar; wir fühlen eine Sehnsucht nach dem, was wir schon im Stillen besitzen. So verwandelt ein leidenschaftliches Vorausgreifen das wahrhaft Mögliche in ein erträumtes Wirkliches.

Johann Wolfgang von Goethe (1749–1832)

Fazit: Mit diesem Kapitel sind Sie der Frage nachgegangen, was in Ihrem Leben wirklich wichtig ist. Im besten Fall haben Sie die vorgeschlagene Übung gemacht und dadurch Klarheit über die Bereiche in Ihrem Leben gewonnen, in denen sich eine Diskrepanz zwischen Wunsch und Wirklichkeit darstellt. Sie haben sich bereits Ziele gesetzt, wie diese Diskrepanz verkleinert werden kann. Sie werden den wirklich wichtigen Dingen, denen, die für Sie bedeutsam sind, denen, für die es sich lohnt zu leben, mehr Aufmerksamkeit schenken können, wenn Sie daran arbeiten, diese Ziele Schritt für Schritt umzusetzen.

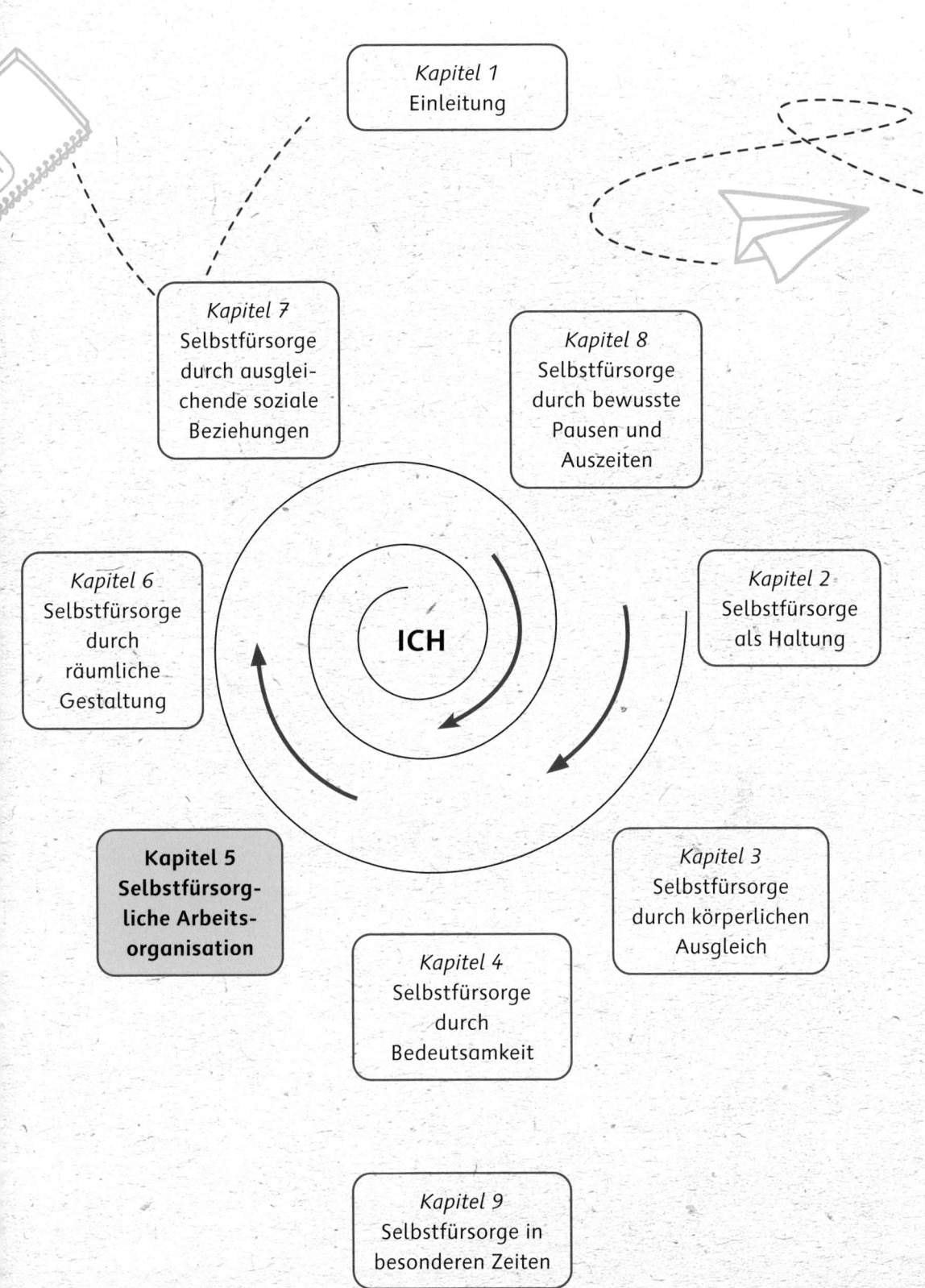

Es gibt viele Studien, die zeigen, dass wir erfolgreicher und vor allem auch zufriedener sind, wenn wir unsere Ziele kennen und sie benennen und aufschreiben können. Wenn persönliche Ziele (die wir klar benennen können und die wir als Herausforderung erleben) fehlen, kann leicht ein Kreislauf von Frustration, Überforderung und Sinnlosigkeitsgefühlen entstehen, denn Ziele machen das Leben bedeutsam.

Wer kein Ziel vor Augen hat, der kann sich nicht auf ein bestimmtes Ergebnis konzentrieren. Es ist dann viel schwerer zu entscheiden, ob wir noch auf dem richtigen Weg sind. Wir verzetteln uns in verschiedensten, ggf. sogar gegenläufigen Arbeiten und verbrauchen wesentlich mehr Zeit als geplant und sind letztlich frustriert. Auch kann es passieren, dass wir uns nur noch von den Dringlichkeiten des Alltags oder von den Dringlichkeiten anderer leiten lassen, wenn wir nicht wissen, was für uns wichtig ist.

Ziel des Kapitels ist es, Ihnen Wege aufzuzeigen, wie Sie Ihre gesetzten Ziele umsetzen, anstatt sie aus den Augen zu verlieren, wie Sie Prioritäten setzen und Ihre Zeit für das Wesentliche nutzen können. Dazu erhalten Sie ganz konkrete Tipps für Ihren Alltag, damit die Umsetzung in kleinen Schritten erfolgreich wird.

Zielmanagement – der Fokus auf das Wesentliche

Instinktiv wünschen sich die meisten Menschen Beschäftigungen, die ihren innersten Talenten und Interessen entsprechen und ihre Persönlichkeit zur Geltung kommen lassen. Wenn wir unseren Interessen und Talenten konsequent folgen, können wir auf diesen Gebieten die besten Leistungen erbringen und unsere Persönlichkeit entfalten. Aber **sind Ihnen Ihre Wünsche und Sehnsüchte klar?**

Versetzen Sie sich doch einmal in die Zukunft: Wie soll **Ihr Leben in fünf Jahren** aussehen? Folgende Leitfragen können Ihnen bei der Beantwortung dieser Frage helfen:
→ Wer will ich in fünf Jahren sein?
→ Wie werde ich aussehen?
→ Wie werde ich mich kleiden?
→ Wie wird meine Persönlichkeit zum Ausdruck kommen?

→ Welche Charaktereigenschaften werden ich und andere an mir schätzen?
→ Wo will ich in fünf Jahren wohnen?
→ Wie soll mein Haus oder meine Wohnung aussehen?
→ Wer soll mit mir wohnen? (Werde ich einen Partner und/oder Kinder haben, die bei mir leben?)
→ Werde ich arbeiten? Welcher Arbeit werde ich nachgehen?
→ Wie soll das soziale Umfeld bei der Arbeit sein?
→ Womit werde ich mich in meiner Freizeit gern beschäftigen? Für welche Hobbys werde ich mich begeistern?
→ Was werde ich können, was ich jetzt noch nicht kann?
→ Was werde ich erreicht haben?
→ Was werden meine Sehnsüchte sein?
→ Wie werden mich andere beschreiben?

Vielleicht mögen Sie diese Fragen sogar in einem Brief an sich selbst beantworten, den Sie sich später (vielleicht in einem Jahr) erneut ansehen, um zu gucken, wo Sie auf Ihrem Weg bereits angelangt sind. Das wäre natürlich besonders konstruktiv, denn Sie werden sich viel intensiver mit den Fragen beschäftigen, als wenn Sie sie jetzt nur rasch durchlesen, zwei Minuten darüber nachdenken und dann direkt zum nächsten Abschnitt übergehen. Also nehmen Sie sich doch jetzt ein bisschen Zeit. Auch das gehört zur gelebten Selbstfürsorge.

Nun wollen wir uns der Umsetzung konkreter Ziele zuwenden. Doch vorab möchte ich Ihnen noch eine Frage stellen: Sind Ihnen Ihre Ziele in den verschiedenen Rollen, die Sie leben, klar? Bevor Sie sich mit den folgenden Inhalten beschäftigen, wäre es also wichtig, dass Sie die Übungen aus Kapitel 4 „Selbstfürsorge durch Bedeutsamkeit" gemacht haben.
Gehen Sie die von Ihnen definierten Rollen und Ziele noch einmal durch. **Konzentrieren Sie sich zunächst nur auf eine Rolle und die damit verbundenen Ziele**. Es ist ganz gleich, welche Rolle Sie heute auswählen. Sind Ihre Erwartungen in dieser Rolle angemessen? Stellen Sie realistische Forderungen an sich selbst? Gibt es Widrigkeiten auf Ihrem Weg, sprich, liegen Zielkonflikte oder implizite Motive vor, die beachtet werden müssen? Später können Sie mit der Methode, die vorgestellt wird, auch die Ziele in anderen Rollen umsetzen.

Vielfach wurde gezeigt, dass sich Menschen dann besonders hohe (und damit ggf. unerreichbare und frustrierende) Ziele in einer ihrer Rollen setzen, wenn sie keine zufriedenstellenden Ziele in den anderen Rollen haben. Eine Mutter, die „nur" ihre Mutterrolle lebt, kann auch nur an dieser Mutterrolle gemessen werden und stellt dann vielleicht Erwartungen an sich, die nicht erfüllbar sind, sie unzufrieden machen und letztlich dazu beitragen, dass sie ihr Ziel, „eine gute Mutter sein", verfehlt. Lehrkräfte unterliegen bei ihrer Arbeit einem ähnlichen Problem: Viele Lehrer setzen sich Ziele, die wenig spezifisch und damit kaum messbar sind (z. B. „guten Unterricht machen"). Dies bedeutet, dass es von der eigenen Wahrnehmung und Interpretation meiner Leistungen abhängt, ob ich meine Ziele erreicht habe (meist fehlen ja „bewertende" Kollegen im Unterricht), was wiederum dazu führen kann, dass ich mich selbst frustriere, weil ich immer denke, mich noch verbessern zu können und zu müssen.

Bezüglich der **selbstfürsorglichen Arbeitsorganisation** ist also Folgendes von besonderer Bedeutung: Setzen Sie sich spezifische und messbare Ziele, die Sie gut erreichen können, ohne sich zu verausgaben – und belohnen Sie sich bei der Zielerreichung. Hier kann die **SMART-Technik** helfen. SMART ist ein Akronym für „Specific Measurable Accepted Realistic Timely" und dient in Unternehmen als Grundlage von Zielvereinbarungen. Machen Sie Ihre eigenen Zielvereinbarungen mit sich! Formulieren Sie Ihre Ziele in der folgenden Übung möglichst nach den einzelnen Punkten der SMART-Technik.

Spezifisch	→	Formulieren Sie Ihre Ziele möglichst konkret. Dadurch werden Sie angeregt, sich intensiv mit Ihrem Ziel auseinanderzusetzen und sich ausreichend zu informieren. Sie sollten das Ziel (ggf. unterteilt in Teilziele) so formulieren, dass es direkt in Handlungen überführbar ist.
Messbar	→	Ihre Ziele sollten so weit wie möglich messbar sein. Wie könnten Sie die Erreichung Ihres Ziels überprüfen? Welche Messkriterien könnten angewendet werden?
Aktionsorientiert	→	Ihre Ziele sollten so formuliert sein, dass sie Sie motivieren, Taten folgen zu lassen, und Sie ermutigen, in schwierigen Phasen weiterzumachen. Formulieren Sie positiv, was Sie tun und erreichen wollen. Achten Sie darauf, dass Sie Ihre Ziele attraktiv und anspruchsvoll bzw. herausfordernd finden. Statt „ich darf kein Fast-Food mehr essen" (macht sofort schlechte Laune) formulieren Sie lieber „ich werde zukünftig vor allem Gemüse, Salate und leckeres, frisches Obst essen".
Realistisch	→	Sie dürfen träumen. Trotzdem sollten Ihre Ziele realistisch sein. Ehrgeizige Ziele sind gut, wenn sie erreichbar sind. Überfordern Sie sich nicht, aber unterfordern Sie sich auch nicht. Mit der Zeit werden Sie das richtige Maß finden.
Terminiert	→	Zu jedem Ziel gehört eine klare Terminvorgabe, bis wann das Ziel erreicht sein muss!

In der folgenden Übung können Sie die Ziele zu der Rolle, die Sie zu Beginn dieses Abschnitts aus den in Kapitel 4 definierten Rollen ausgewählt haben, näher beschreiben und die Schritte zur Zielerreichung planen.

Schritt für Schritt – ich setze meine Ziele um

Zeit: 45 bis 60 Minuten
Ort: überall
Benötigte Hilfsmittel: Stift und DIN-A4-Zettel

Legen Sie sich für die Zielerreichung zunächst auf eine Rolle fest. Es wäre überfordernd, mehrere Rollen gleichzeitig verändern zu wollen, und damit wäre es keine selbstfürsorgliche Veränderung mehr.

So funktioniert die Übung

1. Benennen Sie Ihre aktuellen Ziele in Bezug auf die Rolle .... und seien Sie dabei spezifisch! Schreiben Sie zunächst alle Ziele auf, die Ihnen wichtig erscheinen, formulieren Sie klar und unmissverständlich:

   ....
   ....
   ....
   ....
   ....

2. Streichen Sie die Ziele aus der obigen Liste, die nicht gut erreichbar sind, bspw. weil die Zielerreichung von äußeren, unsicheren Faktoren abhängt (z. B. Lottogewinn) oder sie derzeit keine hohe Priorität haben. Streichen Sie außerdem zu hohe und unterfordernde Ziele aus der Liste. So erhalten Sie die wesentlichen Ziele, für die es sich lohnt, sich einzusetzen.
3. Streichen Sie (wirklich) unrealistische Ziele aus der Liste.
4. Betrachten Sie die übrig gebliebenen Ziele und überlegen Sie, wie Sie das Erreichen des jeweiligen Ziels erkennen werden. Sind die Ziele messbar?
5. Legen Sie nun auf einem Blatt Papier nach unten stehendem Beispiel eine Tabelle an und übertragen Sie dort hinein die übrig gebliebenen Ziele. Beschreiben Sie dann in der zweiten Spalte, was das Positive sein wird, wenn Sie das Ziel erreicht haben werden. Dieser Schritt lässt sich durch Mentaltechniken verstärken. Notieren Sie zu jedem Ziel, wie Sie Ihre Erfolge messen und damit erkennen werden. Wie werden Sie sich belohnen, wenn Sie eines Ihrer Ziele erreicht haben? Suchen Sie sich kleine Belohnungen für die Erreichung kleiner Ziele (Praline nach jedem fünften fertig korrigierten Arbeitsheft) und größere Belohnungen für die Zielerreichung in größeren Projekten (drei Tage Städtereise nach der Aufführung des Schüler-Musicals). Legen Sie außerdem fest, bis wann das jeweilige Ziel umgesetzt sein soll.

→

Ziel-beschreibung	Warum?	Erreicht, wenn ...	Belohnung durch ...	Terminiert bis
körperlich gesünder sein durch Abnehmen und Bewegung	weil ich mich dann wohler fühlen werde, mich wieder gerne im Spiegel ansehen mag, mir beweisen kann, dass ich es anpacke	1) 3 kg abgenommen 2) 5 km laufen durchgehalten	Wellness-Tag in Nordseetherme	in 3 Monaten (bis 30.09.)
...				

Erläuterung

Diese Übung hilft Ihnen, Ihre Ziele bewusster in den Alltag zu integrieren. Dazu ist es wichtig, die gesetzten Ziele in Etappenziele zu unterteilen und in die täglichen Routinen einzubinden. Bevor dies jedoch möglich ist, müssen Sie einmal klar und bewusst aufschreiben, was Sie überhaupt erreichen wollen.

Zum Abschluss ein Tipp: Legen oder heften Sie Ihre Tabelle direkt hier in das Buch, um sie immer an dieser Stelle wiederfinden zu können!

■ Etappenziele

Machen Sie sich in Ihrem Kalender einen Zeitplan, bis wann welches der Ziele, die Sie im vorigen Abschnitt definiert haben, erreicht sein soll. Unterteilen Sie große Ziele dabei in Teilziele bzw. Etappen. Denken Sie einfach an einen Bergsteiger: Ein Bergsteiger unterteilt seine Route zum Gipfel in Tagestouren, die er gut schaffen kann (Ressourcenmanagement). Er plant Pufferzeiten für unvorhergesehene Schwierigkeiten genauso ein wie seine Pausen. Wenn die Route einmal geplant ist, gibt es einen weiteren Vorteil. Der Bergsteiger muss sein Gesamtziel nicht mehr die ganze Zeit im Auge behalten („da ganz oben muss ich noch hin"), sondern kann in seinen Pausen den Blick ins Tal werfen („so weit bin ich schon gekommen"). Dieser scheinbar kleine Unterschied ist entscheidend. Einmal festgelegt, muss ich keine Energie mehr für die abwägenden Gedanken einer Entscheidungsfindung verschwenden. Wenn Sie sich sicher sind, einen Marathon laufen zu wollen, ist die tägliche Laufeinheit besser umzusetzen, auch wenn es regnet, als wenn Sie noch unsicher sind, ob das wirklich Ihr Ziel ist. Bevor Sie also anfangen zu planen, nehmen Sie sich genügend Zeit zu ergründen, was Ihre wirklichen Ziele sind. Die folgende Übung wird Ihnen helfen, Ihre **Ziele aus der vorherigen Übung in Etappenziele zu unterteilen**.

Etappenziele

Zeit: 15 bis 60 Minuten
Ort: überall
Benötigte Hilfsmittel: Stift und DIN-A4-Zettel

Unterteilen Sie die Ziele, die Sie sich gesetzt haben und die nicht auf einmal umgesetzt werden können, wie ein Bergsteiger in passende Etappenziele.

So funktioniert die Übung

Legen Sie auf einem Blatt Papier anhand des unten stehenden Beispiels eine Tabelle an. Nehmen Sie sich dann ein Ziel vor und beschreiben Sie es in Ihrer Tabelle so detailliert, spezifisch und messbar wie möglich. Legen Sie anschließend Etappenziele fest, die Sie jeweils mit einem konkreten Termin versehen. So behalten Sie die Übersicht, ob die Umsetzung geklappt hat. In der ganz rechten Spalte können Sie Bemerkungen einfügen, wenn Sie z. B. eine Erfahrung gemacht haben, die Sie in Zukunft bei der Planung von Etappenzielen berücksichtigen wollen. Denken Sie an ausreichende Pufferzeiten, damit die Umsetzung Ihrer Ziele realistisch ist und zum Wohlfühl- und Erfolgsfaktor wird statt zum Stressfaktor.

	Ziel in meiner Rolle als: Selbstfürsorger	Bemerkung
Beschreibung des übergeordneten Ziels:	Halbmarathon schaffen	
Teilziel 1:	Laufsachen kaufen	
Das mache ich konkret zur Erreichung meines Teilziels:	Ich fahre nächsten Donnerstag um 16 Uhr in die Stadt, lasse mich in Möllers Lauftreff beraten und kaufe geeignete Sportsachen.	
Abgeschlossen bis:	Donnerstag, 18 Uhr	Es hat doch bis 19:30 Uhr gedauert. Ich habe den Zeitaufwand etwas unterschätzt.

→

Teilziel 2:	Laufplan im Internet suchen	
Das mache ich konkret zur Erreichung meines Teilziels:	Ich suche auf unterschiedlichen Seiten nach einem Plan, der für Anfänger geeignet ist und als Ziel einen 5-Kilometer-Lauf vorsieht. Ich frage Peer, ob er den Plan prüft, da er viel Lauferfahrung hat.	
Abgeschlossen bis:	Samstagabend, dann Mail an Peer mit Bitte um Rückmeldung bis Dienstag	Peer hat sich erst Mittwoch zurückgemeldet.
Teilziel 3:	Der erste Lauf	
Das mache ich konkret zur Erreichung meines Teilziels:	Ich orientiere mich am Laufplan und starte das Training am Mittwoch um 18 Uhr. Danach dusche ich mit meiner Lieblingsduschcreme und genieße ein alkoholfreies Weizen.	
Abgeschlossen bis:	Mittwoch, 20 Uhr	
Teilziel 4:	Regelmäßige Laufroutine	
Das mache ich konkret zur Erreichung meines Teilziels:	Ich füge die Empfehlungen des Laufplans in meinen Terminkalender ein und verspreche mir, mich daran zu halten.	
Abgeschlossen bis:	30.09.2016	

Erläuterung

Diese Übung wird Ihnen mehr Struktur und mehr Klarheit bei Ihrer Zielerreichung geben. Gut geplant, werden Sie Ihr eigener Motivator sein. Dazu ist es wichtig, dass Sie Ihre Etappenziele zwar anspruchsvoll, aber nicht überfordernd finden. Richtig gut haben Sie es gemacht, wenn Sie direkt nach der Planung Lust auf den ersten Teilabschnitt haben.

Zum Abschluss ein Tipp: Legen oder heften Sie Ihre Tabelle direkt hier in das Buch, um sie immer an dieser Stelle wiederfinden zu können!

Sollten sich im Verlauf Probleme mit Ihren Terminierungen und damit mit Ihren Zielerreichungen ergeben, verwerfen Sie nicht gleich den gesamten Plan, sondern prüfen Sie, an welchen Stellen Ihr Plan modifiziert werden muss. Wenn Sie merken, dass Sie derzeit mit dieser Methode überfordert sind, finden Sie einige Hilfestellungen auch im nächsten Abschnitt. Gut wäre es in diesem Fall sicher auch, entsprechende weiterführende Literatur zum Thema Zeitmanagement zu lesen oder einen Termin mit einem Coach in Ihrer Nähe zu vereinbaren.

Fazit: Durch bewusste Zielsetzungen haben Sie Einfluss auf Ihren Alltag, Ihren Lebensweg und damit auf Ihre Selbstfürsorge. Bestimmen Sie, wo es langgeht, bevor Sie sich aus den Augen verlieren oder andere Sie auf ihren Wegen mitnehmen und Sie womöglich irgendwo ankommen, wo Sie nie hinwollten. Damit Sie Ihre Ziele erfolgreich verfolgen und erreichen können, ist es zunächst wichtig, SMARTE Ziele zu formulieren. Daran anknüpfend, ist es unerlässlich, sich einen guten Umsetzungsplan zu schaffen, der Sie in der Zielerreichung unterstützt und einen realistischen Weg aufzeigt. Dieser Plan sollte Ihre großen Ziele in Etappenziele unterteilen und sie messbar und belohnbar machen.

Das Fundament des Zeitmanagements

Neben einem guten Zielmanagement brauchen Sie möglicherweise Methoden des Zeitmanagements, um Ihren Alltag so zu koordinieren, dass Sie den verschiedenen Anforderungen gelassen gerecht werden und effizient arbeiten, um gleichsam Zeit für das Wesentliche in den anderen Rollen zu haben. In puncto Zeitmanagement will ich mich an dieser Stelle auf das Wesentliche beschränken, nämlich auf den **Zusammenhang zwischen Zeit und Selbstfürsorge**. Es gibt umfassende Trainings zum Zeitmanagement, genauso wie gute Literatur, die Sie den Medientipps am Ende dieses Buches entnehmen können. Diese Bücher thematisieren das Zeitmanagement so viel umfangreicher, dass hier gar nicht der Versuch gemacht werden soll, dieses umfassende Thema in seiner Gänze darzustellen. Vielleicht geht es im Grunde auch gar nicht darum, wie Sie Ihre zur Verfügung stehende Zeit besser verwalten, sondern darum, für das Wesentliche Zeit zu haben. Dies ist dann vielmehr eine Frage der **Prioritätensetzung**.
Um die eigene (Lebens-)Zeit richtig „zu verwalten", um Zeit für sich und die Dinge zu haben, die einem wirklich wichtig sind, bedarf es einiger grund-

sätzlicher Voraussetzungen. Diese Punkte sind in der folgenden Beschreibung zunächst nicht an Ihren Alltag angelehnt, aber es werden sich beim Lesen alltagsnahe Beispiele in Ihnen entwickeln. Viele unserer Seminarteilnehmer haben Bücher zum Zeitmanagement gelesen, Strategien gelernt und haben dennoch Probleme mit der Anwendung im Alltag. Diesen Menschen fehlt **das Fundament, welches grundlegend ist, damit Zeitmanagementmethoden greifen.** Um dieses Fundament soll es nun ausschließlich gehen. Was brauchen Sie für Ihr Fundament? Wenn Sie merken, dass Sie mit den folgenden sechs Punkten keine Schwierigkeiten haben, sind Sie selbstfürsorglich und werden von Zeitmanagementratgebern profitieren und in diesen Strategien für Ihren Alltag finden. Bevor ich jedoch auf die sechs wichtigen Punkte eingehe, will ich Ihnen ein Anwendungsbeispiel im Alltag geben:

Eine mögliche Zeitmanagementmethode, die sich auf das Aufräumen bezieht, ist die **Kleeblattmethode**. Ein unaufgeräumtes Arbeitszimmer verursacht eine erhebliche Zeitverschwendung, weil Sie ständig damit beschäftigt sind, Dinge zu suchen und damit hin- und herzuräumen. Dies kostet „unnütz" Zeit und wiederholt sich möglicherweise täglich. Die Kleeblattmethode sagt nun, dass Sie die Dinge, die Sie in Ihrem Arbeitszimmer finden, auf drei Stapel aufteilen. Der erste Stapel ist reserviert für Dinge, „an denen Ihr Herz hängt", die wichtig sind oder regelmäßig gebraucht werden. Der zweite Stapel ist der „Müll-Stapel". Dort landet alles, was Sie nicht mehr brauchen, was defekt oder unvollständig ist. Der letzte Stapel ist der „Vielleicht"-Stapel, auf den Sie die Dinge legen, bei denen Sie nicht sofort wissen, ob Sie sie noch gebrauchen können. Diesen Stapel verstauen Sie in einem Karton und holen ihn in einem halben oder einem Jahr wieder hervor. Was Sie nicht gebraucht oder vermisst haben, kann weg.
Im Grunde eine tolle Möglichkeit, das Arbeitszimmer in kurzer Zeit aufzuräumen und dadurch Zeit zu gewinnen, wenn nicht … Ja, wenn es nicht für viele der Lehrkräfte, die mit Organisations- und Zeitproblemen zu uns kamen, unmöglich gewesen wäre, diese Methode allein anzuwenden, ohne ein stabiles Persönlichkeitsfundament erlangt zu haben. Dann passiert nämlich Folgendes: Die Lehrkraft hat die Methode aus einem der unzähligen Ratgeber ausgewählt und sich entschlossen, sie anzuwenden. Nun sitzt sie vor ihrem Chaos, hat sich drei Kisten bereitgestellt, nimmt das erste Dokument in die Hand und überlegt, in welche Kiste es gehört. Wenn kein guter Kontakt zu den eigenen Gefühlen besteht, dann kann bereits die Frage, was wichtig ist, erhebliche Probleme bereiten. Wer nicht weiß, woran sein Herz wirklich hängt, der wird unsicher sein. Und um keinen Fehler zu machen, werden zu viele Dinge in die „Wirklich-wichtig-Kiste" gelegt. Die „Müll-Kiste" bleibt bei den meisten Lehrkräften, die zu uns kamen, leer. Alles könnte ja irgend-

wann noch einmal gebraucht werden. Unvollständige Sets sind unvollständig, da Chaos besteht, aber irgendwo werden die anderen Teile schon sein und dann wäre das Set wieder vollständig. Zu schade, es aktuell zu entsorgen. Dinge, die nicht mehr funktionieren, könnten vielleicht beizeiten (!) in die Werkstatt gebracht werden oder zumindest noch an eine Hilfsorganisation geschickt werden, die sich vielleicht über die Spende freut. Auch Behindertenwerkstätten freuen sich doch sicher über Dinge, die dort repariert werden könnten … Loslassen fällt schwer.

Das traurige Bild nach Anwendung der Methode ist ein noch traurigerer Lehrer, der überfordert einen großen Stapel mit wichtigen Dingen und einen etwas größeren Stapel mit „weiß nicht"-Dingen vor sich liegen hat. Die Müllkiste glänzt eventuell mit einigen Flyern und Infobroschüren, die doppelt mitgenommen worden sind, sodass der Verlust des einen Flyers noch nicht bedeutet, dass es einen endgültigen Verlust gibt. Dinge mehrfach zu haben, erschafft auch hier und im Kleinen Sicherheit, die diesen Lehrkräften möglicherweise an anderer Stelle fehlt.

Dieses kleine Beispiel passt natürlich nicht auf alle Lehrkräfte, zeigt aber dennoch ein Muster, welches sich immer wieder findet und welches dazu genutzt werden sollte, die **wesentlichen sechs Grundvoraussetzungen für gelingendes Zeitmanagement** zu verdeutlichen. So ergibt sich das Fundament der Selbstfürsorge in Bezug auf Ihre Zeitgestaltung in folgenden sechs Punkten:

1. **Sie haben Ziele.** (vgl. den vorherigen Abschnitt)
2. **Sie setzen Prioritäten.** (vgl. den vorherigen Abschnitt)
3. **Sie erkennen Ihre Gefühle und Bedürfnisse.** (Ziel dieses Buches, trainierbar durch viele weitere Methoden, wie Achtsamkeit oder Meditation)
4. **Sie kennen Ihre Grenzen.** (vgl. Kap. 7, Abschnitt „Grenzen setzen – die distanzierte Anteilnahme als Mechanismus der Selbstfürsorge")
5. **Sie delegieren.**
6. **Sie können loslassen.**

Das Delegieren und das Loslassen sollen im Folgenden etwas vertieft werden, da sie nicht an anderen Stellen im Buch behandelt werden. Erstaunlicherweise hängen sie beide miteinander zusammen.

■ Delegieren

In einem gelingenden Zeitmanagement werden Sie zu dem Schluss kommen, dass Sie nicht alles selbst machen können. Mein Lieblingszitat über Lehrer lautet allerdings: „Bitte helfen Sie mir nicht, ich hab's allein schon schwer genug!" Dieses Zitat beschreibt treffend das, was viele Lehrkräfte durch ihre Persönlichkeit schon mit in den Beruf gebracht haben, was aber dann durch das System Schule und die noch immer vorherrschende Einzelkämpfermentalität verstärkt wird. Sie lassen sich nicht helfen, sie haben den Anspruch, Dinge allein hinzubekommen, erleben das Nach-Hilfe-Bitten als Eingeständnis von Schwäche oder glauben einfach, dass es zur Ausfüllung ihrer Rolle gehört, sich um alles allein zu kümmern.

Wenn es Ihnen schwerfällt zu delegieren, kann dies unterschiedliche Ursachen haben. Möglicherweise trauen Sie anderen Menschen die Aufgaben nicht zu, die Sie zu erledigen haben. Ihnen fehlt also **Vertrauen in andere Menschen**. Es kann auch sein, dass Sie so hohe Ansprüche an sich und die Aufgabenerledigung stellen, dass Sie sie aufgrund eines **übertriebenen Perfektionismus** nicht abgeben können. Vielleicht haben Sie aber auch nicht gelernt, Hilfe anzunehmen, und es sitzt ein innerer Antreiber auf Ihrer Schulter, der sagt: „Das musst du allein schaffen". Genauso könnte ein innerer Kritiker Ihnen sagen: „Versuch es bloß nicht abzugeben, denn wenn dir keiner hilft, ist das der Beweis dafür, dass du nicht geliebt wirst".

Wie fühlen sich Menschen, die nicht delegieren können? Wenn Sie meinen, dass nur Sie die Aufgaben so gut erledigen können, wie es nötig ist, werden Sie erheblich mehr Druck spüren und das Gefühl haben, dass keine Hilfe möglich ist. Sprich: Sie vertrauen anderen nicht (zumindest nicht in diesem Punkt). Dies kann letztlich zu Hilflosigkeit und Überforderung führen. Beides bedingt entweder Aggression und Zynismus („Die anderen sind unfähig.") oder aber Opferverhalten und Ohnmacht („Ich muss alles allein machen!", „Die anderen mögen mich nicht, sonst würden sie helfen!").
Wenn Sie nicht gelernt haben, Hilfe anzunehmen, führt dies ebenfalls zu dem Gefühl, mit allem allein dazustehen und sich letztlich unverstanden oder sogar einsam zu fühlen. Wenn Sie keine Hilfe annehmen können, haben Sie vielleicht nicht gelernt, loszulassen. Vielleicht fallen Ihnen dann auch Trennungen schwer. Wenn Sie aus Angst vor Enttäuschung nicht abgeben können, werden Sie möglicherweise die implizite und deprimierende Hypothese in Ihrem Kopf haben, nicht geliebt zu werden.

Wie fühlen sich andere im Kontakt mit Menschen, die nicht delegieren? Sie werden sich zurückgewiesen fühlen, weil sie spüren, dass Sie ihnen nicht vertrauen. Sie werden sich klein fühlen, wenn Sie ihnen nicht die Chance geben, Dinge auf ihre Weise zu machen und sich selbst auszuprobieren. Sie werden ihr Selbstwertgefühl im Kontakt zu Ihnen nicht ausbauen können. Auf Ihre Folgegefühle (Aggression oder Opferverhalten) werden andere möglicherweise mit entsprechendem Unverständnis reagieren, was Ihre

Beziehung nachhaltig stört. Wenn Sie keine Hilfe annehmen können, werden die Menschen in Ihrem Umfeld sich hilflos fühlen und vielleicht auch deprimiert oder ablehnend reagieren, da sie Ihre Ablehnung wiederum mit der Vermutung verbinden, dass Sie sie nicht mögen. Ihr Verhalten schafft Distanz.

Erinnern Sie sich an die Hochwasserkatastrophe im Jahr 1997 in Ostdeutschland oder die Schneekatastrophe 1979 – in solchen Zeiten waren die Menschen existenziell auf die Hilfe ihrer Mitmenschen angewiesen und diese halfen. Neben Angst, Verzweiflung und Ohnmacht wuchsen Gefühle wie Zusammengehörigkeit, Dankbarkeit und Wohlbefinden im Miteinander. Diese positiven Gefühle lassen sich auch im Kleinen aktivieren, nicht nur durch das Helfen anderer, sondern auch durch das Hilfe-Annehmen. In der Schule gibt es zahlreiche Aufgaben, die Sie an andere delegieren könnten. Glauben Sie nicht? Denken Sie einmal genau darüber nach oder lesen Sie das Kapitel 13 „Teamfähigkeit und Delegation" in dem Buch „Zeitmanagement im Lehrerberuf" von Ursula Oppolzer (siehe Medientipps)!

Die Grundvoraussetzung, damit die Strategie des Delegierens Ihnen mehr Zeit schenkt, ist natürlich, dass Sie sie anwenden können, und ich hoffe, dass Ihnen durch die o. g. Ausführungen etwas bewusst geworden ist, wie komplex die Thematik ist und wie tief sie in der eigenen Persönlichkeit verankert ist. Insofern verurteilen Sie sich nicht, wenn Sie bisher nicht delegieren können, aber bleiben Sie auch nicht länger Opfer Ihrer Ängste.

■ Loslassen

Wenn Sie nicht loslassen können, dann müssen Sie festhalten. Das kostet Energie, spannt an und kann Sie überlasten. Sich zu trennen, Dinge und Menschen loszulassen, ist unabdingbar, um Zeit für das Wesentliche zu haben, und ein natürlicher Prozess im Leben. Menschen, die nicht loslassen können, haben häufig **Angst vor Trennung** und hegen damit verbundene Gefühle, wie Trauer oder das Gefühl, etwas falsch gemacht zu haben. Trennungen werden dann in jeder Weise als schmerzlich empfunden und nicht als etwas, das auch befreien kann.
Nicht wenige Lehrkräfte, die unser Coaching besuchen, haben völlig „vermüllte" Arbeitszimmer. Sie bewahren alles auf (vornehmlich Unterrichtsmaterialien, Zeitungsartikel, andere Artikel und Fachzeitschriften), weil sie meinen, es irgendwann noch einmal gebrauchen zu können. Und wenn sie es dann tatsächlich bräuchten, dann finden sie es nicht mehr, da sich die großen Stapel mit Materialien im ganzen Zimmer verteilen und zum Teil schon durch neuere

Stapel so verbaut sind, dass sie zurzeit (!) unerreichbar sind. Sie verzetteln sich, sammeln und schieben letztlich Aufgaben und Sachen von einer Seite zur anderen und wissen nicht, wo sie anfangen sollen.

Wie fühlen sich Menschen, die nicht loslassen können? Vielleicht fühlen Sie sich gut und auf eine Weise befriedigt, wenn Sie alles aufbewahren, weil Sie damit ein anderes Gefühl kompensieren bzw. die Auseinandersetzung mit negativen Gefühlen vermeiden. Nämlich Angst und Trauer, wenn Sie sich trennen würden. Was viele Menschen in Bezug auf die Trennung von geliebten Personen kennen, nämlich schmerzende Gefühle, das erleben manche Menschen selbst dann, wenn sie sich von Dingen trennen sollen, die sie gar nicht mehr brauchen. Das sogenannte Messie-Syndrom, auch als Desorganisationsproblematik bekannt, beschreibt einige der Probleme, die dabei entstehen können. So kommt es hier unter anderem zu chronischen Problemen mit der Zeiteinteilung bis hin zur „Lähmung", also der Handlungsunfähigkeit auch in wichtigen Situationen. Wichtig ist es, zu verstehen, dass Menschen, die unfähig sind, Trennungen vorzunehmen, häufig in der Kindheit sehr schmerzhafte Trennungserfahrungen gemacht haben, die tief eingebrannt sind. Diese Trennungserfahrungen müssen nicht immer Scheidung oder Tod der Eltern gewesen sein. Es reicht, als Kind das starke Gefühl gehabt zu haben, nicht (so wie man ist) gewünscht zu sein oder „im Wege zu stehen". Auch durch ablehnendes Elternverhalten kann ein inneres Gefühl der Abgetrenntheit von den Eltern entstehen, das wiederum Gefühle von Verlassensein und Trennung hervorruft. Der krampfhafte Versuch, alles aufzubewahren (beim sogenannten Messi-Syndrom) oder einfach das Versagen beim Entmüllen des Arbeitszimmers sind Resultate des Vermeidens und der nicht erfolgten Auseinandersetzung mit negativen Gefühlen. Es ist wichtig, diese tiefen Ängste zu verstehen, auch um nachzuvollziehen, wie schwierig das Loslassen tatsächlich ist. Einige unserer Klienten beschäftigt noch etwas anderes: Sie wagen es gar nicht erst, sich ans Aufräumen zu machen, denn wenn sie dann beim Aufräumen scheitern würden, wäre ihr Problem noch offensichtlicher, als wenn sie gar nicht erst das Ziel fassten, aufzuräumen. Ein trauriger Teufelskreis.

Wie fühlen sich andere im Kontakt mit Menschen, die nicht loslassen können? Andere werden sich vielleicht Sorgen um Sie machen und nicht nachvollziehen können, warum Sie sich entsprechend verhalten. Möglicherweise werden Sie Gäste nicht einladen wollen, weil es Ihnen unangenehm ist, wie es bei Ihnen aussieht. Das verstärkt soziale Probleme genauso wie Ihre möglichen Organisationsprobleme und Verzettelungen. Allerdings bekommt das weitere Umfeld das Ausmaß Ihres „Leidens" i. d. R. nicht mit.

Wenn Sie diese Punkte für sich geklärt haben, dann sind Sie bereit für die Lektüre von Büchern, die Ihnen Tipps und Tricks für Ihre Zeitverwaltung vorschlagen. Wenn diese Punkte jedoch noch nicht ausreichend bearbeitet sind, laufen viele der Ideen aus Zeitmanagementbüchern (z. B. Methoden wie die ALPEN-Technik, das Pareto-Prinzip oder die Salami-Taktik) ins Leere, weil Sie meist nicht die Ursachen, sondern die Symptome für Zeitmangel behandeln. Lesen Sie sinnvolle Literatur, die Ihnen konkrete Tipps zum Umgang mit Ihrer Zeit liefert. Besuchen Sie entsprechende Seminare oder nutzen Sie ein Coachingangebot. Schaffen Sie aber zunächst die Voraussetzungen, indem Sie an Ihrem Fundament arbeiten. Überlegen Sie also zunächst, wo Sie hinwollen, bevor Sie sich Gedanken über das geeignete Transportmittel machen.

Fazit: Zeit für Selbstfürsorge zu haben und einen selbstfürsorglichen Umgang mit der Zeit zu pflegen, sind grundlegende Voraussetzungen für innere Gelassenheit. Kümmern Sie sich zunächst um ein selbstfürsorgliches Fundament, bevor Sie versuchen, Tipps aus Zeitmanagementratgebern „unreflektiert" im Alltag anzuwenden, und damit womöglich frustriert scheitern. Dazu gehört es, sich Ziele zu setzen, Prioritäten festzulegen, eigene Gefühle und Bedürfnisse zu erkennen und danach zu handeln, Ihre Grenzen zu achten, sich im Loslassen zu üben und zu delegieren. Wenn das Fundament steht, schaffen Sie tägliche Puffer in Ihrer Terminplanung, vermeiden Sie Perfektionismus und arbeiten Sie schnell und effektiv, indem Sie sich nicht ablenken lassen. Die Zeit, die Sie damit sparen, investieren Sie nicht in die Übernahme neuer Aufgaben und weiterer Projekte, sondern für Ihre aktive Selbstfürsorge. Tun Sie sich gut! Auf diese Weise geht Selbstfürsorge dann doch fast nebenbei und kostet keine zusätzliche Zeit.

In der Praxis: Selbstfürsorge vor und nach dem Unterricht

Bevor ich Ihnen nun einige Ideen an die Hand geben will, wie Selbstfürsorge in der Unterrichtsvor- und -nachbereitung ihren Platz findet, nehmen Sie sich einen Moment Zeit und überlegen Sie einmal, wie ein perfekt **selbstfürsorglicher Tagesablauf** außerhalb des Unterrichts aussehen könnte. Warum Sie dies machen sollen? Weil es unglaublich wichtig ist, dass Sie in der Struktur der Vor- und Nachbereitungsphasen an Ihren eigenen Bedürfnissen orientiert sind. Es hilft Ihnen vielleicht wenig, wenn ich Ihnen Vorschläge mache, die ich persönlich anwende, und genauso können die Ideen und Erfahrungen der Lehrkräfte aus unseren Workshops nur Inspiration für Sie sein. Manche Menschen brauchen morgens gleich einige Aktivität, ja vielleicht sogar Zeitdruck, um richtig wach und energiegeladen zu sein. Andere brauchen Ruhe und Muße und stehen dafür sogar gern früher auf. Einige lieben ein ausgedehntes Frühstück und anderen reicht ein Tee oder Kaffee. Sie sollten also erst einmal überlegen, was Ihnen wichtig ist.

Nachdem Sie nun über Ihre eigenen Bedürfnisse nachgedacht haben, will ich Ihnen einige Dinge nennen, die die Lehrkräfte, mit denen wir bisher zusammengearbeitet haben, als äußerst wichtig erachten.

■ Planung über das Schuljahr hinweg

Unsere Praxis ist zu bestimmten Zeiten überfüllt. Da tummeln sich viele Lehrkräfte, die alle am Rande ihrer Belastungsgrenze sind, sich müde und erschöpft fühlen und „nicht mehr können". Dies ist immer, und zwar jedes Jahr aufs Neue, in etwa der Zeitraum zwischen acht bis sechs Wochen vor den Zeugnissen, während sich bis zwei Wochen vor den Zeugnissen wieder eine gewisse Entspannung einstellt, die kurz nach den Zeugnissen ihr Maximum erreicht. Erstaunlicherweise sind viele der Lehrkräfte von ihrem Zustand erstaunt und dies manchmal auch jedes Jahr wieder. Kurzum: Sie bereiten sich gedanklich, emotional und physisch nicht auf diese Zeiten maximaler Anforderungen vor und schlittern damit jedes Jahr wieder in turbulente Zeiten. Selbstfürsorglich wäre es, sich schon zu Beginn des Schul- bzw. Halbjahres in der Planung darauf vorzubereiten. Dabei können folgende Tipps eine Hilfe sein:

> **Selbstfürsorgliche Vorbereitung auf den alljährlichen Zeugnisstress**
> ✓ Versuchen Sie, alles, was Sie vorarbeiten können, bereits bis etwa zwölf Wochen vor den Zeugnissen erledigt zu haben. Dazu eignen sich auch die Oster- und Herbstferien.
> ✓ Absolvieren Sie ein Sport- oder Bewegungsprogramm, um sich auf diese Wochen maximaler Belastung vorzubereiten. In den entscheidenden Wochen machen Sie weniger, sind aber schon in Ihrer Routine.
> ✓ Achten Sie das ganze Jahr auf gesunde Ernährung, um in den entscheidenden Wochen ohne schlechtes Gewissen auch mal auf Tiefkühlkost oder den Lieferservice zurückgreifen zu können. Sicherlich

> ist dies nicht die Zeit, um umfangreiche Menüs für die gesamte Familie zu zaubern.
> ✓ Bilden Sie Ihre Stimme, um die vielen Gespräche mit Leichtigkeit zu bewältigen.
> ✓ Sprechen Sie in einer Supervisionsgruppe rechtzeitig über schwierige Situationen im Unterricht. So finden Sie Lösungen, bevor sich Strafmaßnahmen in Zeugnissen auswirken müssen.
> ✓ Erledigen Sie notwendige Routinetätigkeiten und Reparaturen bereits im Vorfeld. So könnten Sie Ihre Friseur-, TüV- und Zahnarztkontrolltermine auf die noch entspannten Wochen legen.

In den Hocharbeitsphasen sollten Sie sich dann nur noch auf die Erfordernisse der nächsten Tage konzentrieren und nicht den Anspruch haben, in dieser Zeit ein neues Instrument zu erlernen oder sich mit anderen zeitintensiven Dingen zu beschäftigen. Gleichsam wäre es sicherlich von Vorteil, vergnügte Wochenenden mit den Kindern oder romantische Abende mit dem Partner vor die Hocharbeitsphase zu legen und die Familienmitglieder gedanklich auf die kommenden, entbehrungsreichen Wochen vorzubereiten. So müssen Sie sich nicht mit Schuldgefühlen plagen. An den Abenden der langen Arbeitstage könnten Sie vielleicht einen Reisekatalog durchstöbern und die nächsten Miniferien am Zeugniswochenende planen. So bleiben Sie in Balance.

■ Planung im Wochenrhythmus

Jede Woche sollten Sie sich Zeit nehmen, um die vergangene Woche zu resümieren und die kommende Woche zu planen. Vielleicht eignet sich für Sie der Sonntagnachmittag oder der Freitag – probieren Sie es aus. Reflektieren Sie, was in der vergangenen Woche nicht erledigt wurde und deshalb mit in die neue Woche genommen werden muss. Überlegen Sie ebenfalls, was ansteht und wann Sie für Spontanes Zeit einplanen können. Wenn Sie bspw. jede Woche eine Stunde Zeit für Elterngespräche einplanen, geraten Sie nicht in Stress, wenn Eltern ein solches Gespräch wünschen. Gleichsam kennen Sie bereits Ihren Termin und können diesen den Eltern vorschlagen, um keine übereilten Gespräche zwischen Tür und Angel zu führen. Manche Anliegen werden sich bis dahin schon erledigt haben oder die Eltern hatten Zeit, sich noch einmal mit ihrem Anliegen auseinanderzusetzen. Meist werden diese Gespräche dann von beiden Seiten als konstruktiver erlebt. Wenn Sie bereits bei der Terminierung nach dem Anlass fragen, können Sie sich gedanklich vorbereiten. Wenn die eingeplante Stunde nicht benötigt wird, haben Sie eine weitere Stunde für Ihre aktive Selbstfürsorge und die Umsetzung Ihrer Ziele. Sie sollten sich ebenfalls angewöhnen, soweit wie möglich alle Vorbereitung ungefähr eine Woche vor dem Termin, an dem Sie sie brauchen, fertig zu haben. Sogar für Unterrichtsstunden klappt dies in den meisten Fällen. Stellen Sie sich vor, wie entspannt es wäre, wenn Sie im Verlauf des Jahres die ruhigen Zeiten nutzen würden, um sich vorzubereiten, die wöchentliche Vorbereitung tatsächlich funktioniert, sodass Sie also immer etwa eine Woche Pufferzone haben und bereits eingeplante Zeit für plötzliche Gespräche oder andere Erfordernisse übrig haben. Alles, was Sie dazu brauchen, ist die Entscheidung, es unbedingt zu wollen. Dann brauchen Sie sicherlich etwas Vorlauf, z. B. die Ferien, um „aufgetankt" zu sein, und dann benötigen Sie noch ein entsprechendes Selbstmanagement, welches Sie aber mit viel Freude erlernen können. Wenn Sie merken, dass Sie allein nicht zurechtkommen, suchen Sie sich entsprechende Unterstützung bei einem mit Lehrkräften vertrauten Coach. Er hat sicherlich einige hilfreiche Ideen für Sie, die individuell an Ihrer Situation orientiert sind – Sie müssen nicht alles allein schaffen. In der Wirtschaft ist es mittlerweile vollkommen üblich, Arbeitsprozesse mit einem externen Coach zu erörtern.

Im Folgenden finden Sie einige hilfreiche **Tipps, wie Sie Ihren Schulalltag selbstfürsorglicher gestalten können**. Dazu gehört auch die konkrete, selbstfürsorgliche Vor- und Nachbereitung Ihres Unterrichts. Nehmen Sie sich nicht vor, gleich alles auf einmal umzusetzen. Wählen Sie für den Start nur ein paar Ideen aus und nehmen Sie weitere hinzu, sobald die Umsetzung der ersten gut funktioniert!

Selbstfürsorgliche Vorbereitung am Vortag
Am Vortag könnten Sie selbstfürsorglich sein, indem Sie …
- ✓ alle Kopien und Arbeitsblätter fertig vorbereitet haben.
- ✓ sich alles zurechtlegen, was Sie für den kommenden Tag an Materialien brauchen werden.
- ✓ Ihre Kleidung zurechtlegen.
- ✓ prüfen, ob alle Nahrungsmittel und Getränke für den kommenden Tag bereitliegen.
- ✓ noch einmal festlegen, worauf Sie sich am nächsten Tag besonders konzentrieren müssen.
- ✓ Ihre Ziele und die Erfolge für den nächsten Tag gedanklich durchgehen.

Selbstfürsorgliche Vorbereitung am Morgen
Auch den Morgen können Sie selbstfürsorglich gestalten, indem Sie …
- ✓ früher aufstehen, um Ihren Tag in Ruhe zu beginnen.
- ✓ sich im Spiegel anlächeln und etwas Nettes zu sich sagen (klingt absurd, funktioniert aber).

- ✓ Ihr Lieblingsduschgel verwenden.
- ✓ sich Zeit für ein wohlschmeckendes Heißgetränk nehmen.
- ✓ gesunde Snacks (frisches Obst und Gemüse) für die Pausen vorbereiten.
- ✓ sich bereits vor oder auf dem Weg zur Arbeit körperlich bewegen.
- ✓ bereits die ersten Freuden vor Schulbeginn erleben (diese müssten Sie wahrnehmen und sollte es nichts Freudiges geben – wie könnten Sie selbst etwas erzeugen?).
- ✓ sich mental auf den Unterricht einstellen und mit einer (unerschütterlichen) positiven Grundstimmung in den Unterricht gehen.

Selbstfürsorge während des Schulvormittags
Sie kann erfolgen durch …
- ✓ bewusste Pausen und Miniauszeiten (z. B. im leeren Klassenraum).
- ✓ positive Kontakte.
- ✓ Aktivierungsübungen, körperliche Bewegung und kleine Spaziergänge.
- ✓ Entspannungsübungen.
- ✓ Rückzug zur Regeneration.
- ✓ ressourcenorientierte Übungen mit den Schülern.
- ✓ gesunde Snacks und Getränke.
- ✓ klare Abgrenzungen.
- ✓ Terminierungen, statt allem sofort gerecht werden zu wollen.
- ✓ Belohnungen, auch für kleine Erfolge.

Selbstfürsorge am Nachmittag zu Hause*
Am Ende des Schultages geht es zu Hause weiter. Selbstfürsorglich bleiben Sie dabei durch …
- ✓ eine Auszeit, bevor es weitergeht. Dazu eignet sich z. B. ein Spaziergang direkt nach der Schule, bei dem Sie Resümee ziehen und sich fragen, wie es Ihnen (mit den Erlebnissen des Vormittags) geht.
- ✓ Kleidungswechsel, Ablegen der Uhr.
- ✓ gesundes Essen, ausgleichende sportliche Betätigung.
- ✓ eine Zeit der emotionalen und physischen Regeneration, bevor Sie wieder an den Schreibtisch gehen.
- ✓ Sortierung des Unterrichtsmaterials und Abheftung oder Entsorgung.
- ✓ eine dosierte Nachbereitung. Machen Sie etwa alle 60–90 Minuten eine Pause, in der Sie sich bewusst, z. B. durch eine Leckerei oder ein Getränk, belohnen. Bei Korrekturen empfiehlt es sich, sich eine gewisse Anzahl pro Tag vorzunehmen und sich zu belohnen, wenn Sie die Anzahl der Korrekturen geschafft haben.

* Mit der entsprechenden Planung schaffen Sie die Umsetzung auch, wenn zu Hause kleine Kinder auf Sie warten.

- ✓ Zeit für Familie und Freunde.
- ✓ Zeit für die eigenen Bedürfnisse und Hobbys.
- ✓ Tätigkeiten, die Sie heiter stimmen.
- ✓ Tätigkeiten, die Ihnen einen tieferen Sinn vermitteln.
- ✓ Tätigkeiten, bei denen Sie sich gebraucht und damit wertvoll fühlen.

Fazit: Die Gestaltung Ihres Schulalltags inklusive der Vor- und Nachbereitung Ihres Unterrichts hängt insbesondere von einem Umstand ab. Dieser Umstand lautet: eigenes Ziel, eigener Wille, eigene Disziplin.
Ich wünsche Ihnen, dass Sie es sich wert sind, für Ihre Selbstfürsorge einzustehen, und Ihren Tag so planen, dass selbstfürsorgliche Zeiten eine Chance bekommen.

In der Praxis: Selbstfürsorge im direkten Kontakt – das Unterrichten

Im Unterrichtsgeschehen passieren viele Dinge, die weder planbar noch beeinflussbar sind. Selbst der bestvorbereitete Unterricht kann bei den Schülern unverständlich ankommen oder auf Langeweile stoßen. Genauso können Streitereien in der Klasse, Konflikte im privaten Umfeld einzelner Schüler oder, ganz banal, für die Kinder spannende Neuigkeiten aus dem Schulumfeld oder aus der Presse für Ablenkung sorgen. So gilt es also, Konflikte zu klären, zu vermitteln, zu begeistern und Interesse zu wecken, gleichsam Ruhe zu bewahren, wenn der Unterricht nicht aufgeht oder die Schüler bei Ihnen durch Desinteresse Unsicherheit hervorrufen. Viele gute Gründe, um den Fokus im direkten Kontakt auf die Aufgabe und das Gegenüber, also die Schüler zu legen.
Je nach Schulart und Klassenstufe richten Lehrkräfte ihre Aufmerksamkeit vermehrt auf das Gegenüber (z. B. in der Grundschule oder im Rahmen der Inklusion bzw. in Förderzentren) oder auf die Aufgabenvermittlung (z. B. in höheren Klassenstufen, Gymnasien und Berufsschulen).
Viele Lehrkräfte haben „an der Front", wie manche es liebevoll nennen und wie es in diesem Kapitel wunderbar passt, nur noch Augen für das Nahziel und die Schüler. Das Nahziel ist dabei der zu vermittelnde Stoff genau dieser Unterrichtseinheit. Natürlich ist im Lehrplan festgelegt, was die Ziele des Schuljahres sind, aber das Nahziel, das Ziel für die einzelne Unterrichtsstun-

de, definieren die meisten Lehrkräfte selbst. Es geht bei der Zielfestlegung im Allgemeinen auch nicht um nützliche Aspekte für ein erfolgreiches Leben, wie z. B. die Entfaltung von Lebenskompetenz, Potenzialen und Ressourcen, nicht einmal um die Frage, wie gelernt wird und wie man sich für Dinge so sehr begeistern kann, dass sie einen förmlich absorbieren und man sie ganz von allein lernt, sondern meist um „Stoffvermittlung".

Wenn das Nahziel „Stoffvermittlung" dann gekennzeichnet ist durch alltagsfremde Eigenschaften und gleichsam bei der Lehrkraft bestimmte Glaubenssätze vorherrschen, wie „das müssen wir heute fertig kriegen", „das muss klappen", „die Schüler sollen es einfach verstehen" „die Parallelklasse ist schon viel weiter", dann wird das Unterrichten manchmal alles andere als einfach und Nachfragen der Schüler nach dem Sinn („Und wofür sollen wir das lernen?") können frustrieren.

Was ich Ihnen sagen will: Wenn die Aufgabe, also die Stoffvermittlung, zu wenig am Gegenüber, also den Schülern, orientiert ist, dann entstehen i. d. R. (offensichtliche oder latente) Probleme. Es kommt zu Motivationsverlusten, Desinteresse, Langeweile, Wut, offener Aggression oder Verweigerung. Die Aufgabe sollte also so gewählt und gestaltet sein, dass sie zum Gegenüber in irgendeiner Weise passt. Dazu müssen Sie als Lehrkraft Ihr Gegenüber kennen. Dies setzt voraus, dass Sie mit Ihrer Aufmerksamkeit nicht nur bei der Aufgabe, also Ihrem Auftrag (Stoff vermitteln) sind, sondern gleichsam Ihre Schüler im Auge haben. Bitte fühlen Sie sich nicht kritisiert beim Lesen – die meisten meiner Klienten haben Ihre Schüler im Auge und ich weiß, wie hochgradig engagiert viele Lehrkräfte mit den Schülern umgehen. Es geht hier darum, dass Sie eine Passung finden zwischen Aufgabe (Stoffvermittlung) und Gegenüber (Schüler), die in irgendeiner Weise zu positiven Emotionen führt. Auch Schüler lernen dann besonders wirkungsvoll, wenn der Stoff für sie bedeutsam wird. Bedeutsamkeit zu erzeugen, ist dabei (leider) die Aufgabe des Lehrers. Dies kann dadurch passieren, dass der Stoff in einen Bezug zum Leben der Schüler gesetzt wird, dass Sie also verdeutlichen, warum es hilfreich ist, sich mit dem Stoff zu beschäftigen. Besser noch wäre es, wenn Sie die Schüler für den Unterricht begeistern könnten. Wie das passieren kann, lesen Sie weiter unten. Dies setzt allerdings zwangsläufig voraus, dass Sie die Gefühle und die Bedürfnisse der Schüler kennen, dass Sie wissen, „wie sie ticken" und was sie (früher hieß es so schön) anrührt. Es setzt aber auch voraus, dass Sie selbst in irgendeiner Weise angerührt sind, dass Sie den Stoff für bedeutsam halten, dass Sie sich selbst begeistern können. Und genau darauf kommt es an. Für guten Unterricht, so zeigte sich in verschiedenen Studien, ist weder Erfahrung noch Ausstattung der Räume noch Material noch Intellekt der Schüler ausschlaggebend. Guter Unterricht, definiert als Unterricht, der in den Schülern etwas „verändert", entsteht häufig durch die Persönlichkeit des Lehrers. Dies bedeutet, dass Lehrkräfte, die bestimmte Eigenschaften zeigen, besonders gute Unterrichtsergebnisse liefern.

Zu diesen Eigenschaften zählt neben einem authentischen Auftreten (also einer Echtheit in Gefühlen und Handlung) ein „Sich-Begeistern" für das Leben, für den zu vermittelnden Stoff und im besten Fall auch für die Interaktion mit den Schülern. Um im Unterricht authentisch sein zu können, müssen die eigenen Gefühle und Bedürfnisse, die Dinge, die einen in dem Moment bewegen und für die eigene Person (!) wichtig sind, wahr- und ernst genommen werden. Dies wiederum bedeutet, dass im direkten Kontakt, also im Unterricht, die Aufmerksamkeit nicht nur auf die Aufgabe (den Auftrag, Stoff zu vermitteln) und das Gegenüber (die Schüler) gerichtet sein darf, sondern ebenso und im besten Fall zu einem Drittel auf die eigene Person, also auf die eigenen Gefühle und Bedürfnisse.

Sie sollten sich dazu im Unterricht häufiger einmal fragen: „Wie geht es mir eigentlich gerade, jetzt, in diesem Moment?"

Wenn also ein Schüler Desinteresse zeigt, dann ist es nicht nur von Bedeutung zu verstehen, warum der Schüler sich nicht motivieren kann oder motivieren lässt, sondern auch zu erkennen, was dieser Umstand mit der eigenen Person macht. Wenn die eigenen Gefühle erkannt und möglicherweise sogar benannt werden, ist dies der erste Schritt zur Selbstfürsorge im Unterricht. Genauso wie an den anderen Stellen im Buch ist Selbstfürsorge hier gekennzeichnet durch eine selbstachtsame Haltung. Es ist damit nicht gemeint, gegenüber den Schülern in eine Opferhaltung zu geraten oder sie durch das eigene Verhalten (Schuldzuweisungen) zu manipulieren und damit in eine Richtung zu bringen, in die man sie haben will. Im direkten Unterrichtskontakt ist mir der Hinweis wichtig, dass Sie zwar Ihre eigenen Gefühle und Bedürfnisse erkennen und möglicherweise gegenüber den Schülern auch benennen können, aber dass Sie sehr sorgsam mit der Ursachenzuschreibung für Ihren Zustand sein sollten. Normalerweise sind es nicht die Schüler, die Sie traurig, wütend oder hilflos machen, sondern Sie werden traurig oder wütend (je nach Situation und Persönlichkeit), weil Sie sich z. B. etwas vorgenommen haben, was nicht funktioniert, oder weil Sie erwartet haben, dass die Schüler begeistert sind, und dann sind sie es nicht. Sie sind enttäuscht. Das Wort Enttäuschung setzt sich aus zwei Teilen zusammen: „Ent" und „Täuschung". Sie haben sich möglicherweise getäuscht, in dem, wie fähig Sie als Lehrkraft in genau dieser Situation sind, wie spannend Sie den Unterricht vermitteln oder wie interessiert die Schüler sind. Und nun sind Sie enttäuscht worden, d. h., dass Sie keiner Täuschung mehr aufsitzen, sondern die Realität vor Augen haben. An Ihrer Enttäuschung sind i. d. R. nicht die anderen „schuld", sie wurden nicht enttäuscht, sondern Sie haben sich selbst ent-täuscht. Der Täuschung zu entgehen, ist ein wichtiger Schritt zu mehr Selbstfürsorge. Er zeigt Ihnen Ihre Bedürfnisse auf (eine gute Lehrkraft sein zu wollen, beliebt sein zu wollen oder was auch immer Ihr Bedürfnis ist). Die Unterscheidung der Ursachenzuschreibung ist wichtig, da der Versuch, die Schüler für Ihre negativen Gefühle verantwortlich zu machen (wenn auch nur indirekt), vermutlich nicht fruchten wird (zumindest ist dies für die Schüler zu hoffen). Sie erzeugen damit je nach Schüler zwei Dinge: Es gibt Schüler, meist die angepassten Mädchen, die sich nun schuldig und dafür verantwortlich fühlen, dass es Ihnen schlecht geht. Diese Schüler werden möglicherweise Dinge tun, die Sie wieder gut stimmen. Diese Dinge passieren jedoch nicht aus innerer Begeisterung, sondern aus einem Schuldgefühl heraus und sind damit für die Persönlichkeitsentwicklung der Schüler nicht von Vorteil. Andere Schüler entdecken Ihre Schwäche und werden die Schuld, die auch sie spüren, von sich weisen und sie Ihnen „zurückgeben". Dies ist sicherlich der gesündere Bewältigungsstil für die Schüler, führt aber in der Schule zu Disziplinarmaßnahmen wegen Ungehorsam oder Beleidigung. Besser ist es, die Schüler empathisch werden zu lassen, sie also in ihrer Bereitschaft zu unterstützen, sich in andere Menschen (in diesem Falle in Sie) hineinfühlen zu können. Dazu ist es wichtig, dass Sie Ihre Gefühle und Gedanken authentisch mitteilen und diese sich auch in Ihren Handlungen widerspiegeln. Dabei müssen Sie aber darauf achten, nicht die anderen, sondern sich selbst für Ihre Gefühle und Gedanken „verantwortlich" zu machen. Es geht darum, dass Sie vermitteln, dass es Ihre Gefühle und Gedanken sind und dass Sie einen Weg haben, damit konstruktiv umzugehen. Vermeiden Sie Du-Botschaften und zeigen Sie aktiv, dass Sie mit Ihren Gefühlen selbst umgehen können. So stellen die Schüler zwar eine Verbindung zwischen ihrem Verhalten und Ihren Gefühlen und folgendem Verhalten her, diese ist aber i. d. R. konstruktiv und gekennzeichnet durch einen liebevollen Umgang. Außerdem lernen die Schüler nun, wie eine andere Person, in diesem Falle Sie, sinnvoll mit ihren Gefühlen umgeht. Dies ist sicher ein Schritt zu mehr Lebenskompetenz.

Ich will Ihnen dies an einem Beispiel verdeutlichen. Wenn Sie den Unterricht mit großer Hingabe vorbereitet haben und nun interessieren sich die Schüler für alles Mögliche, aber nicht für das, was Sie ihnen präsentieren, dann reagieren Sie nicht mit Du-Botschaften, wie: „Ihr macht mich wütend, weil ihr euch für nichts interessiert!", sondern sagen Sie Dinge wie: „Ich bin traurig und sogar etwas wütend, weil ich gehofft habe, dass dies euch interessieren könnte". Dies zeigt, dass Sie zwar die entsprechenden Gefühle haben, diese aber bei sich lassen können. Und da Schüler wie alle Menschen an positiven Interaktionen interessiert sind, können sie sich nun überlegen, was ihr Anteil sein könnte. Fallen Sie dabei nicht in eine Opferrolle à la „Ich bin so furchtbar traurig und weiß nicht mehr weiter", sondern nutzen Sie Ihre Gefühle für konstruktive Auseinandersetzungen. „Ging es euch auch schon mal so, dass ihr euch auf etwas gefreut habt – ich habe mich nämlich auf diese Stunde gefreut – und dann hat etwas nicht geklappt oder jemand, dem ihr was Tolles erzählen wollt, hört gar nicht richtig zu?" – „Bei mir ist es so, dass ich traurig bin, weil ich eigentlich dachte, dass das, was ich hier mache, für euch richtig toll wird, und nun ist es das gar nicht." – „Was braucht ihr, um euch dafür zu interessieren?" – „Warum ist das für euch nicht interessant?" (nicht als Vorwurf, sondern interessierte Frage formuliert).

Häufig werden Sie bei diesem Austausch feststellen, dass die Schüler sich nicht verstanden gefühlt haben, dass sie über- oder unterfordert sind. Das sind die Erfahrungen, die viele der Lehrkräfte, mit denen wir zu dem Thema gearbeitet haben, gemacht haben. Und genau dieser Austausch macht guten Unterricht aus. Die Passung zwischen Aufgabe und Person. Ich stelle Ihnen hier sehr komplexe Sachverhalte mit wenigen Worten dar und es mag sein, dass Sie sich beim Lesen nicht verstanden oder selbst überfordert fühlen. Dann ist es sinnvoll, auch diese Gefühle ernst zu nehmen und zu ergründen, was Sie brauchen könnten, um Ihren Unterricht authentisch und begeisternd gestalten zu können. Manchmal bleibt ein Buch ein Buch und ein direktes Gespräch bringt viel mehr an Erkenntnis, weil es ganz individuell auf Ihre Situation eingeht. Dies vermag kein Buch zu leisten und in diesem Ratgeber werden nur wenige Beispiele genannt, die natürlich nicht alle Facetten menschlicher Kommunikation abdecken. Es ist dann umso wichtiger, dass Sie einen Coach oder eine andere Unterstützung suchen, um an diesem Punkt weiterzuarbeiten.

Professor Gerald Hüther, ein renommierter deutscher Neurobiologe, hat sich eingehend mit der Frage beschäftigt, wie nachhaltiges Lernen funktioniert. Laut Hüther ist dazu **Begeisterung** essenziell. So verfügt bereits das Gehirn von Kleinkindern über zahllose Verknüpfungen zwischen Nervenzellen, aber nur die, die regelmäßig genutzt werden, bilden sich als stabile Strukturen heraus. Fest steht mittlerweile auch, dass das Gehirn sich zeitlebens verändern und neue Verschaltungen bilden kann. Wenn unser Gehirn sich zeitlebens verändern kann, früh gelernte Erfahrungen allerdings zu festen Strukturen werden, dann stellt dies die Frage nach der richtigen Förderung in den Mittelpunkt, um möglichst früh sinnvolle Strukturen zu schaffen. Gleichzeitig führt diese Erkenntnis zu dem Schluss, dass es nie zu spät ist, auch im späteren Leben funktionale Strukturen zu schaffen.

Nach Hüther ist bei der Erschaffung der Strukturen allerdings nicht die kognitive Frühförderung von zentraler Bedeutung, sondern die Begeisterung für das, was das Leben bereithält. So schaffen nicht die Anregungen von außen, eben durch z. B. Frühförderprogramme, die funktionalen Strukturen, sondern die positiven Gefühle, die mit den Anregungen verbunden sind. Durch die entstehenden positiven Gefühle werden eine ganze Reihe von Botenstoffen im Gehirn freigesetzt, die das Lernen und die Festigung der Strukturen ermöglichen.

Ersichtlich wird dies, wenn man daran denkt, wie begeistert manche Kinder Fernsehen gucken und wie viel sie über ihre Fernsehhelden wissen, sprich, ganz nebenbei, gelernt haben. Genauso erstaunlich ist es, mit welcher Präsion und Feinmotorik manche 8-jährige Jungen Computerspiele spielen können, sprich die Maus oder einen Controller bedienen können, wohingegen die Mutter schimpft, weil sie beim Essen immer kleckern.

Wenn Begeisterung also zu neuronal nachweislich besseren Lernleistungen führt, stellt sich die spannende Frage, wofür Kinder sich begeistern und wie man sie begeistern könnte.

Auch diese Frage wurde in der Psychologie bereits geklärt. Kinder lernen besonders gut von **kompetenten Vorbildern**. Besonders entscheidend ist hierbei die Qualität der Beziehung zu diesen Vorbildern. Für die Qualität der Beziehung ist Vertrauen entscheidend. Vertrauen gelingt neben anderen Faktoren, wenn ich mein Gegenüber als berechenbar erlebe und dies führt uns wieder zur Authentizität. Für manch ein Kind mag der Superheld im Fernsehen authentischer wirken als die Lehrkraft und so lässt sich die unterschiedliche Beziehung zu beiden erklären. Wozu es führt, wenn die fiktiven Superhelden die Vorbilder unserer Kinder werden, will ich an dieser Stelle nicht näher erläutern, auch wenn dies vermehrt Fokus der Forschung ist.

Für eine positive Interaktion zwischen Kind und Vorbild ist auch die Hoffnung auf Erfolg von Bedeutung. Das Kind sollte sich erfolgreich und selbstwirksam erleben, wenn es sich mit Anstrengung, Motivation und Lust auf das Vorbild einlässt. Wird die erbrachte Anstrengung als Erfolg erlebt, belohnt das Gehirn das Kind mit Gefühlen von Zuversicht, Optimismus und Zufriedenheit. Diese Gefühle sind wiederum entscheidend dafür, dass das Kind sich der nächsten, schwereren Aufgabe zuwenden mag. Als eine positive Spirale des Glücks, Wohlbefindens und Erfolgs hat diesen Umstand schon Barbara L. Fredrickson im Jahr 1998 als Broaden-and-build-Theorie vorgestellt.[9] Positive Emotionen sind demnach der Schlüssel zu Motivation und Neugier, Lust und Interesse an Herausforderungen und erhöhen gleichsam die Wahrscheinlichkeit für Erfolg, der als Bestätigung wiederum positive Emotionen freisetzt und damit die Spirale fortsetzt.

Wichtig ist dabei, dass das Vorbild also nicht überfordert, dass es dem Kind Erfolgserlebnisse ermöglicht, und es gleichsam auch nicht langweilt, dementsprechend nicht unterfordert. Wir brauchen die richtige Dosis. Im Unterricht dürfen Sie Ihre Erfahrungen sammeln und werden, wenn Sie die genannten

Zusammenhänge beherzigen, passende Herausforderungen für sich und die Schüler entwickeln. Um zu begeistern, brauchen Sie laut Hüther zusammengefasst drei Eigenschaften: Sie sollten **die Schüler** zu neuen Erfahrungen, zu verkraftbaren Herausforderungen und Interesse am Stoff **einladen**, und einladen können Sie nur Menschen, die Sie mögen. Sie müssten also versuchen, Dinge an ihren Schülern, auch den schwierigen, zu finden, die Sie mögen. Sie sollten die Schüler **ermutigen**, und das gelingt nur, wenn Sie selbst den nötigen Mut haben, sich den Herausforderungen zu stellen. Und Sie sollten die Schüler **inspirieren**. Authentisch inspirieren können Sie die Schüler aber vermutlich nur, wenn Sie selbst von sich, von Ihrem Leben und Ihren Unterrichtsthemen inspiriert sind. Hierzu ist es wichtig, die eigenen Ziele, Stärken und Potenziale zu kennen und den Schülern Wege zu ihren Ressourcen und Potenzialen aufzuzeigen. Wenn Ihnen dies gelingt und die Schüler durch Sie als Vorbild entdecken, was alles in ihnen liegt, dann prägt dies nicht nur die oben erwähnte vertrauensvolle Bindung, sondern auch Strukturen, auf die Ihre Schüler ihr Leben lang werden zurückgreifen können. Und das ist vielleicht genau das, was einmal Ihre Vision war, als Sie in den Beruf gestartet sind.

Einige hilfreiche Ideen für die aktive Selbstfürsorge im Unterricht (Sie haben sicherlich bereits eigene, vielleicht sogar viel besser geeignete Ideen) dürfen an dieser Stelle nicht fehlen. Selbstfürsorglich kann es sein, eine gute Beziehung zu den Schülern aufzubauen. Dazu eignen sich verschiedene Rituale und Übungen, die den Schülern Vertrauen und Zutrauen in die eigene Person vermitteln.

Positive Gefühle im Unterricht
- ➔ Übung 1: Die Schüler setzen sich im Stuhlkreis zusammen und erzählen ihre Geschichten zu einem bestimmten positiven Gefühl. So könnte das Gefühl „Zufriedenheit" lauten und die Schüler dürfen berichten, wann sie so richtig zufrieden waren. Einige Kommunikationsregeln für die Zuhörer, die durch Respekt und Wertschätzung geprägt sind, dürfen nicht fehlen.
- ➔ Übung 2: Jeder Schüler erzählt in der Begrüßungsrunde eine Sache, über die er sich am Vortag (oder am Morgen, je nach Variante) gefreut hat. Natürlich wären auch mehrere Punkte schön, wenn Sie dazu Zeit haben. Und natürlich berichten auch Sie selbst von einer schönen Sache.
- ➔ Variation zu Übung 2: Die Schüler berichten eine Freude und sagen zugleich, was ihr persönlicher Anteil daran war. Wenn ein Schüler sich über die Sonne auf dem Weg zur Schule gefreut hat, mag man denken, es gäbe keinen persönlichen Anteil daran, aber er hat die Sonne wahrgenommen und damit seine Freude zugelassen. Das ist in diesem Falle sein Anteil. Sie werden feststellen, wie viel Sie durch diese Übung von Ihren Schülern lernen können!

→ **Übung 3:** Jeder Schüler bekommt ein Blatt auf den Rücken geklebt und die anderen Schüler dürfen auf dieses Blatt schreiben, was sie an diesem Schüler besonders schätzen. Natürlich bedarf auch diese Übung einer Einführung und es muss darauf geachtet werden, dass wertschätzende Dinge aufgeschrieben werden und in keinem Fall Verletzungen passieren. Auch hier machen Sie natürlich mit!

Selbstfürsorge im Unterricht ist die bewusste Aufmerksamkeit auf die eigene Person. Auch hierzu bieten sich verschiedene kleine Übungen an. Die Voraussetzung für diese Übungen ist es, dass Sie geeignete Unterrichtssituationen schaffen oder spontane Momente bewusst nutzen.

Selbstfürsorgliche Momente im Unterricht

→ **Übung 1:** Tief atmen. Setzen Sie sich in einer Stillarbeitsphase oder wann immer Sie es können, für 2–3 Minuten aufrecht auf Ihren Stuhl. Atmen Sie bewusst in den Bauch und versuchen Sie, an nichts anderes zu denken. Lenken Sie Ihre Aufmerksamkeit bewusst auf Ihren Atem.

→ **Variation zu Übung 1:** Lassen Sie los. Setzen Sie sich auf Ihren Stuhl und spannen Sie bewusst für einige Sekunden eine Muskelpartie, z. B. die Waden, den Beckenboden, den Bauch oder die Schultern, an. Lassen Sie dann ganz bewusst los und spüren Sie der Entspannung nach. Wiederholen Sie die Übung mehrere Male hintereinander.

→ **Übung 2:** Gönnen Sie sich in einer passenden Unterrichtsphase einen Blick aus dem Fenster. Konzentrieren Sie sich ganz und gar auf das, was Sie draußen sehen. Vielleicht entspannen Sie auch besonders gut, wenn Sie für einen Moment an Ihre letzte schöne Urlaubsfahrt denken. Dazu ist ein Foto im Terminkalender hilfreich.

→ **Übung 3:** Trinken Sie. Kontrollieren Sie Ihre Flüssigkeitszufuhr am Vormittag. Zu wenig Flüssigkeitszufuhr macht müde und unkonzentriert und die Pausen sind oft von zu viel Hektik geprägt, als dass Sie genügend trinken würden. Dies gilt im Übrigen auch für Ihre Schüler!

→ **Übung 4:** Bewegen Sie sich ausgleichend. Lassen Sie einmal bewusst die Schultern fallen, achten Sie auf verspannte Körperareale und führen Sie einige Ausgleichsbewegungen durch. Auch dies ist für ihre Schüler wichtig. Vielleicht nehmen Sie sich zusammen ein paar Minuten Zeit, wenn Sie merken, dass auf beiden Seiten die Konzentration nachlässt. Hierzu eignet sich auch hervorragend die Hundewelpen-Übung, die oben in Kapitel 3, im Abschnitt „Bewegung und Sport" (S. 65 ff.) bereits geschildert wurde. Sie führt zu einer Lockerung des gesamten Körpers und hat selbst bei den Gymnasialführungskräften aus unseren Kursen zu einiger Erheiterung geführt. Und wenn diese sich erheitern können und „artig" mitmachen – wie wird das erst in Ihrer Klasse funktionieren? Sie erkennen mein Augenzwinkern, welches nicht die Motivation der Gymnasialführungskräfte infrage stellen, sondern meine Angst verdeutlichen soll, die ich davor hatte, diese „alberne" Übung mit ihnen auszuprobieren. Aber es hat geklappt – versuchen Sie es auch!

■ Organisation der Unterrichtsstunde

Selbstfürsorglich und möglicherweise gleichzeitig entlastend für die Schüler sind Sie auch, wenn Sie Ihren Unterricht entsprechend planen. Dazu ein Bericht einer Lehrerin:

> „Ich war eine äußerst engagierte Lehrerin und immer am Limit. So konnte es nicht mehr weitergehen. Ich habe mir in meiner Rolle als Lehrkraft das Ziel gesetzt, eine ‚ausgeglichene, entspannte Lehrerin' zu sein. Dann habe ich angefangen, mir bewusst Ruhepausen im Unterricht zu nehmen. Ich habe Stillarbeitsphasen geplant und in diesen bin ich nicht mehr, wie früher, von Schüler zu Schüler gelaufen, um zu gucken, ob es noch Fragen gibt. Manchmal hatte ich schon früher das Gefühl, dass die Schüler gar nicht richtig zur ruhigen Arbeit kommen, wenn ich ständig zwischen ihnen herumtigere, aber einfach 10 Minuten auf meinem Stuhl zu sitzen, erschien mir zu bequem. Ich werde ja schließlich für den Unterricht bezahlt. Es hat einigen Mut gebraucht, bis ich mich dazu entschließen konnte, doch jetzt gibt es die Regel, dass alle Fragen vor der Stillarbeitsphase geklärt werden können und danach Ruhe herrscht. Wenn jemand gar nicht weiterweiß, darf er zu mir nach vorn kommen. Das klappt ganz hervorragend. Die Schüler erscheinen mir viel konzentrierter und ich nutze genau diese Phasen, um wirklich Pause zu machen. Manchmal mache ich sogar meine Einkaufsliste oder plane meine Freizeit, wenn die Schüler gut bei der Arbeit sind. Das ist besonders schön, weil es für mich richtig kleine Auszeiten am Vormittag sind."

Ebenso können Sie im Unterricht Dinge delegieren und die Schüler daran gewöhnen, sich selbst mehr einzubringen. Dies fördert nicht nur den Ideenreichtum der Schüler, sondern auch ihre Selbstwirksamkeit. Sie müssen nicht in jedem Moment der Motivator und Antreiber sein.

 Kapitel 5 – **Selbstfürsorgliche Arbeitsorganisation**

Zum Abschluss des Kapitels möchte ich Sie noch einmal zu einer Übung einladen:

 Selbstfürsorge im Unterricht

Zeit: begleitend im Unterricht
Ort: überall
Benötigte Hilfsmittel: Stift

Begleiten Sie sich einmal eine ganze Unterrichtsstunde und untersuchen Sie Ihre Gefühle. Fragen Sie sich dazu immer wieder, wie es Ihnen eigentlich gerade geht.

So funktioniert die Übung
Sie können die folgende Tabelle kopieren und vor sich auf den Tisch legen. Wenn Sie sie in ein Arbeitsbuch oder ins Klassenbuch legen, wird keinem auffallen, was Sie dort aufzeichnen. Notieren Sie alle 5 Minuten Ihre Gefühle. Tragen Sie dazu ein: 0 = gar nicht vorhanden, 5 = mittelmäßig vorhanden, 10 = maximal vorhanden
Bewerten Sie zunächst nicht, sondern beobachten Sie nur.

	5. Minute	10. Minute	15. Minute	20. Minute	25. Minute	30. Minute	35. Minute	40. Minute	45. Minute
Hilflosigkeit									
Trauer									
Wut									
Angst									
Wohlbefinden									
Freude									
Neugier									
Interesse									

Wenn Sie im Unterrichtsgeschehen vergessen haben, die Tabelle vollständig auszufüllen, zeigt dies Ihnen, dass Sie nicht bei sich waren. Selbst uns als Trainern passiert das immer wieder. Versuchen Sie es dann in der nächsten Stunde gleich noch einmal. Vielleicht ist es für den Anfang auch hilfreich, sich zunächst nur im Hinblick auf ein Gefühl zu begleiten und zu prüfen, wie sich dieses eine Gefühl im Verlauf der Unterrichtsstunde verändert. Vielleicht reicht es auch, sich nur etwa alle 10 Minuten zu beobachten.

➔

> **Erläuterung**
> Diese einfache Übung, die Sie in abgewandelter Form bereits kennen, ist ganz fantastisch dazu geeignet, die Aufmerksamkeit auch im Unterrichtsgeschehen auf die eigene Person, die eigenen Gefühle und Bedürfnisse zu richten. Sie werden sehen, wie viel Übung es bedarf, sich so gut und selbstfürsorglich zu begleiten.

Weiterführende Hinweise zur Abgrenzung als Strategie der Selbstfürsorge (auch dies kann im Unterricht nötig werden) erhalten Sie im Abschnitt „Grenzen setzen – die distanzierte Anteilnahme als Mechanismus der Selbstfürsorge" in Kapitel 7 (S. 167ff.).

Fazit: Versuchen Sie im Unterricht, den Auftrag, also die Stoffvermittlung, Ihrem Gegenüber, also den Schülern genau dieser Klasse, anzupassen und schenken Sie sich gleichzeitig selbst die nötige Aufmerksamkeit, die Sie brauchen, um Ihre Gefühle und Bedürfnisse im direkten Kontakt wahr- und ernst zu nehmen. Achten Sie in der Interaktion auf das, was sich in den Schülern tut, genauso wie auf das, was sich in Ihnen tut. Begleiten Sie sich selbst in den Unterricht und fragen Sie sich hin und wieder: „Wie geht es mir eigentlich gerade in diesem Moment?" Fragen Sie dies doch auch mal Ihre Schüler! Passen Sie Ihre Gefühle durch entsprechendes Verhalten den Zielen in Ihrer Rolle als Lehrkraft an. Das braucht viel Zeit und einige Übung, aber das Ziel vor Augen und die Resultate der Übung „Selbstfürsorge im Unterricht" auf dem Papier, sind die wesentliche Grundvoraussetzung für Ihre Ideen zur eigenen Verhaltensänderung. Probieren Sie sich aus.

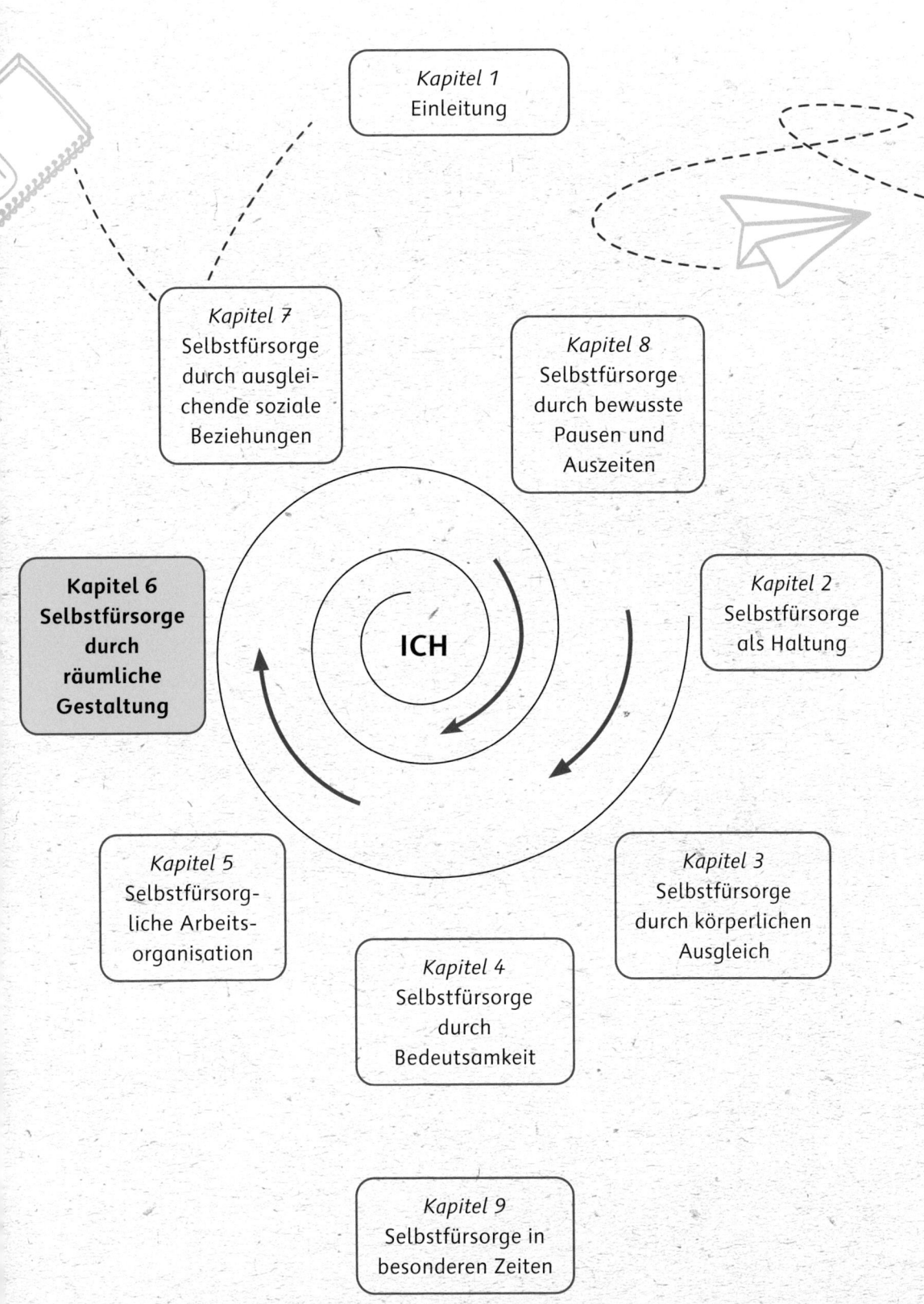

Selbstfürsorge zeigt sich nicht nur in Ihrer Haltung, Ihren Gewohnheiten und in der Organisation Ihrer Aufgaben, sondern auch in der Gestaltung Ihrer Arbeits- und Lebensumwelt.

In der Forschung zur **Work-Life-Balance**, einem wichtigen Aspekt der Lehrergesundheit, wird vielfach der Schwerpunkt auf intrapersonale Veränderungen gelegt. Es wird also untersucht, was die betreffende Person an persönlichen Eigenschaften verändern kann, um z. B. eine bessere emotionale Trennung der Bereiche „Arbeit" und „Privatleben" zu bewirken. Auch wenn dies wichtig und richtig ist, so müssen im Rahmen der Selbstfürsorge jedoch auch äußere Strukturen beleuchtet werden. Zu den äußeren Faktoren der Selbstfürsorge gehören z. B. die Anzahl der Überstunden und Mehrarbeiten (bspw. durch Klassenprojekte oder die Vertretung erkrankter Kollegen), die Sicherheit bei der Arbeit, die Belastungen und Risikofaktoren durch die Beschaffenheit der Arbeitstätigkeiten (vor allem im Umgang mit schwierigen Schülern und deren Eltern), eventuelle Konflikte im Kollegium und all die weiteren emotionalen Herausforderungen, die der Lehrerberuf mit sich bringt, und schließlich auch die Beschaffenheit des Arbeitsplatzes. Um diesen Arbeitsplatz, Ihren Arbeitsplatz an der Schule und im privaten Umfeld, soll es im Folgenden gehen.

Ziel des Kapitels ist die bewusste Auseinandersetzung mit den Möglichkeiten und den Unmöglichkeiten der räumlichen Bedingungen, denen Sie als Lehrkraft unterliegen. Dabei erfahren Sie, mit welchen Mitteln und Methoden Sie einen selbstfürsorglichen Arbeitsplatz erschaffen können.

Gestaltung der Lehrersozialräume

Ich will Sie an dieser Stelle einladen, in der Schule die Beschaffenheit Ihres Arbeitsplatzes, des Platzes, an dem Sie viel Zeit verbringen, in Hinblick auf Ihre Selbstfürsorge zu überprüfen. Gehen Sie einmal mit Ruhe und Zeit durch das Lehrerzimmer, gedanklich oder real, und stellen Sie sich dabei die folgenden Fragen:
→ Wie fühlen Sie sich in dieser Umgebung?
→ Ist die Schule mit ihren Sozialräumen, insbesondere dem Lehrerzimmer, ein Platz, an den Sie gern kommen?
→ Lädt das Lehrerzimmer zum entspannten Austausch mit den Kollegen ein?

→ Haben Sie Möglichkeiten, am Schulvormittag zur Ruhe zu kommen?
→ Haben Sie Rückzugsmöglichkeiten?
→ Gibt es, wie an vielen Schulen mittlerweile üblich, Ruheräume für Lehrkräfte? Werden diese genutzt? Von Ihnen?
→ Gibt es sonstige Räume, in denen Sie Energie auftanken können?
→ Welche Umstände könnten Sie in einer motivierten Kleingruppe ändern?
→ Wo gibt es Unterstützung?

Wir haben mit vielen Schulen auch in Hinblick auf die selbstfürsorgliche Gestaltung der Arbeitsräume gearbeitet und es wurde dabei deutlich, dass Lehrkräfte sich sowohl Plätze des Austausches als auch Plätze zum ungestörten Arbeiten sowie Plätze der Ruhe wünschen. Alles in einem Zimmer, dem Lehrerzimmer, zu vereinen, scheint dabei schier unmöglich. In Untersuchungen zum Geräuschpegel an Schulen wurde belegt, dass das **Lehrerzimmer** üblicherweise **der lauteste Ort** im Schulgebäude ist. So verwundert es nicht, dass viele Lehrkräfte bei Befragungen angeben, dass dieser Ort kein Ort der Erholung sei und ebenso wenig ungestörtes Arbeiten zulasse. Hinzu kommt die Enge in vielen Lehrerzimmern und der sehr begrenzte Platz, der jeder Lehrkraft per Gesetz zugewiesen ist. Dem gegenüber zeigte sich in unseren Befragungen, dass die Schulen häufig sehr fürsorglich und kreativ mit ihren Schülern umgehen und deren Bedürfnisse kennen, denn zu unserer positiven Überraschung verfügten viele Schulen über Ruheräume oder Ruhezonen für die Schüler. Es fehlte jedoch an ähnlichen Rückzugs- und Arbeitsräumen für die Lehrkräfte selbst. Ebenso fehlte es an vielen Schulen an ausreichend ergonomisch ausgestatteten (Bildschirm-)Arbeitsplätzen und an genügend Platz für persönliches Arbeitsmaterial sowie an ausreichender Beleuchtung und Belüftung der Räume. Vielmehr berichteten uns Lehrkräfte, wie wenig Platz ihnen im Lehrerzimmer zu Verfügung stünde und wie wenig Ablageflächen es gäbe. Wenn es Ihnen in Ihrer Schule ähnlich geht, dann wäre es sehr selbstfürsorglich, diese Umstände zu ändern. Dazu brauchen Sie jedoch motivierte Unterstützer, auch in der Leitungsebene. Das bedeutet, dass Sie die Wichtigkeit der äußeren Umstände aufzeigen. Die Wichtigkeit steigt allein mit der Tatsache, dass vermehrt Teilzeit gearbeitet wird und damit mehr Lehrkräfte pro Klasse nötig werden und im Lehrerzimmer ihren Platz beanspruchen. Auch steigt die Zahl der Nachmittagsangebote, welche Leerlaufzeiten am Vormittag mit sich bringen, die für Vor- und Nachbereitungen genutzt werden könnten, wenn die Räumlichkeiten dies zulassen würden. Die Anpassung der Räumlichkeiten an die geänderte Arbeitswelt der Lehrkräfte ist dabei ein wichtiger Aspekt der Lehrergesundheit und wird in vielen Bundesländern gefördert, z. B. durch finanzielle Mittel, die für die Veränderungen zur Verfügung gestellt werden, oder durch ausgebildete Trainer und Berater, die in den Schulen vor Ort mit den Lehrkräften die Situation beurteilen, Workshops und Diskussionen leiten und Änderungen begleiten. Auch bieten andere „Sponsoren", wie Krankenkassen, finanzielle Mittel, wenn sich eine Schule **auf den Weg zur gesunden Schule** machen will. Häufig sind Veränderungen recht schnell und mit geringem finanziellen Aufwand zu erreichen, wenn nur genügend Personen an einem Strang ziehen.

So bekamen wir folgende Rückmeldung aus einem Gymnasium, in welchem die beschriebenen Umstände zu großer Unzufriedenheit führten, als sie im Training erst einmal bewusst wurden: „In Ihrem Workshop war das Wichtigste, dass wir uns austauschen konnten und feststellen mussten, dass wir alle unter unserer räumlichen Situation leiden. Noch energiegeladen vom Fortbildungstag, fand sich eine Kleingruppe von sechs Kollegen zusammen, zu der auch ich gehörte. Wir beratschlagten und gingen noch einmal in Ruhe durchs Lehrerzimmer. Schnell wurde uns klar, was wir tun mussten: entmüllen. Das haben wir getan, und zwar alle zusammen, innerhalb einer Woche. Wir haben viel Platz geschaffen. Dabei entstand im Kollegium eine richtige Aufbruchsstimmung. Dann haben wir uns am Nachmittag getroffen und gestrichen. Wir hätten Maler beauftragen können, aber wir wollten es selbst tun. Das war ein bisschen wie zu Studentenzeiten. Nach der Hälfte der Zeit kam der Projektkurs eines Kollegen dazu und einige der Oberstufenschüler entschieden sich, spontan zu helfen. Wir wuschen die Gardinen und Kollegen brachten Pflanzen mit, die bei Ihnen zu viel Platz einnahmen. Wir stellten Tische und Stühle um und beratschlagten, wie wir am besten sitzen könnten. Bisher saßen wir irgendwie, nun sitzen wir in Fachgruppen zusammen. Wir führten in der Folgezeit Pausenregeln ein. An unserer Schule gibt es am Vormittag zwei große Pausen und die zweite Pause ist jetzt schülerfrei. Die Schüler wissen also, dass sie ihre Anliegen in der ersten Pause am Lehrerzimmer klären können, und das klappt gut. Für uns ist es dadurch viel ruhiger geworden. Vorher musste ständig jemand aufstehen und zur Tür gehen, dann jemanden anderes heranrufen oder suchen, nur um Kleinigkeiten mit den Schülern zu besprechen. Unsere Schüler wissen aber auch, dass sie in Notfällen jederzeit die LehrerInnen ansprechen können, die auf dem Pausenhof sind. Dort ist jetzt ein Kollege mehr anwesend und auch das ist entlastend für alle.

Wir haben dann sogar einen Ruheraum eingerichtet. Dazu haben wir einen Raum auf dem Dachboden umgestaltet. Ob das im Winter so bleiben kann, bleibt noch abzuwarten. Der Weg ist zwar etwas lang, aber dafür ist hier oben eine Oase der Ruhe entstanden. Kollegen spendeten ihre alten Möbel und nun haben wir dort drei Sofas und vier Liegen. In einer Abstimmung haben wir uns geeinigt, einen elektronischen Massagesessel anzuschaffen, der gerne genutzt wird. Wir haben helle Bilder aufgehängt und bringen im Wechsel frische Blumen mit. Unser Schulleiter war so begeistert von unserem Einsatz, dass er für dort oben eine Station mit Tee und Wasser einrichtete. Wir haben jetzt einen Ruheraum fast wie in einem Wellnesscenter. Es gibt nur zwei Regeln, die wir von Ihnen übernommen haben: Niemand spricht dort oben und niemand holt

> jemanden aus dem Raum raus. Ich hätte nicht gedacht, wie das Engagement uns als Kollegium verbindet und wie erholsam der Raum auf uns wirkt. Manche nutzen ihn in den großen Pausen und viele in den Freistunden. Für uns hat es sich allemal gelohnt. Für Ihren Einsatz, Ihre humorvollen Einwände gegen unsere Passivität und Ihren fachkundigen, professionellen Blick will ich mich im Namen aller Lehrkräfte ganz herzlich bedanken. Wir freuen uns auf das nächste Mal."

Auffallend ist für uns als externe Berater, dass einige Schulen augenscheinlich keine Probleme damit haben, ihre Sozialräume liebevoll und selbstfürsorglich zu gestalten. Immer wieder arbeiten wir an Schulen, in denen Mineralwasser und ein Tee- und Kaffeeangebot in einer Lehrerküche gleich neben einem Obstkorb stehen. Dieses Obst wird regelmäßig von wechselnden Kollegen zerteilt und auf Tellern angerichtet und im Lehrerzimmer neben Nüssen und Trockenfrüchten bereitgestellt. Manches Mal finden sich auch Gemüsestreifen mit Dipp oder sogar Brühen und Suppen für die großen Pausen. Die Lehrerzimmer solcher Schulen sind i.d.R. hell und freundlich gestaltet und man erkennt, dass jede Lehrkraft zum Erhalt dieser Selbstfürsorglichkeit beiträgt. Es stehen Blumen am Empfang und auf den Tischen, es ist sauber, luftig und aufgeräumt. In anderen Lehrerzimmer wiederum sieht es aus, als wäre 30 Jahre lang niemand dort gewesen. Alte, abgenutzte Möbel sind in viel zu engen Räumen lieblos aufgestellt, es ist muffig und überall stapeln sich Zeitschriften, Arbeitsmaterialien und manches Mal noch verstaubte, ausgestopfte Tiere aus der Biologie oder sonstiges Arbeitsmaterial, was scheinbar irgendwann „vergessen" wurde. Oft hat die Gestaltung der Arbeitsräume einen engen Bezug zum Gelingen der **Führung** und so ist es auch zumindest in Teilen Aufgabe der Schulleitung, für geeignete und gesundheitsförderliche Räume zu sorgen. Schulleitungsteams leisten hiermit einen wichtigen Beitrag zur Lehrergesundheit, sowohl direkt, wenn sie die Räume (mit-)gestalten, als auch indirekt, indem sie die soziale Unterstützung fördern und ihre Rolle dahin gehend ernst nehmen.

Wagen Sie den Blick zu Ihren Visionen – was müsste passieren, damit der Schulort für Sie ein selbstfürsorglicher Ort werden kann? Warten Sie nicht auf die Initiative der Schulleitung, sondern werden Sie selbst aktiv und beziehen Sie die Leitung dann in Ihr Handeln mit ein!

Wichtig ist, dass nicht nur der Anstoß zu Veränderungen erfolgt, sondern diese Veränderungen auch im Prozess begleitet und überprüft werden. Auffällig ist z.B., dass **der Ruheraum** an manchen Schulen stark und an anderen kaum genutzt wird. Dies mag zum einen an der Erreichbarkeit und Ausstattung des Raumes liegen, zum anderen und vor allen Dingen aber an der

Akzeptanz der Räumlichkeiten durch die Kollegen und die Führung. Der Schulleitung kommt hier eine Vorbildrolle zu. Wenn sie den Raum nicht nutzt, häufig weil ein eigenes Büro vorhanden ist und damit keine persönliche Notwendigkeit gesehen wird, und vielleicht sogar die Nutzung infrage stellt (und sei es in humorvollen oder indirekten Bemerkungen), werden Kollegen nicht als „faul" oder „belastet" dastehen wollen und den Raum ebenfalls meiden. Wichtig ist es dann, nicht den Raum oder die Intention infrage zu stellen, sondern zu prüfen, welche Hemmnisse vorliegen.

> Ein persönliches Erlebnis will ich Ihnen berichten, damit Sie verstehen können, welche Schwierigkeiten auch aufseiten des Beraters auf dem Weg zur gesundheitsförderlichen Schule entstehen können. Ich habe im Jahr 2012 mit einer Schule im mittleren Schleswig-Holstein zur Lehrergesundheit gearbeitet und in der Folgezeit entstand dann ein Ruheraum. Als ich im Jahr später wieder an die Schule kam, präsentierten mir die an dieser Schule sehr engagierten Lehrerinnen stolz den Raum. Er war wirklich schön und lud zum Ausruhen ein. Es standen frische Blumen, Getränke, Liegen bereit. Ich war sichtlich stolz auf die Kolleginnen und ein bisschen auch auf mich, hätten sie doch ohne mich diesen Raum vermutlich nicht umgesetzt. Während ich also wertschätzte und mich freute, erwiderten die Kolleginnen meine Wertschätzung und betonten noch einmal, wie schön auch die Kollegen und die Eltern den Raum fänden. Moment! Die Eltern? Ich fragte nach und erhielt die Antwort, dass der Raum so vorbildlich geworden sei, dass man sich entschlossen hätte, hier Elterngespräche zu führen. Mir fehlten die Worte. Nach einigem Schweigen fragte ich, ob die Lehrkräfte denn tiefe Entspannung in dem Raum fänden, und bekam die ernüchternde Antwort, dass es den meisten schon schwerfalle, richtig „abzuschalten". Verständlicherweise. Wir koppeln unsere Umgebung mit den Reizen, die wir dort erlebt haben. Der Stuhl Ihres Zahnarztes ist unglaublich bequem und lässt sich in die besten Liegepositionen fahren, dennoch hätten die meisten von uns erhebliche Schwierigkeiten, in diesem Stuhl, der für viele mit Schmerz und Hilflosigkeit assoziiert ist, tief zu entspannen. Es bedarf also ebenso Räumen, die für Elterngespräche zu Verfügung stehen, und es muss eine strikte Trennung zwischen Ruhe- und Arbeitsraum herrschen. Mir wurde an diesem Tag bewusst, wie viel genauer ich noch werden muss und wie wichtig ein Verständnis für den tieferen Sinn der vorgeschlagenen Interventionen ist.

Im Grunde brauchen Sie **mindestens fünf Räume**, die für unterschiedliche Zielsetzungen zur Verfügung stehen: ein Lehrerzimmer als Raum des sozialen Austausches, einen Arbeitsraum, der ungestörtes Arbeiten zulässt, einen Ruheraum zur Regeneration, einen Kopier- und Materialienraum und ein Gesprächszimmer für schwierige Gespräche mit Schülern und vor allem Eltern. Sie finden in der folgenden Checkliste Aspekte, die Sie bei der räumlichen Umgestaltung beachten sollten.

Selbstfürsorgliche Gestaltung der Lehrersozialräume – Teil 1

Grundregeln für die Einrichtung eines Ruheraums als Oase der Entspannung

→ *Zielsetzung: Regeneration und Erholung*

- ✓ Der Raum ist so gestaltet, dass er zur Entspannung einlädt.
- ✓ Der Raum wird nur (!) zur Entspannung genutzt.
- ✓ In dem Raum wird nicht gesprochen, gegessen oder anderer Lärm gemacht.
- ✓ Keiner wird aus dem Raum herausgeholt (es sei denn, ein Notfall läge vor).
- ✓ Die Führungsebene nutzt den Raum genauso wie die Kollegen.
- ✓ Der Raum ist für alle Kollegen gut erreichbar.
- ✓ Die Nutzung des Raumes wird zu jeder Zeit positiv kommuniziert.

Vorschläge zur selbstfürsorglichen Gestaltung des Lehrerzimmers

→ *Zielsetzung: Austausch und Pausenraum*

- ✓ Eine Tischanordnung in Kleingruppen mit freier Sitzwahl bietet Raum für selbstbestimmten Austausch.
- ✓ Das Entfernen von Überflüssigem (Bücher, Zeitschriften, allgemeine Hinweise auf Pinnwänden finden Platz in der Garderobe, im Arbeits- oder im Kopierraum) schafft Platz und lässt durchatmen.
- ✓ Eine gemeinsame Verschönerungsaktion des Kollegiums (Farbe, Beleuchtung, Geruch, Möblierung, Musik, Pflanzen, Bilder, Kunstgegenstände, Fotos) macht Spaß und fordert den Teamgeist.
- ✓ Ein Schrank oder etwas Vergleichbares bietet Sichtschutz vor der Eingangstür.
- ✓ Eine separate Garderobe mit Abstellflächen für Taschen lässt Freiraum zu.
- ✓ Ein Obstkorb und eine Getränkebar schaffen eine Oase der Erfrischung. Hier sollten die Lehrer im Wechsel Dinge aus dem eigenen Garten oder gekauftes Obst mitbringen. Ebenso können verschiedene Getränke im Wechsel mitgebracht werden. So entsteht ein reichhaltiges und spannendes Angebot. Wasser könnte zentral über die Schule zur Verfügung gestellt werden.

Vorschläge zur selbstfürsorglichen Gestaltung eines Lehrerarbeitsbereichs

→ *Zielsetzung: ungestörter Arbeitsbereich*

- ✓ Schaffung ausreichender Bildschirmarbeitsplätze, die im Wechsel zur Recherche sowie Vor- und Nachbereitung des Unterrichts genutzt werden können
- ✓ Schaffung von hellen, belüfteten und ergonomischen Lehrerarbeitsplätzen

> ✓ Telefon für ungestörte Elterngespräche
> ✓ Pinnwände und weitere Möglichkeiten des Informationsaustausches, z. B. Intranet
> ✓ Frei zugängliche Materialsammlung, Bibliothek
>
> Der vierte Raum wäre dann ein _Kopierraum_, der auch ausreichend Flächen zum Sortieren, Heften, Lochen usw. bereithält.

Neben den vier bereits näher beleuchteten Räumen – dem Ruheraum, dem Lehrerzimmer zum sozialen Austausch, dem Arbeitsraum und dem Kopierraum – ist es sicherlich förderlich für die Lehrergesundheit, wenn zusätzlich ein **spezieller Raum für Elterngespräche** geschaffen würde. Psychotherapeuten machen sich i. d. R. viele Gedanken bezüglich ihrer **Gesprächsräume**, da sie mit emotional belastenden Ereignissen konfrontiert werden und sich damit auch räumlich vor einer Überflutung mit Emotionen des Gegenübers schützen müssen. So sind die Plätze, die den Klienten zugewiesen werden, i. d. R. definiert. Auch finden Sie meist eine Uhr, die der Therapeut im Blick hat. Bei manchen Beratern gibt es zwei Uhren, sodass beide, Berater und Klient, jederzeit und unbemerkt zur Uhr gucken können. Weiterhin stehen die Möbel in einem persönlich stimmigen Verhältnis zueinander. Manche Therapeuten bevorzugen zwei bequeme Stühle ohne einen Tisch dazwischen, andere brauchen den Tisch als weitere räumliche Abgrenzung der Bereiche. Gerade für belastende Gespräche empfiehlt es sich, klare räumliche Vorgaben zu machen.

> **Selbstfürsorgliche Gestaltung der Lehrersozialräume – Teil 2**
>
> _Vorschläge zur selbstfürsorglichen Gestaltung eines (Eltern-)Gesprächsraums_
> → _Zielsetzung: selbstfürsorgliche Räumlichkeiten, auch für schwierige Gespräche_
> ✓ Der Raum verfügt über eine klare Sitzverteilung für Eltern(paare) und Lehrkraft.
> ✓ Die Stühle stehen in einiger Distanz zueinander oder sind durch einen Tisch voneinander getrennt.
> ✓ Uhren erlauben den unbemerkten Blick auf die bereits investierte Zeit.
> ✓ Der Raum ist hell, ruhig, freundlich gestaltet und klar strukturiert.
> ✓ Getränke stehen bereit.
> ✓ Benötigte Materialien finden auf der „Lehrerseite" genügend Platz, z. B. in einem Regal hinter dem Stuhl.

Wichtig in Bezug auf die räumlichen Veränderungen ist immer, dass die **Führungsebene** das Projekt über die gesamte Zeitspanne wertschätzt und unterstützt (im günstigsten Fall materiell und/oder finanziell).

Natürlich gibt es viele andere Aspekte am Schulort, die Sie in Hinblick auf Ihre Selbstfürsorge ebenfalls an dieser Stelle betrachten und diskutieren könnten, z. B. die Zusammenarbeit im Kollegium, die wahrgenommene Unterstützung durch Kollegen und Leitung, die Art der Kommunikation oder die Verfügbarkeit von Materialien. Zu einigen Aspekten finden Sie in den Folgekapiteln jeweils Anmerkungen. Auf die sozialen Beziehungen im System Schule wird in Kapitel 7 eingegangen.

Fazit: Sie fördern die Lehrergesundheit am Schulort, wenn Sie räumliche Veränderungen vornehmen. Dazu zählen die selbstfürsorgliche Gestaltung oder Schaffung des Lehrerzimmers als Ort der sozialen Interaktionen, eines Ruheraums, eines Arbeitsraumes, eines Kopierraums und eines Elterngesprächsraums. Alle Räume sollten entsprechend den zugrundeliegenden Bedürfnissen individuell gestaltet und eingerichtet sein.

Der selbstfürsorgliche Klassenraum

Auch der eigene Klassenraum kann verändert werden. Meistens verändern Lehrkräfte diesen zugunsten oder entsprechend den Wünschen der Schüler. Auch wenn dies prinzipiell begrüßenswert ist, zeigt sich in manchen Klassenzimmern, dass Lehrkräfte nur das Gegenüber und den Auftrag, weniger aber sich selbst im Blick haben (vgl. Kapitel 5, Abschnitt „In der Praxis: Selbstfürsorge im direkten Kontakt – das Unterrichten", S. 106 ff.).
Dekorieren Sie Ihren Tisch. Pflanzen geben Ihnen ein wohnliches Gefühl. Spannend kann es für Sie wie für die Schüler sein, Pflanzen beim Wachsen zuzusehen. Jeden Tag passiert eine Veränderung. Suchen Sie sich geeignete Pflanzenkeime aus, die auch von Ihren Schülern gepflegt werden können. Pflanzen wie Lavendel wirken durch ihren Duft beruhigend, Sonnenblumen machen gute Laune. Machen Sie es sich zur Gewohnheit, Ihren Arbeitstisch entsprechend den Jahreszeiten zu gestalten. Im Frühjahr holen Frühblüher und Moos den Frühling ins Klassenzimmer. Im Sommer kann eine Strandkulisse alle erheitern. Im Herbst sorgen Kastanien und Beeren für gemütliche

Stimmung. Einige Kastanien in der Hand hin und her bewegt, schaffen eine Entlastung und Massage der Muskulatur. Im Winter eignen sich als Dekoration nicht nur die seit Generationen bewährten Weihnachtssterne, sondern auch frische Tannenzweige, Lichterketten, Zimtsterne oder Anis. Vielleicht kann auch eine Duftlampe die Gemütlichkeit verstärken. Wie wäre es überdies mit einigen persönlichen Fotos von Ihren Liebsten, Ihrem Haustier oder Ihrem Garten, die Ihnen für einen Moment das Gefühl geben, in einer liebevollen Umgebung geborgen zu sein? Genauso könnte ein Kalender, in dem Sie durch Symbole persönliche schöne Vorhaben (wie die nächsten Miniferien oder den Besuch einer lieben Freundin) kennzeichnen, Ihnen Entlastung verschaffen und von den Schülern nicht als dies erkannt werden.

Und natürlich sollten Sie auch Ihren Klassenraum entmüllen. Gemeinsam mit Ihren Schülern kann daraus eine schöne Aktion werden. Zusammen mit den Eltern finden Sie vielleicht sogar Möglichkeiten, eine **Ruhezone im Klassenraum** einzurichten, in die die Schüler – und in Stillarbeiten auch Sie! – sich zurückziehen können.

Störenfriede im Unterrichtsraum brauchen vielleicht dort einmal eine Auszeit und eine Möglichkeit, ihren Gefühlen Ausdruck zu geben. Halten Sie DIN-A3-Blätter und Wachsmaler bereit. Wer negative Gefühle hat, den setzen Sie dort an einen ruhigen Tisch, der ebenfalls liebevoll dekoriert ist, und lassen einen großen Kreis auf das Blatt malen. Immer wieder soll nun die Kreislinie gemalt werden. Vielleicht mit unterschiedlichen Farben. Größere Schüler können dann ihre Gedanken und Gefühle auch in die Mitte des Kreises schreiben. Das monotone Kreismalen beruhigt und erlaubt den Zugriff auf tiefere Regionen des Gehirns. Das Gleiche gilt für Sie, malen auch Sie immer wieder eine Kreislinie nach, wenn Sie merken, dass Sie von bestimmten Gefühlen überflutet werden. Auch hier sind Sie das authentische Vorbild für Ihre Schüler und zeigen, dass es Strategien gibt, sich mit seinen Gefühlen auseinanderzusetzen, ohne zu randalieren. Ganz bewusst ist mir, dass Sie sich jetzt fragen, ob das mit dem Kreisen so funktionieren kann. Ganz wahrscheinlich wird es anfangs nicht funktionieren. Wenn Sie sich jetzt beim Lesen allerdings erlauben, einmal tief in Ihre randalierenden Schüler zu sehen … was sehen Sie da? Vermutlich große Hilflosigkeit, Frust, Aggression, Traurigkeit und keine adäquaten Strategien, damit umzugehen. Wenn Sie Energie übrig haben, Mut haben und selbst glauben, dass die Übung helfen kann, werden Sie mit der Zeit als Vorbild akzeptiert und irgendwann malen dann Ihre Schüler vielleicht selbst. Denken Sie immer daran, dass Schüler i. d. R. massive negative Emotionen, wie Hilflosigkeit, spüren, wenn sie aufmüpfig werden. Helfen Sie ihnen aus den Emotionen und Sie werden weiter unterrichten können.

In dieser Ruhezone könnten Sie auch einige der Geschenke platzieren, die Sie im Laufe des Schuljahres bekommen haben. Sie könnten hier auch einen

Klassenbriefkasten aufstellen, in den die Schüler und auch Sie von Montag bis Donnerstag kleine Briefe stecken dürfen. Am Freitag werden die kleinen Nachrichten dann verteilt und vielleicht auch besprochen, sofern die Absender dies auf den Briefen vermerkt haben oder die Empfänger es möchten. Nutzen Sie dafür einen schön gestalteten Schuhkarton und stellen Sie gerade in der Anfangszeit am Donnerstagnachmittag sicher, dass nur „Glückspost" in dem Kasten landet und keine verletzenden oder anfeindenden Briefe. Sollte es zu „bösen" Briefen kommen, sollten Sie dies offen besprechen und die Gründe dafür herausfinden. Sie können Briefe schreiben, in denen Sie besonders gewünschtes Verhalten thematisieren, wie z. B. „Lieber Fabian, du hast am Dienstag in Mathe richtig gut mitgearbeitet. Das hat mich richtig gefreut." Sparen Sie nicht mit Ihren positiven Gefühlen, sie sind ein wichtiges Element, um die Beziehung zu Ihren Schülern zu stabilisieren und zu vertiefen. Von einer solch stabilisierten Beziehung profitieren Sie wiederum, da Sie nun im Unterricht auch einmal Kapazitäten haben, den Blick auf sich selbst zu wenden und nicht nur Auftrag und Gegenüber zu beachten.

> **Fazit:** Ein selbstfürsorglicher Klassenraum ist mehr als ein Raum. Gestalten Sie diesen Raum aktiv und an Ihre Bedürfnisse angepasst. Schaffen Sie persönliche Oasen und eine Ruhezone, die Ihnen und Ihren Schülern Regeneration erlaubt. Geschenke sind der Beweis gegenseitiger Wertschätzung und sollten ihren Platz haben. Ein Briefkasten kann die Interaktion verbessern und mit kleinen Glücksbotschaften positive Gefühle mehren.

Das häusliche Arbeitszimmer als Basis guten Unterrichts

Neben der selbstfürsorglichen Gestaltung der Arbeitsräume in der Schule gehört es zur Lehrergesundheit aber auch, den häuslichen Arbeitsplatz zu betrachten und fürsorglich einzurichten. Hier, so wissen wir aus unseren vielen Gesprächen, besteht bei einigen Lehrkräften erhebliches Potenzial, selbstfürsorglicher zu agieren. Schön daran ist, dass Sie es allein in der Hand haben, wie Sie Ihren Arbeitsbereich gestalten, und nicht auf die Kooperation des Kollegiums, der Schulleitung oder der Schüler angewiesen sind. Das bedeutet auch, dass es sofort losgehen kann und Sie hier einen wichtigen Beitrag zu Ihrer Selbstfürsorge leisten können.

Vielleicht fragen Sie sich zunächst, ob Sie einer anderen Person, nehmen wir an, Sie stellten sich einen Mitarbeiter ein, Ihren häuslichen Arbeitsplatz mit gutem Gewissen zuweisen würden? Manche Lehrer neigen an ihrem privaten Arbeitsplatz dazu, viele Arbeitsmaterialien (leider oft ohne System) aufzubewahren und letztlich den Überblick zu verlieren. Möglicherweise würden Sie sich einen entsprechenden Arbeitsplatz nicht erlauben, wenn dieser in einer Firma wäre und ihr Vorgesetzter täglich ins Büro kommen würde. An dieser Stelle wird wieder einmal deutlich, wie wichtig es für Lehrer ist, ein gutes Selbstmanagement zu betreiben, eben weil vielfach eine äußere Instanz (z. B. als Motivator für Ordnung oder als Kontrollinstanz) fehlt. Wir haben von vielen unserer Klienten im Coaching Vorher- und Nachher-Bilder Ihres Arbeitszimmers bekommen und dabei festgestellt, dass viele von ihnen sich im Vorher-Stadium „zumüllten". Darüber wird im Kollegium meist allerdings nicht offen gesprochen und so entsteht bei den Betroffenen der Eindruck, dass nur sie das Problem hätten und daran selbst schuld wären. Natürlich sind Sie dafür verantwortlich, wie es bei Ihnen aussieht, doch treibt viele Lehrkräfte das Gefühl an, all die Dinge noch einmal für die Schüler gebrauchen zu können und dass sie sie deshalb aufbewahren sollten. Dass sie sich kaum mehr wohlfühlen in diesem Zimmer, in dem sie so viele Stunden verbringen, nehmen sie dabei hin und sind wieder mehr bei den anderen als bei sich selbst.

Manche Lehrkräfte ziehen irgendwann aus Verzweiflung um, an den Familienesstisch, aufs Sofa oder vor den Kamin. Nun „vergiften" sie ihr gesamtes Haus mit Arbeitsreizen und fühlen sich damit noch mehr gestresst. Wenn überall Hinweisreize für Arbeit, Schule und entsprechende Probleme liegen, fällt es schwer, abzuschalten, die Schule Schule sein zu lassen und sich dem Privatleben mit voller Aufmerksamkeit zuzuwenden. Wenn dann das Fachbuch vom Vortag noch am Kamin liegt und der Partner genau dort nach einem langen Tag mit einem Glas Rotwein wartet und sich auf private Gespräche freut, kann dies bereits durch den Hinweisreiz „Fachbuch" behindert werden. Sofort assoziiert unser Gehirn das Fachbuch mit „Ich wollte ja noch …", „Hat Frau M. sich eigentlich schon zurückgemeldet?", „Hoffentlich wird der Kopierer morgen wieder gehen …", „Werden die Schüler sich für mein Arbeitsblatt interessieren?", „Was muss eigentlich noch für die Projektwoche gemacht werden?" und wir sagen „Wiederhol noch einmal, Schatz, was hast du gerade gesagt?" Da Sie einer Arbeit nachgehen, mit der Sie sich 24 Stunden am Tag beschäftigen könnten, empfehle ich Ihnen dringend, die **Arbeit ausschließlich im Arbeitszimmer** zu erledigen. In diesem Zusammenhang habe ich vor einiger Zeit mit einem Klienten gearbeitet, der mir dazu diese Rückmeldung gab:

„Mir ist nach meinem Coaching bewusst geworden, wie ungeeignet unser Haus für ein privates Arbeitszimmer ist, und ich habe das, was Sie beschrieben haben, über Jahre erlebt. Ich konnte kaum noch abschalten. Ich habe mich dazu entschlossen, eine kleine Mietwohnung, ganz in der Nähe der Schule, zu nehmen. Die Miete ist erträglich und dort habe ich mir mein Arbeitszimmer eingerichtet. Alle Schulsachen mache ich dort. Alle Telefongespräche führe ich dort. Nichts kommt mehr mit nach Hause. Ich weiß, dass das eine drastische Maßnahme ist, aber ich hätte auf Dauer sonst nicht in diesem Beruf bestehen können, meine Gedanken kreisten nur noch um die Arbeit. Wenn ich nun nach Hause fahre, komme ich über eine kleine Brücke, die Schule und Arbeitszimmer von unserem Haus trennt. An dieser Brücke verabschiede ich mich nun jeden Tag von meiner Arbeit. Ich sage laut: „Bis morgen!" Wenn ich mal weiterfahre und noch Gedanken kommen, drehe ich um und verabschiede auch sie noch einmal ausdrücklich am „anderen Ufer". Das alles ist etwas zeitaufwändig und das Extrazimmer ist mit Zusatzkosten verbunden, aber ich habe mein Leben zurück und das ist all den Aufwand wert. Ich habe ein neues Bild von mir entwickelt. Ich kann jetzt vieles sein: Lehrer, Vater, fürsorglicher Ehemann und eine Persönlichkeit, die sich für viel mehr interessiert als für Schule. Und alles zu seiner Zeit. Meine Probleme in der Familie haben sich noch nicht gelegt, aber wir arbeiten erfolgreich dran. Ich habe jetzt ein Schlagzeug und meine Musiksammlung in meinem ehemaligen Arbeitszimmer. Ich stimme der Veröffentlichung meines Berichts in Ihrem Buch zu und möchte damit Kollegen Mut machen, sich das Leben, das, worum es eigentlich geht, zu retten. Vielen Dank."

Die folgenden Leitfragen sollen Ihnen dabei helfen, die bisherige Gestaltung Ihres eigenen Arbeitsplatzes im Hinblick auf die wichtigen Punkte zu hinterfragen:

Mein Arbeitszimmer als Ort der Selbstfürsorge
- ✓ Verfügen Sie über ein von Ihrem privaten Bereich getrenntes Arbeitszimmer?
- ✓ Verfügen Sie über ein aufgeräumtes und geordnetes Arbeitszimmer?
- ✓ Verfügen Sie über genügend Ruhe in Ihrem Arbeitszimmer?
- ✓ Halten sich andere Familienmitglieder an Ihre Arbeitszeit? Was müsste sich (was müssten Sie!) diesbezüglich ändern?
- ✓ Steht der Tisch richtig? Ist er groß genug?
- ✓ Haben Sie einen bequemen Arbeitsstuhl?
- ✓ Haben Sie ein Telefon für Dienstgespräche dort?
- ✓ Könnte ein Stehpult mehr Bewegung in Ihre Arbeitsabläufe bringen?
- ✓ Verfügen Sie über genügend Regale und Schränke, um die Dinge, die Sie wirklich brauchen, geordnet aufzubewahren?
- ✓ Haben Sie ein effizientes Ordnungssystem?

- ✓ Lassen sich auch zukünftige Arbeitsblätter schnell den jeweiligen Themen und Klassenstufen zuordnen?
- ✓ Sind die Ordner auf Ihrem Computer strukturiert und sortiert?
- ✓ Verwenden Sie eindeutige und einheitlich aufgebaute Dateinamen, um Dokumente schnell zu finden?
- ✓ Ist das Zimmer liebevoll eingerichtet?
- ✓ Gibt es einen Sessel oder eine andere bequeme Sitzgelegenheit, wenn Sie z. B. Texte lesen müssen?
- ✓ Gibt es Erinnerungen aus den letzten Jahren, die Ihnen Ihre Erfolge vor Augen führen?
- ✓ Gibt es schöne Dinge auf Ihrem Tisch oder in Ihren Regalen, an denen Sie sich erfreuen können, z. B. frische Blumen?
- ✓ Finden sich kleine Belohnungen im Zimmer, wie ein paar gute Pralinen, die Sie nach getaner Arbeit noch genießen können, bevor Sie wieder ins Private zurückkehren?
- ✓ Ist es ein Ort, an dem Sie sich gern aufhalten?

Wenn Sie einige der Fragen aus der Checkliste mit „Ja" beantworten konnten, dann sind Sie schon auf dem richtigen Weg. Idealerweise können Sie bald zu allen Punkten „Ja" sagen. Lösen Sie sich von Ballast und räumen Sie auf! Prüfen Sie, wie Sie Ihre Selbstfürsorge in diesem Bereich verbessern könnten. Vielleicht möchten Sie an dieser Stelle schon eine Verabredung mit sich selbst eingehen? Wann wollen Sie Ihr Arbeitszimmer selbstfürsorglich gestalten? Dazu eignen sich Ferien oder wenig arbeitsreiche Phasen. Sie sollten keineswegs in Hocharbeitsphasen, z. B. kurz vor den Zeugnissen, beginnen, Ihr Arbeitszimmer grundlegend umzugestalten. Eine Lehrkraft sagte uns zu unserer Anregung zur Aktivität in der Umgestaltung des eigenen Arbeitszimmers: „Eigentlich rennen Sie mit dem Thema offene Türen bei uns Lehrern ein, aber die Türen sind ja leider nicht offen, weil dahinter so viel rumsteht." Die folgende Übung soll Ihnen helfen, aktiv zu werden sowie geplant und strukturiert vorzugehen.

 Mein neues, selbstfürsorgliches Arbeitszimmer

Zeit: 30 Minuten Planung, Dauer der Umsetzung variabel
Ort: in Ihrem Arbeitszimmer
Benötigte Hilfsmittel: Fotoapparat

Nehmen Sie sich Zeit, Ihr Arbeitszimmer genau zu überprüfen, um benötigte Umgestaltungsmaßnahmen zu identifizieren und strukturiert zu planen.

➜

So funktioniert die Übung

Nehmen Sie Ihr Arbeitszimmer unter die Lupe. Machen Sie zunächst Fotos von Ihrem Zimmer, dem Schreibtisch, den Regalen usw.
Beachten Sie nun die Fragen der vorangegangenen Checkliste. Was müsste sich bei Ihnen ändern? Hier ist Platz für Ihre Ideen:

....
....
....

Verabreden Sie sich nun mit sich selbst: Ich werde diese Dinge angehen und zwar brauche ich dafür .... Tage Zeit. Diese Zeit nehme ich mir von/ bis: ....

Weiterhin muss ich dazu neue Sachen anschaffen, nämlich:

....

Erläuterung

Je differenzierter Sie sich mit Ihrem Arbeitszimmer auseinandersetzen und je genauer Sie wissen, was Sie angehen sollten, desto leichter wird Ihnen die Umsetzung gelingen. Planen Sie Ihre Veränderungen deshalb genau und kaufen Sie die neuen, benötigten Materialien vielleicht schon vor dem eigentlichen Aufräum-Umräum-Termin. Das erhöht Ihre Motivation zusätzlich. Vielleicht kann es für Sie auch wichtig sein, zunächst, vor dem großen Termin des Aufräumens, ein System zur zukünftigen Sortierung der Arbeitsmaterialien zu etablieren und sich Gedanken dazu zu machen, in welcher Weise Sie zukünftig Material aufbewahren wollen (bspw. sortiert nach Jahrgangsstufen oder aber jahrgangsübergreifend nach Themenfeldern). In einem Selbstfürsorgebuch würde es zu weit gehen, an dieser Stelle auf diese Themen einzugehen. Selbstfürsorglich ist es aber, sich ein entsprechendes Buch dazu anzuschaffen oder sich mit Kollegen zum Thema auszutauschen, um wichtige Tipps für die praxisnahe und systematische Ordnung im Arbeitszimmer zu erhalten.

Fazit: Ein privates Arbeitszimmer ist nicht nur ein Raum mit einem Arbeitstisch und ein paar Regalen. Ihr privates Arbeitszimmer ist die Basis für Ihren guten Unterricht und kann gleichzeitig ein Quell der Freude und der Selbstfürsorge sein. Es wird nur durch Sie gestaltet, was bedeutet, dass Sie hier erheblichen Einfluss haben und ungehemmt vieles selbstfürsorglicher werden lassen können.

Richtig abschalten – Trennung von Privat- und Arbeitsbereich

Wir orientieren uns in unserer Welt an bestimmten **Hinweisreizen**, auch Cues genannt. Diese haben die Funktion, die Aufmerksamkeit auf diesen Reiz auszurichten und zu entsprechend angebrachten Handlungen zu veranlassen. So dient eine rote Ampel uns als Hinweisreiz, zu bremsen und anzuhalten. Wir beschäftigen uns nicht mit der Frage, ob dies richtig oder falsch ist, wir tun es, unser Gehirn ist bewusst kaum aktiv. Hinweisreize können ganz subtil das Verhalten von Menschen verändern. Wenn Sie Ihre Arbeitsmaterialien in Ihrem gesamten Haus verteilen, dann erinnern diese Sie zu jeder Zeit verlässlich und oft unbewusst, wenn Sie einen dieser Hinweisreize sehen, was noch zu tun ist. Lehrkräfte, die hoch belastet sind, kommen dann möglicherweise nicht mehr zur Ruhe, weil ihr Gehirn sie ständig darauf hinweist, was jetzt richtigerweise zu tun wäre (vgl. das Ampel-Beispiel). Wenn Sie Klassenarbeiten korrigieren müssen und an diesen nun mehrere Male am Tag während Ihrer Freizeit vorbeigehen, werden Sie sich jedes Mal (wenn auch unterbewusst) damit auseinandersetzen, dass Sie diese Korrekturen noch vor sich haben. Ihr Stresslevel erhöht sich und es entsteht eine andauernde innere Auseinandersetzung mit der Arbeit, die zur Folge hat, dass man schlecht oder gar nicht mehr richtig „abschalten" kann.
Bestimmte Reize ordnet das Gehirn bestimmten Situationen zu. Wenn wir bspw. den Geruch wahrnehmen, der typisch für die Praxis unseres Zahnarztes ist, so schaltet das Gehirn der meisten Menschen auf Alarm, denn dieser Geruch signalisiert, dass gleich etwas Unangenehmes passiert.
In Ihrem Beruf ist eine strikte äußere Trennung von Arbeitszeit und Privatzeit, anders als in vielen anderen Berufen, kaum möglich. Ein Arzt zieht am Ende des Arbeitstages seinen Kittel aus und verlässt die Praxis für seine Freizeit. Auch ein Handwerker zieht sich i. d. R. um, bevor er sich seinem Feierabend zuwendet. Stellen wir uns einen Zimmermann vor, der in einer gewöhnlichen Wohnung lebt. Morgens zieht er seine Kluft an, fährt zur Arbeit und findet sein Werkzeug meist im Firmenwagen oder in der Werkstatt vor. Wenn er abends die Baustelle verlässt, zieht er die Kluft aus, duscht und setzt sich auf sein Sofa. Hier gibt es für ihn nichts Berufsbezogenes mehr zu tun. Gehen wir davon aus, dass unser Zimmermann angestellt ist, so ist es also recht unwahrscheinlich, dass er sich am Abend noch mit der Arbeit auseinandersetzt. Wenn der Auftrag für den nächsten Tag lautet, Dachbalken auf das Dach zu befördern und dort zu verarbeiten, wird kaum ein Zimmermann abends den nächsten Tag gedanklich intensiv durchgehen und sich genau überlegen, wo er den Dachbalken anfassen wird und wie er ihn genau auf

das Dach bringt. Da es sich um eine körperliche Tätigkeit handelt, sind Gedanken darüber meist nicht vorherrschend. Sie überlegen sich bspw. nicht, welche Muskelgruppen Sie anspannen müssen und welche Bewegungen auszuführen sind, wenn Sie eine Treppe hinaufgehen wollen. Sie gehen einfach. Genauso selten liegt ein Zimmermann abends im Bett, um einige Stunden zu grübeln, ob er seine Arbeit gründlich genug ausgeführt hat, und noch weniger beschließt er, abends um 23 Uhr noch einmal zur Baustelle zu fahren, um die verbauten Dachbalken mit Schmirgelpapier zu glätten. Sprich, er verliert sich nicht in Details, die für die Stabilität seiner Baukunst unerheblich sind. Und es gibt noch einen Unterschied: Am Ende der Bauphase gibt es das Richtfest, auf dem der Zimmermann oben auf dem Dach den Richtspruch hält und sein Werk begutachten kann. Letztlich kann er nun die nächsten Jahre, jedes Mal, wenn er an seiner ehemaligen Baustelle vorbeikommt, sehen, dass das, was er getan hat, noch da ist, noch hält. Und er kann seine Arbeitsergebnisse stolz seiner Familie präsentieren.

Im Lehrerberuf sieht es etwas anders aus. Die meisten Lehrer legen zwar intuitiv am Nachmittag zu Hause die Uhr ab, aber sie wechseln nicht von der Arbeitskleidung zur Freizeitkleidung. Weiterhin ist gar nicht richtig klar, welche Zeiten des Nachmittags und Abends Frei-Zeit sind und wann gearbeitet werden muss. Dies ist eine Ursache für Prokrastination, also chronische Aufschieberitis.

Es fehlen bei Lehrkräften also die klaren Trennungen zwischen Arbeits- und Freizeitphasen. Mehr noch, die meisten sind nie fertig. Zumindest gefühlt. Jedes Arbeitsblatt, jede Vorbereitung am Abend könnte noch etwas mehr überarbeitet werden, könnte noch besser werden. Da Unterrichtsbesuche und damit Einblicke in die Arbeit von Kollegen sowie spezifisches Feedback zum eigenen Unterricht immer noch selten sind, sind viele Lehrkräfte unsicher, ob sie ihre Arbeit gut genug machen. Wenn Sie irgendwann im Bett angekommen sind, ist es also nicht ganz unverständlich, dass Sie über Ihre Arbeitsergebnisse grübeln, und so passiert es dem einen oder anderen Lehrer, dass er um 23 Uhr doch noch einmal an den Schreibtisch geht, um etwas anders, etwas besser zu machen. Nachts gibt es viele Themen, über die man sich in Bezug auf die Schule Gedanken machen kann, und deshalb sind auch Schlafstörungen bei Lehrkräften weit verbreitet.

Umso wichtiger ist die Selbstfürsorge auch hier. In Bezug auf Ihre Arbeitsorganisation besteht sie in erster Linie aus einer **bewussten (und geplanten) Trennung zwischen Arbeits- und Freizeit**. Da viele äußere Faktoren (Ablegen der Arbeitskleidung, räumliche Entfernung von der Arbeit usw.) als Hinweisreize für das Gehirn fehlen, ist es umso wichtiger, für eine bewusste Trennung der beiden Bereiche zu sorgen, um dem Gehirn zu signalisieren, wann die Arbeit beendet ist. Ermöglichen Sie Ihrem Gehirn den Wechsel von Arbeits-DENKEN und Freizeit-BESCHÄFTIGUNG. Lassen Sie es nicht zu, dass Ihr Gehirn sich in Ihrer Freizeit ständig mit der Arbeit beschäftigt! Natürlich werden Sie sich fragen, wie das gehen soll. Die Antwort ist unterteilt in zwei Wege. Zum einen müssten Sie Ihrem Gehirn deutlich signalisieren, was gerade dran ist. Zum anderen braucht Ihr Gehirn in der Freizeit leidenschaftliche Betätigung, die ganz anders ist als die Berufsanforderungen. Wenn Sie zu Hause ein ganz spannendes Hobby haben, welches viel Zeit und Gedanken in Anspruch nimmt, wird Ihr Gehirn sich damit besser beschäftigen können (und damit keinen Platz für Arbeitsgedanken zulassen), als wenn Sie auf dem Sofa sitzen und nichts tun. Nichtstun ist zweifelsfrei sinnvoll, jedenfalls als eine Form der Regeneration, verführt aber schnell zu Arbeitsgedanken.

Versuchen Sie zunächst Ihr Gehirn zu trainieren, während der Arbeitszeit im Arbeitsmodus zu sein (und damit effektiv zu arbeiten, ohne mit privaten Gedanken oder anderen Ablenkungen beschäftigt zu sein) und im Freizeitbereich im Privatmodus zu sein. Hier haben Arbeitsgedanken nichts zu suchen! Das Gehirn in dieser Weise zu trainieren, kostet Kraft und Zeit, die sich aber später, wenn es klappt (das braucht einige Wochen Übung), vielfach auszahlt! Deshalb ist es zunächst wichtig, alles Arbeitsmaterial im Arbeitszimmer zu verwahren und sich zur richtigen Zeit, nämlich wenn Ihre Arbeitszeit zu Hause beginnt, mit den Aufgaben zu beschäftigen. Aus diesem Grunde empfehle ich Ihnen, Ihren Privatbereich strikt vom Arbeitsbereich und umgekehrt zu trennen. Sie sollten also in Ihrem Privatbereich leben – und dieses Leben bietet viel mehr als Arbeit. Wenn Sie wiederum ins Arbeitszimmer gehen, dann sollten Sie dort nicht private Briefe schreiben oder bügeln oder alles, wofür Lehrer ihr Arbeitszimmer gern nutzen, sondern arbeiten. Besonders effektiv ist es, die **Schwelle zum Arbeitszimmer bewusst zu überqueren**, nämlich auf dem Weg zur Arbeit mit einer Einstimmung auf die Arbeitsphase und auf dem Weg aus dem Zimmer mit einer Verabschiedung der Arbeitsphase. Dies ermöglicht Ihrem Gehirn, sich auf das zu konzentrieren, was gerade ansteht. Mental einstimmen könnten Sie sich auf Ihre Arbeit, indem Sie sich bewusst sagen, dass jetzt die Arbeit dran ist und Sie später Zeit haben werden für all die anderen Dinge, die auch wichtig sind. Eine Verabschiedung der Arbeitsphase kann im Aufräumen des Schreibtisches, dem bewussten Zuklappen des Laptops oder dem bewussten Austritt aus dem Arbeitszimmer bestehen. Es ist ganz gleich, welche Rituale Sie sich schaffen, wichtig ist es nur, diese immer und immer wieder auszuführen, damit Ihr Gehirn die Chance bekommt, sich einzustellen, ähnlich wie ein Arzt in der Praxis den Kittel morgens an- und am Feierabend wieder auszieht.

Gleichsam sollten Sie Ihre Arbeitsphasen so vorbereiten, dass Sie nicht nach einigen Minuten bemerken, dass es nun Zeit für einen Kaffee wäre, Sie bei der Gelegenheit den privaten Anrufbeantworter abhören könnten, mal eben sehen, was die Nachbarn machen und, und, und. Nehmen Sie zu Arbeitsbeginn also alles mit ins Arbeitszimmer, was Sie brauchen könnten. Durch diese Disziplin vermeiden Sie, dass sich das Gefühl einstellt, Sie wohnten irgendwo zwischen Ihrer Arbeit.

Natürlich sollte das Arbeitszimmer mit einem Telefon ausgestattet sein, auf dem Eltern Sie, im besten Fall zu festen Zeiten, erreichen können. In anderen Zeiten können Nachrichten auf dem Band hinterlassen werden und Sie bekommen davon im privaten Bereich nichts mit. Auch mindestens zwei Mailadressen eignen sich, eine für die privaten Mails und eine für berufliche Nachrichten, mit denen Sie sich ausschließlich zu Ihren Arbeitszeiten auseinandersetzen. Neben den Eltern und Kollegen, die nun wissen, wann und wie Sie erreichbar sind, wird auch Ihre Familie von Ihrer Klarheit profitieren. Familienmitglieder werden in Arbeitszeiten liebevoll, aber bestimmt aus dem Arbeitszimmer herausbefördert. In Ihrer Freizeit haben Sie dafür die volle Aufmerksamkeit, um sich ihnen zuzuwenden. Diese Veränderungen bedürfen bei Ihnen ebenso wie bei Ihrer Familie und möglicherweise bei Ihren Arbeitskontakten einige Vorbereitung und Zeit der Gewöhnung. Wenn sich das System aber eingespielt hat, werden Sie die positiven Effekte fühlen.

> Eine sehr kritische schulische Führungskraft sagte uns dazu einmal:
> „Ich war skeptisch, als ich die Trennung vornahm, aber ich wollte es versuchen. Zu Anfang war ich unglaublich frustriert. Ich habe mir Arbeitszeiten von 17 bis 19 Uhr gesetzt, weil dann mein Mann die Kinder betreuen konnte. Gleich am zweiten Tag stand um 17:30 Uhr eine Freundin mit selbst gebackenem Obstkuchen vor meiner Tür. Ich war im Zwiespalt und schickte sie mit Schuldgefühlen weg. Die Schuldgefühle machten mir die Arbeit schwer, sodass ich kaum zu etwas kam, zeigten mir aber auch, wie sehr ich mich habe bisher von außen leiten lassen. Ich beendete meine Arbeit Punkt 19 Uhr und rief sie noch einmal an, um mich zu entschuldigen.
> Gleichzeitig haben meine Kinder meine Arbeitszeiten anfangs als Zurückweisung erlebt. Es brauchte viele Gute-Nacht-Geschichten, um das wiedergutzumachen. Kurzum: Ich hatte auf einmal viel mehr Stress als vorher. Nach einigen Wochen stellte sich zu meiner Überraschung allerdings fast gleichzeitig auf allen Seiten eine Gewöhnung ein. Meine Kinder versuchten, gar nicht mehr zu stören, und genossen die Zeit, die ich am Abend mit freiem Kopf für sie hatte. Und da war ich neuerdings entspannt wie selten. Ich wurde sogar wieder etwas albern – irgendwie befreiter. Auch mein Mann und ich hatten auf einmal wieder verlässliche Zeiten füreinander. Nun, nach etwa einem halben Jahr, ziehe ich eine sehr positive Bilanz. Nur manchmal verschätze ich mich mit der Arbeit und muss noch eine Spätschicht einlegen, wenn die Kinder im Bett sind. Aber so ist es wohl, alles lässt sich dann doch nicht planen."

Genauso wie Sie Ihr Arbeitszimmer liebevoll und selbstfürsorglich gestalten können, können Sie die **restliche Wohnung** ohne Arbeitsmaterialien, dafür aber **mit Dingen, die Ihre Persönlichkeit unterstreichen, ausstatten**. Überlegen Sie, wie Ihr privater Bereich am besten zu Ihren Bedürfnissen passt. Wenn Sie ein ausgeprägtes Ruhebedürfnis haben, sollte Ihr Privatbereich Elemente enthalten, die Ihnen diese Ruhe geben. Dies kann ein schön dekoriertes Badezimmer sein, in dem Sie sich gern entspannen, genauso wie ein großer Sessel am Fenster. Vielleicht gibt es Ihnen auch innerliche Ruhe, in Ihrer Werkstatt zu arbeiten und sich mit ganz handfesten Dingen zu beschäftigen. Viele Lehrkräfte lieben es, im Garten zu arbeiten und damit im wahrsten Sinne „Bodenhaftung" zurückzuerlangen. Der zweite wichtige Schritt ist es also, die **Leidenschaft im Privatleben zu leben**. Ich liebe Hühner und das Leben auf meinem kleinen Hof. Wenn ich den gesamten Tag im Hosenanzug ein Training gegeben habe, dann gibt es für mich nichts Besseres, als nach Hause zu kommen, die Gummistiefel anzuziehen und mich in den Hühnerstall zu begeben. Die Dinge, die dort auf mich warten, sind so anders als meine Arbeit, dass ich schnell in dieser Freizeitwelt ankomme und alles, was am Tag passierte, vergesse. Nun sind meine Selbstfürsorgestrategien nicht Ihre und somit will ich Ihnen nicht sagen, dass Hühnerhaltung das ist, was auch Ihnen helfen kann. Aber ich glaube, dass es sich lohnt, intensiv über die eigenen Leidenschaften nachzudenken. Wenn Ihr Privatleben so abwechslungsreich und begeisternd ist und möglichst auch noch so anders fordernd als der Berufsalltag, dass Sie davon absorbiert werden, dann schaffen Sie eine bessere Trennung zwischen den beiden Bereichen und damit eine Entlastung für Ihre Seele. Denken Sie an Kapitel 4 „Selbstfürsorge durch Bedeutsamkeit" zurück. Gehen Sie die verschiedenen Rollen, die neben Ihrer Berufsrolle wichtig sind, noch einmal durch. Überprüfen Sie die Ziele, die Sie sich in diesen Rollen gesetzt haben, und versuchen Sie, Ihre privaten Rollen mit großer Leidenschaft und Intensität zu leben. Seien Sie „nur" Lehrkraft, wenn Sie am Vormittag in der Schule und am Nachmittag im Arbeitszimmer arbeiten, aber seien Sie auch „nur" Mama, wenn Sie mit Ihren Kleinen spielen, und seien Sie „nur" Hühnerbesitzer, wenn Sie den Stall für den Winter fit machen.

Fazit: Unser Gehirn setzt Gegenstände mit Situationen und Verhalten in Verbindung. Schaffen Sie einen privaten Bereich, aus dem Sie rigoros alle Dinge entfernen, die mit dem Schulkontext zu tun haben. Gestalten Sie Ihr privates Leben entsprechend Ihren Leidenschaften und Sehnsüchten. Trennen Sie Ihr Arbeitszimmer bewusst vom privaten Bereich ab und gestalten Sie beide Bereiche selbstfürsorglich und den entsprechenden Lebensbereichen angemessen. Gearbeitet wird im Arbeitszimmer, gelebt wird im Rest der Wohnung und das im besten Falle losgelöst von Ihrer Lehrerrolle.

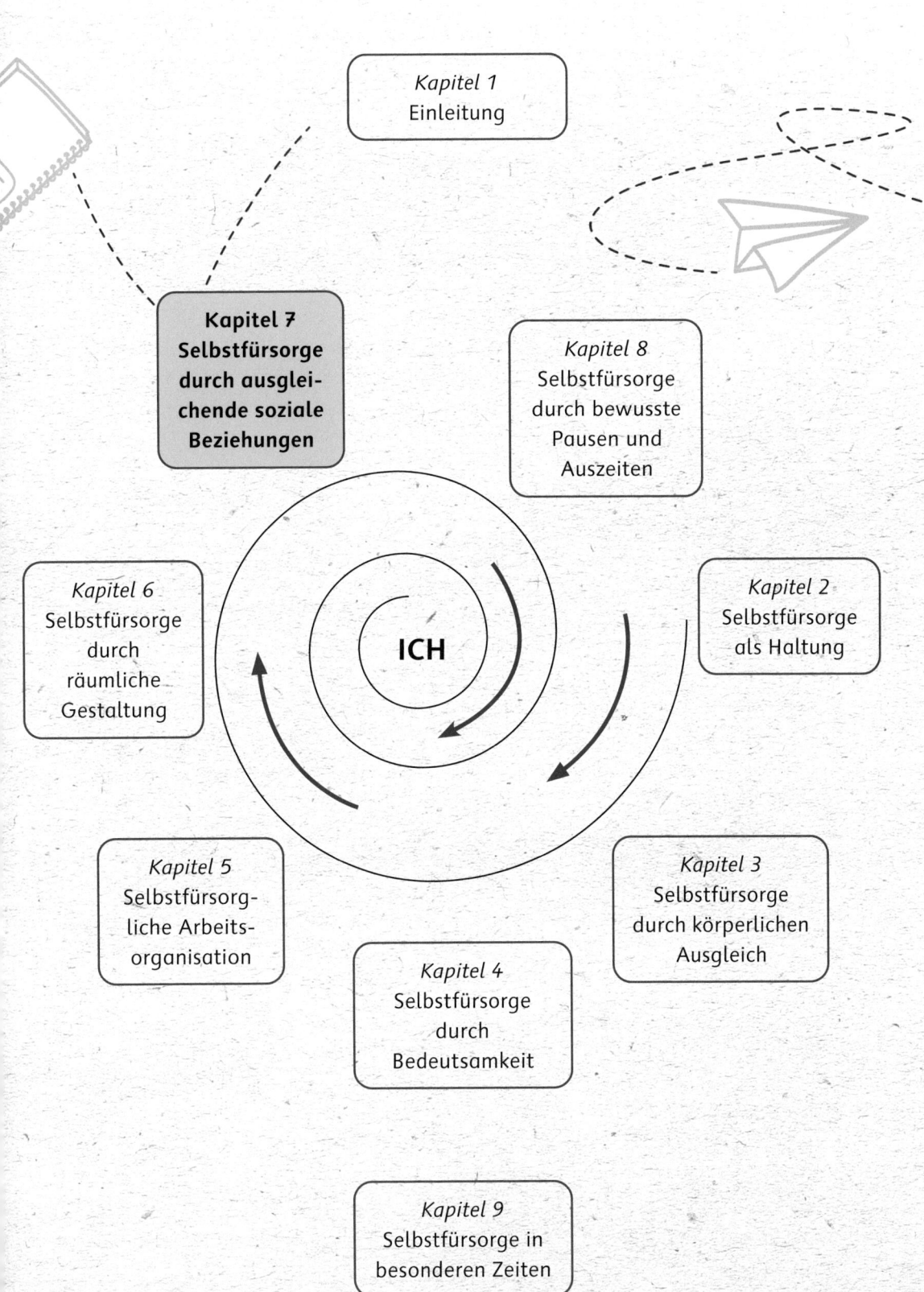

Eines unserer tiefsten menschlichen Bedürfnisse ist es, von anderen Menschen angenommen zu sein. Säuglinge entwickeln sich dann besonders gut, wenn sie erfahren, dass sie bedingungslos (von ihren Eltern und weiteren Bezugspersonen) angenommen werden. Dies bedeutet, dass also keine Bedingungen gestellt werden, die erst zu erfüllen sind, bevor es zu Zeichen der Liebe kommt. Leider gelingt dieses bedingungslose Annehmen nicht in allen Familien. Wir alle kennen Situationen, in denen von uns etwas erwartet wurde und wir für die richtigen Verhaltensweisen belohnt wurden. So machen alle Menschen im Laufe ihres Lebens Erfahrungen im sozialen Kontext, Erfahrungen, die das folgende Handeln bestimmen. Die Art der Erfahrungen ist dabei maßgeblich für die Gestaltung späterer sozialer Beziehungen und damit ist der Keim der eigenen Beziehungsgestaltung bereits in den ersten Lebensjahren gesät.

Ziel des Kapitels ist es, verschiedene Aspekte Ihrer Beziehungsgestaltung im Hinblick auf die Selbstfürsorge zu betrachten und kritisch zu hinterfragen. Dabei ist es wichtig zu verstehen, warum wir wann welche Beziehungen eingehen (vgl. unten: „Das ‚Helfersyndrom'"). Gleichsam ist es für eine gute Gesundheit bedeutsam, unterstützende Beziehungen zu pflegen (vgl. S. 149 ff.: „Private Freundschaften"), und letztlich kann auch ein Engagement im sozialen Bereich einen wichtigen Beitrag zu einem sinnhaften Leben leisten (vgl. S. 163 ff.: „Privates Engagement"). In allen sozialen Beziehungen ist darauf zu achten, die eigenen Grenzen zu wahren, auch einmal Nein sagen zu können und nicht über das hinauszugehen, was man imstande ist, zu leisten. In diesem Rahmen soll auch der Aspekt der distanzierten Anteilnahme (vgl. S. 167 ff.: „Grenzen setzen") Ihnen ganz praktische Hinweise für die Gestaltung sozialer Beziehungen, insbesondere im Schulkontext, liefern.

Das „Helfersyndrom" – Zeichen mangelnder Eigenliebe?

Der Begriff „Helfersyndrom" wurde erstmals 1977 von Wolfgang Schmidbauer in seinem Buch „Die hilflosen Helfer" beschrieben und meint eine Neigung, sich in zwischenmenschlichen Beziehungen überwiegend als Helfer anzubieten.[10] Hier stehen also das Geben und Nehmen dem ersten Anschein nach nicht in einer Balance. Es wird postuliert, dass bestimmte Berufsgruppen, nämlich Menschen in sozialen Berufen, besonders häufig vom sogenannten Helfersyndrom betroffen wären und sie sich diese Berufe möglicherweise suchten, um eigene Defizite zu kompensieren.

Die Vermutung dabei ist, dass diese sogenannten „Helfer" versuchen, ein Ideal zu verkörpern, welches sie in ihrer Kindheit vermisst haben. Dabei kann es passieren, dass die Hilfsbereitschaft nicht gezielt, z.B. zum Wohle der eigenen Familie, eingesetzt wird, sondern sich auf ganz andere Personen ausdehnt, was letztlich bis zu einer Selbstschädigung (im Sinne mangelnder Selbstfürsorge) und einer Vernachlässigung von Partnerschaft und eigenen Kindern oder nahestehenden Personen führen kann.

Menschen in sozialen Berufen haben die Aufgabe, anderen Menschen zu helfen, und somit ist es wichtig, das „Helfersyndrom" von üblicher und erwarteter Hilfe abzugrenzen und zu verstehen, worin die **Unterschiede zwischen gesundem und krankhaftem Helfen** bestehen.

Ohne Hilfe würden Säuglinge nicht überleben und ohne Hilfe würden viele Kulturleistungen (wie das Schreiben, Lesen oder Rechnen) nicht von einer Generation auf die nächste übertragen werden. Es ist also im menschlichen Verhalten verankert, anderen Menschen zu helfen. Das Berufsbild des Lehrers ist dabei besonders stark durch das Helfen charakterisiert. Die Abgrenzung zwischen dem gesunden und dem krankhaften Helfen liegt dabei in der **Motivlage**. Ein gesundes Helfen ist ein Helfen, welches erfolgt, weil mein Gegenüber von mir Hilfe braucht. Dabei gebe ich nur, was ich selbst habe und was ich entsprechend mit dem anderen teilen kann. Die Hilfe ist dabei beschränkt auf eine Art „Anleitung zur Selbsthilfe". Das solidarische Motiv ist es, den anderen zu befähigen, sich zu entwickeln und im besten Fall von Hilfe unabhängig zu werden. Demgegenüber steht das Motiv eines krankhaften Helfens. Hier ist das Helfen nur zweitrangig auf das Wohl des anderen gerichtet, vielmehr liegt das Motiv in der eigenen Bedürftigkeit, was bedeutet, dass durch das Helfen vorrangig eigene Bedürfnisse befriedigt werden sollen. Im Folgenden soll daher zwischen zwei Formen des Helfens unterschieden werden, dem „gesunden Helfen", welches im Sinne der Solidarität, der sozialen oder juristischen Normen, aus Wohlwollen, Altruismus oder Dankbarkeit erfolgt, und dem „krankhaften Helfen", welches auch pathologisches Helfen genannt wird.

Das **gesunde Helfen** ergibt sich aus Motiven, wie bspw. der Menschlichkeit, Güte, Großzügigkeit, Dankbarkeit, Empathie, des Mitleids oder des Altruismus. Weiterhin tragen Haltungen, Normen und Werte zu dieser Form des Helfens bei. Man gibt etwas von dem ab, was man selbst (erlebt) hat und was man teilen kann. So kann das Helfen zu einer Tugend werden. Darüber hinaus verpflichten z.B. die Anforderungen, die der Beruf mit sich bringt, dazu, Hilfe zu leisten. All diese Hilfeleistungen sind im besten Falle gezielt auf die Bedürfnisse des Gegenübers ausgerichtet. Dass das Helfen auch eigene Bedürfnisse befriedigt und z. B. zu mehr Anerkennung oder mehr Sinnhaftigkeit des eigenen Lebens beiträgt, ist dabei sekundär. Diese Form des Helfens kann Menschen glücklich machen und sie sogar über sich hinauswachsen lassen, was im Jahr 2005 eindrucksvoll von Lyubomirsky et al. in ihrem Artikel „Pursuing Happiness: The Architecture of Sustainable Change" beschrieben wurde.[11] Gesunde Helfer helfen also nicht uneigennützig, aber das Helfen ist auf die Bedürfnisse und die Entwicklung des Hilfsbedürftigen ausgerichtet und erfolgt mit den Ressourcen, die dem Helfer zur Verfügung stehen. Gesunde Helfer kennen ihre Grenzen und können sich aus Situationen, die ihre Kompetenzen überfordern, emotional und räumlich lösen.

Das **pathologische Helfen**, im Sinne des Helfersyndroms, ist demgegenüber gekennzeichnet durch den Wunsch nach Bedürfnisbefriedigung aufseiten des Helfers. Dieser Prozess kann dem Helfer bewusst sein und aktiv von ihm gelenkt oder beeinflusst werden. Häufig ist dieser Prozess allerdings auch für den Helfer nicht ohne Weiteres zu erkennen und verläuft eher unbewusst. So ist zu erklären, dass viele pathologisch Helfende nicht einsehen, dass ihre Hilfeleitung dem zu Helfenden keinen wirklichen Gewinn bringt. Besonders diese Helfer, denen ihre Motive weniger bewusst sind, reagieren mit Ablehnung oder Unverständnis auf Abgrenzungen seitens des Hilfsbedürftigen oder die Einwände von Dritten.

Um beide Prozesse etwas deutlicher zu machen, sollen sie an einem Beispiel erklärt werden:

> Der Partner trinkt regelmäßig und übermäßig Alkohol und gefährdet damit seine Gesundheit, seine sozialen Beziehungen und seinen Arbeitsplatz. Seine Partnerin würde folgendermaßen reagieren:
> **Als gesunde Helferin** würde sie Maßnahmen einleiten, die dem Mann helfen, seine Sucht zu überwinden. Dabei würde sie die Lage eher sachlich betrachten und prüfen, welche Hilfeleistungen, welche Unterstützung oder eigene Konsequenzen zum Erfolg führen könnten. Sie ist bereit, Hilfe von außen hinzuzuziehen, sich genügend abzugrenzen und sich sowohl emotional als auch körperlich selbst zu schützen. Sollte das Problem nicht lösbar sein und sie dadurch selbst beeinträchtigt werden, würde sie schlussendlich die Beziehung verlassen, da sie erkennt, dass ihr diese Beziehung nicht guttut und ihre Mittel und Ressourcen nicht ausreichen, die Lage befriedigend zu ändern; dass ihre Form von Hilfe also nicht die richtige ist.
> Bei einer **pathologisch helfenden Partnerin** müsste man zunächst einmal fragen, ob sie einen solchen Partner möglicherweise aufgrund von eigenen Vorerfahrungen (Alkoholismus in der eigenen Ursprungsfamilie) ausgesucht hat. Nicht selten

> ist es so, dass insbesondere Frauen, die Alkoholismus bei den Eltern erlebt haben und dadurch sehr früh ein Verantwortungsgefühl übernommen haben, sich im späteren Leben Partner suchen, die zu Alkoholismus neigen. Diese Partnerin hat als kleines Mädchen möglicherweise die Erfahrung gemacht, dem Alkoholismus und seinen vielen negativen Folgen ausgeliefert zu sein. Dies erzeugt ein großes Gefühl der Hilflosigkeit und in extremen Fällen der Ohnmacht. Derjenige, den ich am meisten liebe und brauche (meinen Elternteil), verhält sich massiv selbstschädigend und schädigt die gesamte Familie mit seinem Handeln. Diese frühen, schmerzhaften Erfahrungen sollen in einer späteren Liebesbeziehung, die den gleichen Strukturen entspricht, aufgearbeitet werden. Dies passiert meist unbewusst. Der Partner erinnert an das Elternteil (meist den Vater) und nun kann diese mittlerweile erwachsene Frau diesen Partner „retten" und damit ihre Hilflosigkeit von früher überwinden. Es geht hierbei also weniger um die Beseitigung des Alkoholmissbrauchs als vielmehr um die (unbewusste) Bearbeitung eigener schmerzhafter Erfahrungen. Es bestehen Verstrickungen, die die Ablösung und die Hinzuziehung externer Helfer schwieriger machen. Meist sind die eigenen Rettungsversuche aufgrund der Verstrickungen nutzlos, da sie weniger sachlich und mehr durch implizite emotionale Motive geleitet sind.
> Es entstehen Co-Abhängigkeiten.
>
> Es wäre zu umfangreich, diese Prozesse an dieser Stelle näher auszuführen. Es soll lediglich festgehalten werden, dass die Hilfeleistungen der gesunden Helfer i. d. R. mit ganz anderen Merkmalen verbunden sind als die der pathologisch Helfenden.

Bevor erklärt wird, warum das pathologische Helfen in unbefriedigende und unwirksame Abhängigkeiten führen kann, sollen im Folgenden zunächst die Bedürfnisse, die dem pathologischen Helfen zugrunde liegen können, etwas näher betrachtet werden.

Durch das Helfen werden bei gesunden wie auch bei pathologisch Helfenden bestimmte Bedürfnisse befriedigt. Für die gesunden Helfer ist dies ein angenehmer Nebeneffekt des Helfens. Das Helfen der pathologisch Helfenden ist jedoch meist genau darauf, wenn auch unbewusst, ausgerichtet.

Helfen erhöht i. d. R. das **Selbstwertgefühl**, was mit positiven Gedanken und Emotionen verbunden ist. So ergeben sich Gedanken, wie „Ich bin wichtig, weil ich helfen kann" usw. Diese verändern das aktuelle Empfinden normalerweise in eine positive Richtung und können den Selbstwert langfristig stabilisieren und damit auch das Auftreten sowie zukünftiges Verhalten verändern. Genauso wird hierdurch ein Gefühl von Hilflosigkeit oder Ohnmacht reduziert. Gesunde Helfer entwickeln dann z. B. bewusste oder unbewusste Bilder von sich, die innere Motive ausdrücken, wie: „Ich leiste einen wichtigen Betrag zum Gemeinwohl." Pathologisch Helfende hingegen entwickeln eher innere Motive, wie „Ich kann dir helfen, also bin ich wichtig für dich. Du brauchst mich." Meist ist in diesen Motiven, wenn auch recht verborgen, eine Abhängigkeit oder eine Beziehungsbeschreibung zur anderen Person gegeben.

Durch das Helfen wird auch ein Bedürfnis nach **Zugehörigkeit** erfüllt. Während gesunde Helfer sich meist ihrer Berufsgruppe oder ihrem Aufgabengebiet gegenüber zugehörig fühlen, fühlen sich pathologisch Helfende oft dem Gegenüber zugehörig. So ist zu verstehen, dass die Abgrenzung vom Hilfsbedürftigen bei pathologisch Helfenden häufig verschwommener oder unklarer definiert ist oder komplett fehlt. Dadurch, dass pathologisch Helfende sich durch ihre Hilfeleistung Zugehörigkeit wünschen, sind sie empfänglicher für private oder über die Hilfeleistung hinausgehende Kontakte mit dem Hilfsbedürftigen. Auch hierdurch kann sich wiederum die Abhängigkeit zwischen Helfer und Hilfsbedürftigem erhöhen.

Das Bedürfnis nach **eigener Heilung** ist bei gesunden Helfern i.d.R. nicht gegeben. Sie sind im Prozess emotional weniger beteiligt und können dadurch die Situation objektiver einschätzen und klarer Entscheidungen treffen. Dies bedeutet nicht, dass sie kein Mitgefühl oder keine Empathie haben, sie können nur klarer zwischen der eigenen und der Situation des Gegenübers unterscheiden und werden gefühlsmäßig nicht so sehr in die Situation hineingezogen, dass sie nicht mehr handlungsfähig sind. Pathologisch Helfende hingegen versuchen oft, durch die Hilfeleistungen eigene seelische Schmerzen zu überwinden. Sie sind wenig vom Gegenüber abgegrenzt und leiden tatsächlich mit. Das führt dazu, dass sie weniger in der Lage sind, die Situation sinnvoll zu managen und in der Situation selbst zum Hilfsbedürftigen werden. So lässt sich verstehen, warum sie dann möglicherweise mehr Schaden anrichten, als dass sie wirklich helfen. Auch dieser Prozess soll in einem kleinen Beispiel verdeutlicht werden.

> Ein Lehrer hat in seinem Unterricht einen 8-jährigen Jungen, der auf dem Bauernhof seiner Eltern aufwächst und in jeder freien Minute auf dem Hof hilft. Der Lehrer selbst ist auf einem Hof aufgewachsen und musste früh die Erfahrung machen, dass seine Eltern kaum für ihn da waren, dass er hart arbeiten musste und dass entsprechende Sanktionen drohten, wenn er nicht half. Dieser Lehrer könnte aus dem Motiv des eigenen, bis heute ungelösten Konflikts und des Schmerzes über die fehlende Kindheit und Elternliebe versuchen, dem Jungen zu helfen, sich aus der Hofarbeit zu „befreien". Er übersieht dabei möglicherweise, dass sein Schüler eine gute Beziehung zu seinen Eltern hat

> und mit voller Freude auf dem Hof helfen möchte. Möglicherweise deutet er diese Angaben des Schülers als Indiz dafür, dass sein Zustand so schlecht ist, dass er nicht mehr in der Lage ist, darüber mit einem anderen zu reden, und erhöht seine vermeintliche Hilfeleistung. Dass diese Hilfeleistung nun vom Schüler und den Eltern abgelehnt wird, erbost oder verbittert den Lehrer. Manche dieser Lehrer wenden sich nun an weitere Stellen, um diese auf die schwierige Lage des Schülers aufmerksam zu machen. Andere bestrafen die Ablehnung der Hilfeleistung, indem sie dem Schüler z. B. auch dann nicht mehr helfen, wenn dieser akut (aufgrund anderer Probleme) Hilfe braucht oder einfordert.
>
> Ein gesunder Helfer hätte die Situation des Schülers von eigenen (bearbeiteten) Erfahrungen klar abgegrenzt und zunächst genau geprüft, ob dieser Schüler überhaupt Hilfe braucht. Er wäre dann weniger emotional beteiligt und könnte auf fachlicher Ebene Interventionen planen, sofern nötig. Genauso wüsste er, wo seine fachlichen Grenzen liegen, und würde früh auch andere Experten um eine Einschätzung bitten.

Natürlich gibt es eine Menge anderer Beispiele und auch diese Beispiele könnten durch andere Motive erklärt werden. Wichtig ist jedoch, dass Sie ein klares Verständnis für die **Motivlage** des Helfens erlangen und sich auch selbst hin und wieder fragen, warum Sie in welchen Situationen helfen und ob Sie sich erhoffen, damit eigene Bedürfnisse befriedigen zu können. Auch gibt es eine Vielzahl weiterer Bedürfnisse, deren Erfüllung sich pathologisch Helfende durch das Helfen versprechen.

Bedürfnis nach	Innere (unbewusste) Motive, wie
Selbstwerterhöhung (Selbstwertgefühl)	„Ich will dich retten (und damit meine eigene Hilflosigkeit überwinden)."
Zugehörigkeit	„Ich will wichtig für dich sein. Ich will, dass du mich brauchst."
Angenommensein/ Akzeptiertsein	„Ich will erleben und fühlen, wie sehr du mich schätzt."
Bestätigung	„Ich will deine Dankbarkeit."
Wertschätzung	„Ich will, dass du mir zeigst, dass ich ein Mensch bin, der es verdient hat, geliebt zu werden."
Sinnhaftigkeit	„Ich will durch dich einen Sinn in meinem Leben haben."
Heilung	„Durch dich kann ich meinen eigenen Schmerz verarbeiten."
Macht	„Ich kümmere mich um dich. Ich regele die Dinge für dich."
…	…

Selbstverständlich gibt es viele weitere Bedürfnisse, die man hier aufführen könnte, und genauso selbstverständlich können andere als die oben aufgeführten Motive Grund des pathologischen Helfens sein. Wichtig ist an dieser Stelle, noch einmal zu betonen, dass diese Prozesse **i. d. R. im Verborgenen** ablaufen. Wären sie dem Helfer bewusst, würde er erkennen, dass sein Helfen zum einen den Hilfsbedürftigen gefährden kann; zum anderen würde er sein eigenes Leid erkennen und entsprechend für Abhilfe sorgen. Aus einem pathologisch Helfenden kann durch geeignete Maßnahmen, wie Beratung, Supervision, Coaching und Psychotherapie (immer in Abhängigkeit zum Schweregrad der Ausprägung), ein gesunder Helfer werden.

Wie bereits erwähnt, ist es für den pathologisch Helfenden zweitrangig, ob der Hilfsbedürftige klar Hilfe fordert oder sucht. Pathologisches Helfen geht manchmal mit **Omnipotenz** einher, also dem Gefühl, allmächtig zu sein. So ist verständlich, warum manche pathologisch Helfenden glauben, genau zu wissen, was das Gegenüber braucht.

Auch haben wir gesehen, dass pathologisch Helfende oft so sehr emotional in die Situation involviert und mit dem Gegenüber verstrickt sind, dass ihnen ein objektiver, fachlicher Blick fehlt. So werden sie zu hilflosen Helfern. Es kommt dann nicht selten zu Fällen der Hilfeleistung, die vom Hilfeempfänger nicht gewünscht sind und den pathologisch Helfenden verwirren oder sogar extrem frustrieren können. Hierdurch wird ein neuerlicher Schmerz aktiviert, der möglicherweise durch die Abwendung vom Gegenüber und der aktiven Suche nach neuen, möglicherweise (hoffentlich) hilfsbedürftigen Personen kompensiert wird. Nun lässt sich verstehen, warum die pathologisch Helfenden sich in manchen Fällen vom eigenen Partner, der eigenen Familie oder einzelnen Schülern abwenden und diese (unbewusst) sogar durch destruktive oder (latent) aggressive Verhaltensweisen schädigen.

Neben den hier ausführlich beschriebenen, aber oft unbewussten Prozessen gibt es einige Faktoren, die auf das pathologische Helfen hindeuten, wenn sie gehäuft auftreten. Die folgende Checkliste fasst diese zusammen:

> **Merkmale pathologischer Helfer**
> ✓ hohe Bereitschaft, bestimmte Typen von Aufgaben/Aufträgen zu übernehmen, deren Zuständigkeit bisher nicht geklärt wurde
> ✓ emotionale Beteiligung und Mitleiden bei bestimmten Aufgaben/Aufträgen
> ✓ Schwierigkeiten, sich dem Jammern und der Bedürftigkeit anderer zu entziehen

- ✓ bestimmte Dinge (die nicht die eigene Person betreffen) kommen zu nah an einen heran und wühlen emotional massiv auf
- ✓ schlechtes Gewissen oder Scham, wenn man die Bitten anderer ablehnt oder sich um die eigene Selbstfürsorge kümmert
- ✓ Rationalisierung des eigenen Helfens durch begründende Argumente, die eine helfende Weltanschauung betreffen (statt dass sie sich auf den Einzelfall beziehen)
- ✓ wenig Reflexionsbereitschaft
- ✓ viel im „Außen" sein, sich um andere kümmern, anstatt sich mit eigenen Gefühlen und Bedürfnissen zu beschäftigen und sich gut um sich selbst zu kümmern

→ geringe Selbstfürsorge

Wenn Sie den Verdacht haben, dass einige Ihrer Hilfeleistungen den o.g. Kriterien entsprechen, wäre es wichtig, diese genauer unter die Lupe zu nehmen. Dazu soll die folgende Übung dienen, die Sie jetzt direkt ausführen könnten.

 Meine Motive als Helfer

Zeit: 20 Minuten
Ort: überall
Benötigte Hilfsmittel: Stift

Wie Sie gerade gelesen haben, können die Motive Ihres Helfens sehr unterschiedlich sein. Einige der Motive sind Ihnen vielleicht bewusst, andere wirken eher im Verborgenen. Diese Übung soll Ihnen helfen, einen klaren Blick auf diese unterschiedlichen Motive zu bekommen. Dabei ist es wichtig, dass Sie sich möglichst unvoreingenommen und offen begegnen.

So funktioniert die Übung
Betrachten Sie einmal ganz neutral Ihre Hilfeleistungen. Dazu wäre es gut, wenn Sie sich einen Moment Zeit für einen kleinen Spaziergang nehmen oder es sich in Ihrem Lieblingssessel bequem machen. Sie können die Übung auch unterwegs, z.B. während einer Bahnfahrt, bei der der Blick in die Ferne schweift, durchführen.
Denken Sie nun zunächst an eine Situation aus den vergangenen Tagen, in der Sie Hilfe geboten haben. Versetzen Sie sich noch einmal in die Situation hinein. Wie war es genau? Nun beantworten Sie die folgenden Reflexionsfragen.

→

Notieren Sie die Antworten, um später darauf zurückgreifen zu können.

1. Was sind meine offensichtlichen Motive des Helfens gewesen?

2. Wie hätte ich mich gefühlt, wenn ich nicht in dieser Weise geholfen hätte?

3. Hätte ich diese Gefühle aushalten können?

4. Wie habe ich mich durch das Helfen gefühlt?

5. War ich genügend emotional distanziert oder bin ich von den Gefühlen des anderen „absorbiert" worden?

6. Welche meiner Bedürfnisse wurden durch das Helfen befriedigt?

7. Sind dies Bedürfnisse, die in anderen Kontexten zu kurz kommen?

8. Warum meinte ich, dass Hilfe nötig war?

9. Hätte jemand anderes auch geholfen?

10. Wie hätte die Hilfe eines anderen möglicherweise ausgesehen?

11. Habe ich den Hilfsbedürftigen in seiner Selbstverantwortung gelassen oder bin ich vielleicht etwas über das Ziel hinausgeschossen?

12. Wer hätte stattdessen helfen können?

13. Wäre jemand anderes eigentlich zuständig gewesen? Z. B. jemand mit einem anderen fachlichen Hintergrund (Arzt, Psychologe, Sozialarbeiter, PC-Experte etc.)

14. Erwarte ich Dankbarkeit vom Gegenüber?

15. Was wäre wohl passiert, wenn ich nicht geholfen hätte?

16. Habe ich einen eigenen, ähnlich gelagerten Konflikt?

➔

17. Wenn ich ganz ehrlich zu mir bin: Gibt es eigene, unverarbeitete Dinge, die in dieser Beziehung (zwischen Ihnen und dem Hilfsempfänger) zum Tragen kommen?

18. Was würde ich mir raten, wenn ich ein Arzt oder Psychologe oder ein guter Freund wäre?

Erläuterung
Die Antworten, die Sie sich nun selbst gegeben haben, helfen Ihnen vielleicht etwas, Ihre Hilfeleistung genauer zu betrachten und kritischer zu sehen.
Im Folgenden erhalten Sie zu jeder der Fragen einen Kommentar, um Ihnen Impulse für die Auseinandersetzung mit Ihren Antworten zu geben:

Zu 1) Vergleichen Sie einmal Ihre Motive mit der Tabelle auf S. 143. Sind sie anders oder ähneln sie den dort beschriebenen Motiven?

Zu 2) Gefühle wie Scham, Schuld, eigener Schmerz, Mitleid oder Traurigkeit können darauf hindeuten, dass Sie durch das Helfen einen eigenen Konflikt lösen wollten. Dies kann in einigen Fällen völlig unproblematisch und sogar sehr ehrenwert sein, z.B. wenn Sie einem verletzten Tier auf der Straße helfen und Ihr Mitleid Sie dazu veranlasst hat, zu handeln. Es gibt aber auch Situationen, in denen Sie aus einer eigenen Erfahrung heraus einen Schmerz empfinden, den der Hilfsempfänger gar nicht hat(te), und Sie also dort helfen, wo möglicherweise keine Hilfe nötig gewesen wäre. So können z.B. Selbstheilungskräfte dazu führen, eigenständig Krisen zu bewältigen.

Zu 3) Wenn das Nichtaushalten eigener Gefühle der Impuls zum Helfen ist, betrifft dies häufig eigene, nicht bewältigte Konflikte.

Zu 4) Wenn Sie spüren, dass Sie sich (all-)mächtig, unentbehrlich, groß oder besonders wichtig durch das Helfen gefühlt haben, kann dies ein Hinweis auf ein pathologisches Helfen sein.

Zu 5) Gesundes Helfen geht i.d.R. mit einer gewissen Distanz einher – man wird nicht „eins" mit dem anderen. Sollten Sie heftige Gefühle oder Körperreaktionen während oder nach dem Helfen bei sich wahrgenommen haben, spricht dies für eine mangelnde Distanz.

Zu 6) Vergleichen Sie auch hier Ihre Antworten mit der Tabelle auf S. 143.

Zu 7) Pathologisch Helfende sehen häufig keine andere Möglichkeit, die durch das Helfen befriedigten Bedürfnisse auf andere Weise zu befriedigen. Wie sieht es bei Ihnen aus? Mögen Sie sich auch, wenn Sie einmal nicht helfen? Gehören Sie dann weiterhin dazu?

Zu 8) Versuchen Sie, hier möglichst objektiv zu sein. Was sprach dafür, dass der Hilfsempfänger Hilfe brauchte?

Zu 9) Sprechen Sie einmal mit Freunden, wie sie die Lage eingeschätzt hätten.

Zu 10) Auch hier prüfen Sie bitte einmal, ob Ihre Hilfsleistungen der einzige Weg der Hilfe sind oder ob man auch auf anderen Wegen, durch anderes Verhalten, hätte (besser) helfen können.

➜

Zu 11) Versuchen Sie hier unbedingt, ganz ehrlich zu sein.

Zu 12) Waren Sie wirklich die Person, die am besten hätte helfen können (weil z. B. die Situation dies wirklich erforderte)?

Zu 13) Hatten Sie genügend fachliche Kompetenz oder war die Hilfe so nötig, dass es besser war, sofort etwas zu unternehmen? Hätte eine Person eines anderen Berufs beauftragt oder hinzugezogen werden müssen?

Zu 14) Eine Hilfsleistung, für die Sie Dankbarkeit erwarten, spricht häufig für eine Verstrickung oder einen unbewussten Konflikt.

Zu 15) Prüfen Sie kritisch, wie das Ausmaß der Folgen gewesen wäre, wenn Sie keine Hilfe geleistet hätten. Was wäre dann passiert?

Zu 16) Haben Sie eine ähnliche Situation schon einmal erlebt und deshalb ein besonderes Interesse an der Hilfsleistung gehabt, um z. B. die Gefühle des anderen zu neutralisieren, weil Sie wissen, wie schwer es ist, solche Gefühle auszuhalten, oder weil Sie die Erfahrung gemacht haben, wie schmerzlich es ist, wenn keiner hilft?

Zu 17) Welche Personen oder Situationen in Ihrem Leben waren der Person oder Situation ähnlich? Konnten Sie dennoch Distanz bewahren, um klar und strukturiert helfen zu können?

Zu 18) Nehmen Sie sich Zeit und Ruhe, diese Frage ehrlich zu beantworten. Sie wird Ihnen wichtige und hilfreiche Erkenntnisse auch über Ihre unbewussten Motive liefern können.

Diese Selbstreflexion kann Sie an Ihre Grenzen bringen. Vielleicht lässt sie Sie auch ratlos zurück. An solcher Stelle sei immer der Hinweis gegeben, dass ein solches Buch, wie Sie es in den Händen halten, keine fachkundige Beratung ersetzen kann. Die obigen Fragen und die von Ihnen gegebenen Antworten können ein Hinweis darauf sein, dass es im Sinne der Steigerung Ihrer Selbstfürsorge und, damit verbunden, Ihres Wohlbefindens und Ihrer Leistungsfähigkeit wichtig ist, sich intensiver mit dem Thema zu beschäftigen.
Vielleicht haben Sie durch die Beantwortung der Fragen aber auch ein ganz sicheres Gefühl bekommen, nämlich, dass Ihre Hilfeleistungen dem Hilfsempfänger ermöglichen, sich weiterzuentwickeln, zu wachsen und Krisen konstruktiv zu überwinden. Dann ist es jetzt vielleicht Zeit, einmal stolz auf die eigenen Fähigkeiten zu sein.

Fazit: Dieser Abschnitt sollte Ihnen die Unterschiede zwischen einer gesunden und einer pathologischen Form des Helfens darstellen und gleichzeitig aufzeigen, warum das pathologische Helfen nicht nur für den Hilfsbedürftigen, sondern auch für den Helfer zu einem Problem werden kann. Pathologisch Helfende helfen möglicherweise weniger objektiv, weniger fachlich und weniger emotional distanziert und schaden damit nicht nur ihrer eigenen Selbstfürsorge. Sie verstärken Abhängigkeiten des zu Helfenden, anstatt

ihm dazu zu verhelfen, sich selbst zu helfen und damit nicht länger auf Hilfe von außen angewiesen zu sein. Durch die Abhängigkeit lösen pathologisch Helfende beim Hilfsempfänger vielfach negative Gefühle, wie Schuld, Scham, Wut oder eine noch größere Hilflosigkeit, aus, was den Hilfesuchenden wiederum schwächt und für den pathologisch Helfenden der Beweis ist, dass weitere Hilfe nötig ist. Über diese weitere Hilfe befriedigt der pathologisch Helfende dann zunehmend seine eigenen, unbefriedigten Bedürfnisse. Durch die bestehenden Verstrickungen und die unbewussten Motive wird dieser Prozess von dem pathologisch Helfenden i.d.R. nicht reflektiert. Kommt es zu Abgrenzungen des Hilfsempfängers, wird diese Abgrenzung oft als Undankbarkeit fehlinterpretiert. Diese Fehlinterpretation löst dabei neuerliche latente, also verborgene, oder offene Konflikte aus.

Private Freundschaften – mehr als nur Freundschaft!

Während wir uns im ersten Abschnitt dieses Kapitels mit Hilfeleistungen beschäftigt haben, die in pathologischer Form häufig auch in „Freundschaften" zu finden sind (die Anführungszeichen sollen verdeutlichen, dass Freundschaften auf Augenhöhe so nicht möglich sind), soll dieses Unterkapitel wahre Freundschaften thematisieren. Wahre Freundschaften sind dabei i.d.R. gekennzeichnet durch ein über die Dauer ausbalanciertes Verhältnis zwischen „Geben" und „Bekommen".
Wir Menschen sind genetisch darauf ausgelegt, in **sozialen Verbänden** zu leben. Dies führt aber sogleich zum ersten Problem, welches ich thematisieren möchte, bevor es dann um die vielen schönen Aspekte von Freundschaft gehen soll.
Da wir, wie gesagt, das Bedürfnis nach **sozialer Zugehörigkeit** haben, reagieren wir auf Situationen, in denen diese Zugehörigkeit scheinbar in Gefahr ist, deutlich emotional. So können wir schon bei kleinen Säuglingen beobachten, dass sie anfangen zu weinen, sobald sie sich nicht mehr zugehörig fühlen. Auch wenn wir im Laufe des Lebens im Idealfall die Erfahrung machen, dass wir zeitweise ganz gut ohne andere Menschen auskommen, so bleibt doch das tiefe Bedürfnis nach Zugehörigkeit bestehen. Damit lässt sich unter anderem erklären, warum Motorradfahrer oder Hundebesitzer sich gegenseitig grüßen oder wir im Urlaub gleich gucken, wo die „anderen Deutschen" sind. Das Bedürfnis nach solchen Handlungen ist individuell natürlich genauso unterschiedlich, wie wir verschieden sind, und dennoch lassen sich Grundmuster erkennen.

Das bedeutet leider auch, und jetzt sind wir wieder bei den Freundschaften, dass wir geneigt sind, den Menschen in unserem Leben besonders viel Aufmerksamkeit zu schenken, die die sprichwörtlichen „Stinkstiefel" sind. Warum ist das so? Diese „Stinkstiefel" sind häufig nicht mit dem eigenen Leben, den Personen um sich herum, der Torte, die Sie mitgebracht haben, usw. zufrieden und senden damit immer eine bestimmte Botschaft aus, die wir intuitiv wahrnehmen: „Ich bin mir nicht sicher, ob du morgen noch mein Freund bist". Das wäre, sollte man logisch überlegen, ja kein Problem, wenn es sich doch eh um einen „Stinkstiefel" handelt. Aber das Problem ist dem bewussten Denken gar nicht immer zugänglich und zugleich erschwert es die Situation, wenn dieser „Stinkstiefel" zum engen Familien- oder Freundeskreis gehört. Dann machen wir das, was bereits Wölfe (und Hunde) machen, wenn sie etwas getan haben, was dem Mächtigeren missfällt: „Wir schleimen uns ein". Wölfe und Hunde lecken dann das Maul des anderen.
Wir versuchen, den anderen gütig zu stimmen, und kümmern uns damit möglicherweise besonders intensiv um ihn. Der andere macht damit eine für sich sehr wichtige Lernerfahrung: Wenn ich nur genügend „Stinkstiefel" bin, dann profitiere ich davon …

So entsteht in manchen Familien und Freundschaften eine Art Teufelskreis, in dem sich alle um den Stinkstiefel kümmern und der Stinkstiefel damit das Leben aller bestimmt. Das kann zuweilen auch einen Stinkstiefel überfordern und so wird er vielleicht so richtig stinkig, wenn Sie es nicht so machen, wie er es sich gewünscht hat. Die etwas heitere Darstellung soll nicht über die Ernsthaftigkeit der entstehenden Probleme hinwegtäuschen, Ihnen aber verdeutlichen, dass Sie es in der Hand haben, mit wem Sie sich in welcher Weise beschäftigen. Wenn ich über Stinkstiefel schreibe, dann sind damit ausdrücklich nicht die Menschen gemeint, die an psychischen Erkrankungen leiden, die behandlungsbedürftig sind, sondern vielmehr die Menschen, die die Erfahrung gemacht haben, dass das Leben ganz bequem sein kann, wenn man der Stinkstiefel ist.
Vielleicht wäre es ein erster Schritt, den Stinkstiefel aus seiner Rolle zu entlassen und ihm Grenzen zu setzen (was die meisten Stinkstiefel gar nicht kennen und oft nach etwas Gewöhnung positiv aufnehmen). Der zweite Schritt wäre es dann, die Beziehung genauer zu betrachten und zu prüfen, ob sie uns guttut. Dies kann ein schmerzhafter Prozess sein, wenn ich feststelle, dass ich seit 30 Jahren mit einem Stinkstiefel verheiratet bin, drei Kinder habe und sich ALLES ändern müsste, damit es mir besser geht. Oft muss sich aber gar nicht alles ändern. Es ist wichtig, den Prozess klar zu verstehen und in eine selbstfürsorgliche Richtung zu beeinflussen. Stinkstiefel sind besonders gut darin, vorzugeben, dass sie die Beziehung jederzeit beenden

können, wenn es nicht nach ihren Vorstellungen läuft, oder dass andere Sanktionen drohen. Meist sind dies, über die Zeit gesehen, allerdings leere Drohungen, da ja gerade die Stinkstiefel von den anderen Menschen abhängig sind, sie also brauchen.

Um herauszufinden, wem Sie in Ihrem privaten Umfeld wie viel Zeit und Engagement einräumen, finden Sie auf der nächsten Seite eine schöne Übung, die dies sehr gut verdeutlichen kann. Aus den Ergebnissen könnten Sie dann Konsequenzen ziehen und mehr kraftgebende Freundschaften aufbauen.
Wahre Freundschaften sind eine der wichtigsten Kraftquellen des Lebens. Sie bereichern uns, sie geben uns ein Gefühl der Zugehörigkeit und sie befriedigen noch ein viel wichtigeres Bedürfnis: das Bedürfnis, angenommen zu sein. Und zwar so, wie man ist. Das ist weit mehr als bloße Zugehörigkeit (zu einer Gruppe von Stinkstiefeln). So ist zu verstehen, dass unzählige Geschichten, Gedichte, Filme und Lieder von wahrer Freundschaft handeln und uns damit emotional tief bewegen können. Wenn Sie einen kurzen Moment innehalten, dann fällt Ihnen sicherlich auch so eine Erzählung ein, die Sie tief beeindruckt hat, oder Sie denken an ein bestimmtes Lied – z. B. singt Carole King mit „You've Got a Friend" ein Loblied auf die Freundschaft, ein beliebtes Lied von Queen heißt „Friends will be friends" und Heinz Rühmann bleibt in Erinnerung mit dem Lied „Ein Freund, ein guter Freund" …
Das Thema Freundschaft bewegt uns vermutlich, seitdem es Menschen gibt. Bereits in der Antike beschäftigten sich z. B. Aristoteles und Cicero eingehend mit der Frage, was Freundschaft sei. Wir wollen uns an dieser Stelle allerdings nicht mit der Definition von Freundschaft auseinandersetzen, sondern vielmehr die positiven Eigenschaften von guten Freundschaften beleuchten. In ihnen erfolgt i. d. R. soziale Unterstützung, sodass sie zu einem längeren und gesünderen Leben beitragen. Auch die Ehe, die Familie und Kinder gehen in unserer westlichen Gesellschaft meist aus einer Freundschaft hervor. In diesem Abschnitt soll daher zunächst die Freundschaft und dann die Partnerschaft thematisiert werden. All die Dinge, die Sie nun gleich lesen werden, kennen Sie vielleicht bereits. Es geht mir nicht darum, Ihnen bahnbrechende Neuheiten zu verkünden, sondern Ihnen beim Lesen den Raum zu geben, Ihre sozialen Beziehungen einmal zu überdenken und ihnen Zeit und Aufmerksamkeit zu schenken. Die folgende Übung soll dazu einen ersten Impuls liefern:

Meine sozialen Beziehungen unter der Lupe

Zeit: 30 bis 45 Minuten
Ort: überall
Benötigte Hilfsmittel: 3 unterschiedlich farbige Stifte, einer davon rot, einer grün

Unsere sozialen Beziehungen können wichtige Schutzfaktoren in schwierigen Zeiten sein, aber sie können auch Kraft kosten und Energie rauben. Diese Übung soll Ihnen helfen, Ihre Beziehungen genau zu reflektieren.

So funktioniert die Übung
Denken Sie einmal über all die Beziehungen nach, die Sie haben. Das können die Freundschaften zu Kollegen oder zu alten Freunden, die Familienbeziehungen usw. sein. Vielleicht gehen Sie in Gedanken die Woche oder das Jahr durch und überlegen, welche Kontakte dort vorkommen. Genauso kann es helfen, das Adressbuch durchzugehen.
Schreiben Sie nun alle Beziehungen, die Ihnen einfallen, in einer Liste auf. Sie sollten versuchen, zwischen 10 und max. 40 Namen aufzuschreiben. Beginnen Sie mit den wichtigsten Kontakten.

	Name		Name		Name		Name
1.		11.		21.		31.	
2.		12.		22.		32.	
3.		13.		23.		33.	
4.		14.		24.		34.	
5.		15.		25.		35.	
6.		16.		26.		36.	
7.		17.		27.		37.	
8.		18.		28.		38.	
9.		19.		29.		39.	
10.		20.		30.		40.	

Nun, wo Sie einen Überblick über Ihre sozialen Kontakte haben, versuchen Sie, diese nach Nähe bzw. Distanz (also in entsprechender Entfernung) um den ICH-Kreis auf der nächsten Seite herum anzuordnen. Sie können die Namen dann einkreisen, wobei die Größe eines Kreises die Häufigkeit Ihrer Kontakte zu dieser Person widerspiegeln (große Kreise = häufige Kontakte; kleine Kreise =

➜

seltene Kontakte). Alternativ können Sie durch die Kreise auch Ihr „Machtverhältnis" verdeutlichen (die Person bestimmt/lenkt unsere Treffen = größerer Kreis als Ihr ICH-Kreis und andersherum). Ebenso ist es möglich, einen sozialen Vergleich anzustellen (die Person ist [z. B. in Bezug auf Erfolg, Einkommen, Schönheit usw.] besser als ich = größerer Kreis als Ihr ICH-Kreis und andersherum). Entscheiden Sie selbst, welche dieser Varianten für Sie interessant ist. Sie können natürlich auch ein eigenes Kriterium aufstellen, nach dem Sie die Größe der Kreise wählen wollen.

Ordnen Sie nun Ihre sozialen Kontakte in Bezug auf Nähe und Distanz und evtl. weitere Kriterien um Sie herum an:

ICH

Anschließend möchte ich Sie bitten, sich die einzelnen Kontakte noch einmal vorzustellen und zu überlegen, aus welchen Kontakten Sie Energie und Kraft ziehen, d. h., welche Kontakte eine Ressource für Sie sind, und welche Kontakte Sie eher Kraft kosten. Umkreisen Sie die Kreise Ihrer Freunde nun mit roten Linien als Zeichen für „kostet Kraft" und grünen Linien für „gibt mir Kraft". Die Dicke der Linie zeigt dabei an, wie viel Kraft die Person kostet bzw. gibt. Sollten Sie sich in einigen Kontakten nicht sicher sein, welche Farbe der Kreis bekommen muss oder wie dick die Linie sein soll, achten Sie in den nächsten Kontakten mit dieser Person einmal ganz besonders darauf, wie gut Ihnen dieser Kontakt tut.

Erläuterung
Manchmal ist es so, dass gerade die Menschen, die wir häufig um uns haben, uns gar nicht so guttun. Dabei geht es mir nicht darum, dass Sie diese Menschen z. B. nicht weiter unterstützen sollten (sofern Ihre Unterstützung hilfreich ist; vgl. erster Abschnitt dieses Kapitels), sondern darum, dass Sie in diese Treffen vielleicht nicht die Erwartung stecken sollten, viel zu bekommen oder eine wirklich schöne Zeit miteinander zu verbringen, denn diese Erwartung ➔

> könnte dann enttäuscht werden und Sie werden zusätzlich unzufrieden mit Ihrem Kontakt. Wenn Sie bspw. einen depressiven Freund haben, dann ist es sehr wichtig, ihm Zeit, Nähe und Anerkennung zu schenken. Wenn Sie allerdings die Erwartung haben, dass dieser Kontakt eine gute Entspannung nach Ihrer Arbeit ist, dann werden Sie vermutlich enttäuscht und Ihr depressiver Freund überfordert mit Ihrer impliziten Erwartung sein. Wichtig ist es dann, helfende Kontakte durchaus auch als Belastung wahrzunehmen, um sich in anderen Zeiten bewusst um die eigene Selbstfürsorge und das eigene Energiemanagement zu kümmern und „wieder aufzutanken".
>
> Die Übung kann jedoch noch mehr: Sie gibt Ihnen nicht nur ein Gefühl dafür, von welchen Kontakten Sie profitieren, indem Sie Ihnen guttun, sondern auch, in welchem Näheverhältnis die Personen zu Ihnen stehen. Sie können daran erkennen, welche Beziehungen Sie wie intensiv erleben, und vielleicht sogar sehen, dass Sie sich von guten Freunden scheinbar distanziert haben. Diese Aspekte können Sie nutzen, um die Häufigkeit, die Art der Treffen und die Gestaltung der zukünftigen Beziehungen zu den verschiedenen Personen zu lenken.

■ Wie könnten Sie Ihre Freundschaften aktiv gestalten?

Vielleicht denken Sie zunächst an die langen Abende Ihres Studiums zurück. Meist haben Sie diese vermutlich nicht allein auf dem Sofa verbracht, sondern in sozialen Kontakten mit Ihren Freunden. Sie erinnern sich vielleicht daran, wie Sie sich spontan verabredet haben, bei Freunden vor der Tür standen oder Freunde Sie einfach besucht haben. Natürlich schränken das Berufsleben und insbesondere das Leben mit Kindern diese Möglichkeiten ein, aber Sie sollten überlegen, ob Sie diese Rituale nicht wieder einführen könnten.

Mit dem Älterwerden verändert sich bei den meisten von uns das Besuchsverhalten. Wir laden Freunde bewusst ein und besuchen sie i. d. R. auch nur auf Einladung. Diese kann förmlich und lange vorbereitet oder recht zeitnah erfolgen. Was aber meistens passiert, ist, dass wir uns und unsere Räume vorbereiten. Wir putzen, kaufen ein, bereiten das Essen vor, ziehen uns um ... und dann kommen die Freunde. Mit diesem Ritual sind viele Erwartungen verbunden, die dann schnell enttäuscht werden können. Die Freunde haben gar nicht den erwarteten Hunger, sie sagen nichts zum neuen Pullover oder zu den Blumen vor der Tür, die Sie extra gekauft haben. Auch bergen diese Formen von Besuchen das Risiko, dass Sie sich am Tag des Besuchs, ganz gleich, ob Sie Besuch erwarten oder eingeladen sind, gar nicht nach „Zusammensein" fühlen, sprich, Sie wären lieber allein, würden früh ins Bett gehen oder etwas anderes machen. Das Besuchen auf Einladung kann also dazu führen, dass Sie Ihren aktuellen Bedürfnisse nicht gerecht werden können.

Besuchen Sie Ihre Freunde spontan!

Sie müssen natürlich nicht auf die Einladungen verzichten, doch probieren Sie es wieder aus, Ihre Freunde ganz spontan zu besuchen (vgl. Kapitel 8). Dabei will ich Ihnen jetzt direkt mit auf den Weg geben, bevor Sie das Buch zur Seite legen, um loszufahren, dass Ihre Freunde möglicherweise auch nicht mehr daran gewöhnt sind, dass unangemeldet Besuch vor der Tür steht. Sie hören dann vielleicht, dass es gerade nicht passt, dass es nicht aufgeräumt ist, dass kein Essen im Haus ist ... Vielleicht machen Sie sich zur Sicherheit gleich eine Liste, wen Sie in welcher Reihenfolge versuchen wollen, zu besuchen, damit Sie nicht nach dem ersten Spontanversuch, der dann möglicherweise aus guten Gründen abgelehnt wird, enttäuscht nach Hause fahren. Am Ende der Liste könnten die Freunde von Ihnen stehen, die am schlechtesten Nein sagen können, denn hier haben Sie wohlmöglich die größte Chance, Erfolg zu haben. Sie erkennen mein Augenzwinkern bei dieser Empfehlung und dennoch will ich Ihnen ganz viel Mut machen, an freien Nachmittagen oder Abenden die Tradition des Studentenlebens wieder bewusst aufleben zu lassen. Meist sind diese spontanen Besuche die entspanntesten und lustigsten, weil einfach jede Vorbereitung und damit jede Mühe und Bildung von Erwartungen im Vorfeld fehlen.

Schaffen Sie Rituale

Trotz der positiven Effekte der Spontanität sind auch Rituale wichtig, denn sie geben in sozialen Beziehungen Halt und Beständigkeit. Solche Rituale ermöglichen es, ohne große Überlegungen die wichtigen Sozialkontakte zu pflegen. Das kann der wöchentliche, gemeinsame Sport sein, das kann ein monatliches Essengehen sein, der regelmäßige gemeinsame Theaterbesuch, ein Kurzurlaub zu jeder der vier Jahreszeiten oder einfach ein Telefonat zu einer festgelegten Zeit in jeder Woche.

Treffen Sie Freunde aus anderen Berufsgruppen

Das kennen Sie sicherlich nur zu gut: Sie treffen sich privat mit Ihren Lehrerkollegen und nehmen sich fest vor, den gesamten Abend nicht über Schule zu reden – und es klappt gerade mal 10 Minuten. Treffen Sie sich bewusst immer auch wieder mit Menschen aus anderen Berufsgruppen. Sie können Ihren Blick und Ihre Bewertungen verändern, weil Sie in ihrer täglichen Lebenswelt ganz andere Erfahrungen machen und sich mit ganz anderen Dingen beschäftigen. Schön ist es auch, wenn Sie sich hin und wieder mit Menschen treffen, die Sie schon kannten, bevor Sie Lehrer geworden sind. Diese Menschen sehen Sie häufig so, wie Sie „früher waren", und verbinden Sie weniger mit Ihrer Berufsrolle als die Menschen, die Sie erst später kennenlernten.

Öffnen Sie sich

Enge Freundschaften haben vor allem dann Bestand, wenn Sie Ihre Gefühle und Bedürfnisse mitteilen. Sie öffnen sich damit und sind dadurch zwar verletzbar, aber Sie erleben auf diese Weise, wie unterstützend Ihre Freunde sind. Diese Gespräche gehen viel tiefer als ein Austausch auf sachlicher Ebene. Probieren Sie es immer wieder, sich anzuvertrauen, um die Erfahrung machen zu können, gehalten zu werden und sich angenommen zu fühlen.

Reagieren Sie aktiv und konstruktiv

Sie können Ihre Kommunikation in einer wunderbaren Weise nutzen, um Beziehungen zu stabilisieren, nämlich indem Sie sich darin üben, stets aktiv und konstruktiv zu reagieren, wenn Ihnen jemand etwas berichtet. Damit ist Folgendes gemeint: Wenn Ihnen jemand von einem Erfolg, also etwas, das gut gelaufen ist, erzählt, haben Sie praktisch vier Möglichkeiten, darauf zu reagieren. Diese Möglichkeiten sollen in der folgenden Tabelle anhand eines Beispiels veranschaulicht werden:

Ihr Freund sagt zu Ihnen: „Ich bin am letzten Sonntag 8 km laufen gegangen." Sie könnten nun folgendermaßen reagieren:		
	aktiv	passiv
konstruktiv	„Das ist ja großartig. Erzähl mir genauer davon! Wie kam es dazu? Wie hast du dich dabei gefühlt?" usw.	„Toll! Das freut mich für dich."
destruktiv	„Meinst du nicht, dass du dich damit überfordert hast?"	„Was hattest du doch gleich für Tim zum Geburtstag ausgesucht?"

Wenn Sie *aktiv-konstruktiv* reagieren, wird dies bei Ihrem Gegenüber die positiven Gefühle des Erfolges wieder wachrufen und gleichsam werden Sie Ihre Gefühle vermutlich durch diese Form der Kommunikation verbessern. Näheres dazu, wie das genau funktioniert, erfahren Sie in der Übung auf der nächsten Seite.

Wenn Sie *passiv-konstruktiv* reagieren, dann werden Sie womöglich so reagieren, wie auch die meisten unserer Trainingsteilnehmer. Sie werden den Erfolg des anderen kurz mit einigen positiven Floskeln „würdigen", ohne allerdings empathisch mitzuschwingen oder andere, stärkere Körperregungen zu zeigen. Der Erfolg ist damit schnell abgehandelt und es kommt zum nächsten Thema.

Wenn Sie *aktiv-destruktiv* reagieren, dann zweifeln Sie. Was passiert mit den Gefühlen Ihres Gegenübers? Die Freude wird schnell verflogen sein. Ihr Gegenüber erkennt nicht nur in Ihrer Stimme, sondern auch durch Ihren Gesichtsausdruck (Stirnrunzeln, hochgezogene Augenbraue usw.) Ihre Skepsis. Eigentlich wollte er einen Erfolg verkünden, doch nun ist das positive Gefühl verschwunden und Sie besprechen mögliche negative Auswirkungen. Wenn Sie *passiv-destruktiv* reagieren, dann nehmen Sie den Erfolg des anderen kaum wahr und wenden sich dem nächsten Gesprächsthema zu. Auch hier wird Ihr Gegenüber kaum mehr Freude empfinden und vermutlich sogar enttäuscht sein.

Sie festigen Beziehungen, ganz gleich ob Freundschaften, Ihre Partnerschaft, die Beziehung zu Ihren Kindern oder Schülern, wenn Sie es lernen, regelmäßig aktiv-konstruktiv zu reagieren. Die folgende Übung zeigt Ihnen, wie es geht.

Aktiv-konstruktives Reagieren

Zeit: 5 Minuten
Ort: überall
Benötigte Hilfsmittel: keine

Aktiv-konstruktives Reagieren kann Ihre Beziehungen festigen und Verbundenheit schaffen, indem Sie und Ihr Gegenüber positive Gefühle miteinander erleben. Stellen Sie sicher, dass Sie sich die wichtigsten Aspekte dieser Art der Kommunikation gut eingeprägt haben, bevor Sie mit der Übung beginnen.

So funktioniert die Übung
Sobald ein Freund, Ihr Partner, eines Ihrer Kinder, ein Schüler oder ein Kollege einen Erfolg berichtet und Sie etwa 5 Minuten Zeit haben, üben Sie sich im aktiv-konstruktiven Reagieren. Dies gelingt durch bestimmte Frageformen. Wichtig ist es, dass Sie sich in der Stimmung dazu fühlen und nicht unter Zeitdruck stehen.
Ziel der Übung soll es sein, dass Ihr Gegenüber die positive Stimmung im Gespräch mindestens beibehält, besser noch vergrößert. Dazu ist es wichtig, immer wieder zu prüfen, ob Ihr Gegenüber noch positiv gestimmt ist. Hierzu beobachten Sie seine Mimik ganz genau und achten auf die Dinge, die er sagt. Fragen Sie nun bei einem Erfolg ganz genau nach und lassen Sie sich Details berichten. Stellen Sie dazu offene Fragen, wie z. B.:
→ Wie war die Situation ganz genau?
→ Wie hast du reagiert?
→ Wie hat sich das angefühlt?

→ Wie intensiv waren diese Gefühle?
→ Wo warst du, als es passierte? Wer war noch dabei?
→ Was war dein Beitrag zu dem Erfolg?
→ Welche deiner Stärken und Fähigkeiten kamen zum Einsatz?
→ Was daran war besonders schön?
→ Hattest du Helfer (Menschen, auf die du zählen konntest)?
→ Mit wem hast du den Erfolg schon geteilt?
→ Warst du stolz? Worüber genau?
→ Wird es wiederholt?
→ Gibt der Erfolg dir Kraft?
→ Lässt er sich auf andere (schwierige) Situationen ausdehnen?

Beenden Sie das Gespräch mit einem positiven Satz, wie „Es freut mich sehr, dass wir über all diese positiven Dinge gesprochen haben, und ich bin richtig stolz, nun einen Teil dieses Erfolges nachempfunden haben zu können".

Erläuterung
Wenn die Übung gut verläuft, erkennen Sie dies von allein. Dann werden Sie spüren, wie sich die positiven Gefühle Ihres Gegenübers ausdehnen und auch Sie selbst davon angesteckt werden.
Einige Fallstricke will ich Ihnen noch aufzeigen, bevor Sie üben:
I. d. R. wird die Laune des anderen eher schlechter, wenn Sie …
→ anfangen, ausgedehnt von sich oder Dritten zu erzählen („Phillip ist letztens auch 35 Kilometer gelaufen").
→ geschlossene Fragen stellen, die Ihr Gegenüber nur noch mit „Ja" oder „Nein" beantworten kann.
→ zögern, weil Ihnen keine guten Fragen mehr einfallen (deshalb sollten Sie vorher einige Fragen verinnerlichen, die auf jeden Fall gut funktionieren).
→ wieder in die aktiv-destruktive Reaktion rutschen.
Sie werden in Ihren Übungen merken, dass dieser neue Reaktionsstil gelernt sein will und es einige Übung braucht, bis Sie sicher darin sind. Lassen Sie sich nicht entmutigen, wenn es zu Anfang noch etwas holprig ist oder das Gespräch noch nicht so positiv gelungen ist, wie Sie es (von sich) erwartet haben.

Sie haben jetzt einige Ideen erhalten, wie Sie Ihre Freundschaften wieder mehr in den Fokus nehmen könnten. Wichtig ist es mir, an dieser Stelle noch einmal zu betonen, dass die vier Vorschläge natürlich nur eine ganz geringe Auswahl derjenigen Möglichkeiten darstellt, die es gibt, um Freundschaften auszubauen und zu vertiefen.

■ Eine besondere Freundschaft: die Partnerschaft

Eine besondere Form der Freundschaft ist die Partnerschaft. Liebe kann beflügeln und ebenso zerstören. Manche Menschen wachsen in der Liebe über sich hinaus, andere gehen an ihr fast zugrunde. Es gibt viele Aspekte, die an dieser Stelle thematisiert werden könnten, und es gibt zu diesen Aspekten unzählige Beziehungsratgeber. Im Sinne der Selbstfürsorge ist es meist hilfreich, die eigenen Bedürfnisse auch in Hinblick auf die Beziehung wahrzunehmen und zu kommunizieren. Gleichsam kann es hilfreich sein, Grenzen zu setzen. Dieser spezielle Aspekt soll weiter unten im Abschnitt „Grenzen setzen – die distanzierte Anteilnahme als Mechanismus der Selbstfürsorge" (S. 167 ff.) Beachtung finden.

Wenn es um die Bedürfnisse in Paarbeziehungen geht, dann mache ich in meinen Paarberatungen immer wieder die Erfahrung, dass die Partner sich ihre wichtigsten und tiefsten Bedürfnisse oft nicht oder nur in Ansätzen mitteilen. Gerade im Streit geht es häufig nicht um das, was wirklich los ist, sondern um Argumente auf der Sachebene, die dann nicht weiterführen.
So ist der Streit um die liegen gelassenen Socken im Flur, die mit dem Kommentar „Immer lässt du alles überall herumliegen" versehen werden, nicht wirklich ein Streit um Socken, die im Flur statt in der Wäschebox liegen, sondern vielmehr ein Streit um ganz tiefliegende Bedürfnisse. Es geht nicht darum, wo die Socken liegen. Es geht darum, dass der Partner sich nicht ernst genommen, nicht respektiert oder nicht wertgeschätzt fühlt, wenn er die Socken im Flur entdeckt. Solch eine „Kleinigkeit" zeigt in der Beziehung dann also an, dass ganz fundamentale Bedürfnisse in Gefahr sind. So entsteht ein Streit. Bei manchen Paaren entsteht der Harmonie wegen kein offener Streit, was nicht besser ist, wenn grundlegende Bedürfnisse nicht respektiert werden. Die meisten Paare streiten dann aber über die Socken, die Verteilung von Hausarbeit oder Persönlichkeitsmerkmale des Uneinsichtigen („Immer bist du ..."), anstatt ihre (gegenseitige) Verletzung (der Bedürfnisse und Grenzen) offen anzusprechen. Dabei wäre dies sogar ohne einen Streit möglich. Ein klassisches Beispiel liefert die Gewaltfreie Kommunikation nach Rosenberg, auf die ebenfalls im oben bereits erwähnten Abschnitt zum Grenzensetzen eingegangen wird.

An dieser Stelle möchte ich Sie zunächst ermuntern, sich mit Ihren Bedürfnissen in Ihrer Paarbeziehung auseinanderzusetzen. Dies kann sogar eine hilfreiche Übung sein, wenn Sie derzeit nicht in einer Beziehung leben, aber vorhaben, der Liebe noch einmal eine Chance zu geben.

Meine Bedürfnisse in der Partnerschaft

Zeit: ca. 20 Minuten
Ort: überall
Benötigte Hilfsmittel: Stift

Fragen Sie sich einmal in einer ruhigen Minute, welche Bedürfnisse Sie in Bezug auf die Liebe und die Partnerschaft haben, und setzen Sie diese Bedürfnisse in eine Hierarchie (das wichtigste Bedürfnis steht unten, die anderen bauen auf diesem Fundament auf). Natürlich dürften auch mehrere Bedürfnisse auf einer Stufe stehen.

So funktioniert die Übung
In die hier dargestellte Pyramide können Sie durch Wörter, Symbole oder wie es für Sie passend ist, die Bedürfnisse schreiben, die Ihnen in der Partnerschaft von besonderer Bedeutung sind. Vielleicht mag sogar Ihr Partner gleichzeitig eine eigene Pyramide ausfüllen.

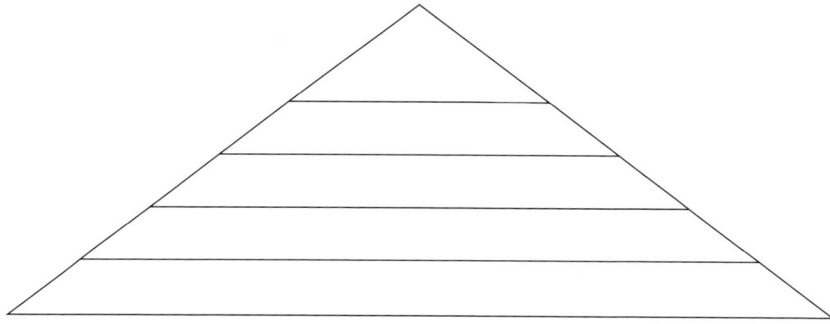

Erläuterung
In Zukunft bitte ich Sie, im Streit oder wenn in Ihnen negative Gefühle hochkommen, kurz innezuhalten und zu prüfen, welche der Ihnen wichtigen Bedürfnisse gerade in Gefahr sind. Diese Bedürfnisse sollten Sie dann ansprechen. Die Wahrscheinlichkeit ist groß, dass Sie dadurch im Streit klarer werden und dann endlich um das streiten, worum es Ihnen wirklich geht.

Neben der offenen Mitteilung der eigenen Bedürfnisse ist es von Bedeutung, auch die positiven Aspekte der Beziehung immer wieder in den Fokus zu rücken. Auf den ersten Blick scheint es, als haben die folgenden beiden Ideen nur wenig mit aktiver Selbstfürsorge zu tun, aber das Gegenteil ist der Fall. Durch die Verbesserung der Paarbeziehung und die bewusste Wahrnehmung der Dinge, die gut laufen, betreiben Sie eine indirekte Selbstfürsorge. Gerade im Lehrerberuf gibt es Zeiten, die dem Partner einiges abverlangen. Typischerweise sind das die Wochen vor den Zeugnissen, wenn einfach keine Zeit mehr für irgendetwas anderes ist. Um solche Phasen gut zu überstehen, kann es sehr hilfreich sein, die Beziehung schon im Vorfeld zu stabilisieren. Dazu ist das System Schule leider häufig defizitorientiert und ebenso ist der Sprachgebrauch mancher Lehrkräfte ausgelegt. Durchbrechen Sie dies, indem Sie bewusst **positiv kommunizieren**. Fredrickson und Losada haben im Jahr 2005 Geschäftsbesprechungen in 60 Unternehmen wortwörtlich protokolliert und anschließend analysiert.[12] Aus den Ergebnissen dieser Untersuchung entstammt die Losada-Rate, die nämlich besagt, dass Unternehmen dann besonders erfolgreich sind, wenn das Verhältnis zwischen positiven und negativen Aussagen 2,9 zu 1 beträgt. Später wurden auch Ehepaare untersucht und es zeigte sich, dass hier das Verhältnis zwischen positiven und negativen Aussagen 5 zu 1 betragen musste, um eine langfristig stabile und liebevolle Beziehung vorhersagen zu können. Nun denken Sie einmal an Ihre Beziehung. Wie sprechen Sie mit Ihrem Partner?

Versuchen Sie, langsam über die nächsten Wochen ein Verhältnis von 5 zu 1 bewusst aufzubauen. Dabei geht es nicht darum, die Socken im Flur plötzlich positiv zu kommentieren, sondern gezielt auch die Dinge anzusprechen, über die Sie sich freuen, die Sie schön finden oder die Ihnen guttun.

Darauf aufbauend, kann eine wunderbare Übung aus der Fachrichtung der Positiven Psychologie weiteres Glück in Ihre Beziehung bringen: Üben Sie sich in **Dankbarkeit**.

Oft, besonders im Alltag und insbesondere vor den Zeugnissen, kommt der Ausdruck der Dankbarkeit anderen Menschen gegenüber zu kurz. Ich möchte Sie zu einer evaluierten Übung einladen (vgl. Seligman et al. 2005[13]), die nachweislich dazu in der Lage ist, Ihre Beziehung zu verbessern und Ihnen tiefe Emotionen zu schenken. Schreiben Sie einen Dankbarkeitsbrief:

Der Dankbarkeitsbrief

Zeit: mindestens 20 Minuten bis 2–3 Tage
Ort: überall
Benötigte Hilfsmittel: Stift und Briefpapier

So funktioniert die Übung
Schreiben Sie einen Dankbarkeitsbrief (max. zwei DIN-A4-Seiten) an Ihren Partner. Nehmen Sie sich für diese Aufgabe im besten Falle einige Tage Zeit. Die folgenden Fragen bieten Ihnen Anregungen:

➜

- ➔ Was hat mich „damals" besonders an dir begeistert? (Wählen Sie nichts, was jetzt gänzlich anders ist, z. B. „früher warst du so schön schlank …", sprich: keine indirekte Kritik.)
- ➔ Was hat mich in einer ganz besonderen Weise angezogen?
- ➔ An welche Erlebnisse aus der Phase der ersten Verliebtheit denke ich besonders gern zurück? (Wählen Sie nichts, was heute nicht mehr zu realisieren ist und deshalb traurig machen könnte.)
- ➔ Wieso habe ich mich gerade in dich verliebt?
- ➔ Welche Träume habe ich mit dir verwirklichen können?
- ➔ Welche Entwicklung habe ich genommen, weil du mich unterstützt hast?
- ➔ Wofür bin ich dir unendlich dankbar?
- ➔ Für welche Alltäglichkeiten bin ich dir dankbar?
- ➔ Was tust du, als wäre es selbstverständlich, obwohl wir beide wissen, dass es nicht selbstverständlich ist, das für einen anderen zu tun?
- ➔ Worauf bin ich besonders stolz?
- ➔ Was mag ich heute mehr als früher an dir?
- ➔ Was wünsche ich mir für dich?

Schreiben Sie den Brief, wenn er fertig ist, noch einmal in Schönschrift ab. Verabreden Sie sich anschließend mit Ihrem Partner und sagen Sie ihm, dass Sie über etwas sprechen möchten, das Ihnen ernst und wichtig ist. Sagen Sie ihm nicht, worum es geht. Nach einer Small-Talk-Phase nehmen Sie den Brief und lesen ihn laut vor! (Es sollte möglichst nur Ihr Partner anwesend sein oder eventuell noch enge Verwandte, Kinder oder sehr enge Freunde.) Wichtig: Lassen Sie sich beim Vorlesen nicht unterbrechen. Anschließend überreichen Sie den sauber abgeschriebenen Brief als Erinnerung.

Erläuterung
Diese Übung wird bei Ihnen und Ihrem Gegenüber tiefe Emotionen auslösen und Sie beide werden sich längere Zeit an diesen besonderen Tag erinnern. Vielleicht können Sie die Übung zur Gewohnheit werden lassen, z. B. am Geburtstag, am Hochzeitstag und zu Weihnachten … womöglich können Sie die Übung auch auf Ihre Kinder, andere Familienangehörige oder Freunde übertragen. Vielleicht könnte Ihnen das Video „The Science of Happiness – An Experiment in Gratitude" auf YouTube eine Motivationshilfe sein.

An dieser Stelle will ich auf weitere Übungen für Paare verzichten, da sie sich thematisch zu weit von der Selbstfürsorge entfernen. Sie finden im Anhang allerdings einige weiterführende Werke, die hilfreiche Tipps für die Verbesserung von Paarbeziehungen bereitstellen.

Fazit: Soziale Beziehungen sind einer der wichtigsten Schutzfaktoren für uns Menschen und damit von enormer Bedeutung für die aktive Gestaltung der Selbstfürsorge. Gute Beziehungen stabilisieren uns und führen langfristig zu mehr Gesundheit, wohingegen destruktive Beziehungen uns vielfältig schaden können. Es kommt also auf die Güte der Beziehung an. Hilfreiche Beziehungen zu pflegen, ist Bestandteil der Selbstfürsorge. Die in diesem Abschnitt erläuterten Tipps sollen Ihnen Möglichkeiten aufzeigen, Ihre Beziehungen zu überprüfen und selbstfürsorglich zu vertiefen.

Privates Engagement – mehr vom Gleichen oder etwas Neues?

Vielen von uns reicht das Engagement in der Schule oder in der eigenen Familie, sofern vorhanden, nicht aus, um ein erfülltes Leben zu führen. Gerade wenn noch keine eigene Familie besteht oder die Kinder bereits aus dem Haus sind, stellen sich viele Lehrer die Frage, wie sie sich über die dienstlichen Verpflichtungen hinaus engagieren könnten. Manche machen mehr vom Gleichen – geben also z. B. Nachhilfe, leiten einen Chor oder geben Flüchtlingen Deutschunterricht – und fühlen sich dennoch nicht ausgefüllt. Ich will die genannten Formen von Unterstützung in keinster Weise infrage stellen und dennoch möchte ich Sie, aufgrund meiner vielfältigen Erfahrungen mit Lehrkräften, einladen, anders zu denken.

In der Positiven Psychologie ist das PERMA-Modell nach Martin Seligman als erklärendes Modell für **allumfassendes Wohlbefinden** etabliert. Bei der Frage, wie das Wohlbefinden gesteigert werden kann, kommt es auf fünf Faktoren an, die wissenschaftlich gut untersucht sind. Und genau diese fünf stehen hinter den einzelnen Buchstaben im Namen des Modells:

P = Positive Emotions = positive Gefühle (Freude, Glück, Dankbarkeit, Genuss, Zuneigung …)
E = Engagement
R = Relationships = positive Beziehungen (Zugehörigkeit, Angenommensein)
M = Meaning = Sinn (Sinnhaftigkeit des eigenen Lebens erfahren)
A = Accomplishment = Zieleerreichen, Leistung, etwas Bleibendes schaffen

Gerade das private Engagement sollte durch **Freiwilligkeit** gekennzeichnet sein. Wie schön wäre es, wenn hier alle fünf Facetten des Wohlbefindens – positive Emotionen, Engagement, positive Beziehungen, Sinnhaftigkeit und

Zieleerreichen – zum Tragen kämen. Ich glaube, dass dies möglich wäre. Gleichzeitig erklärt uns das PERMA-Modell, warum ein Engagement, sei es beruflich, privat oder familiär, uns glücklicher werden lässt. Es verbindet im besten Falle alle fünf Facetten miteinander.

Nun will ich Sie zu einer weiteren Idee einladen. Ich lade Sie an dieser Stelle ausdrücklich ein, da Sie eine Einladung jederzeit und ohne ein schlechtes Gewissen haben zu müssen, ablehnen können. Ich möchte Ihnen vorschlagen, Ihr privates Engagement zu überdenken. Wenn Sie noch kein privates Engagement haben, ist der heutige Tag vielleicht der Richtige, um über Möglichkeiten nachzudenken, die in Ihrer Zukunft liegen.
Ich bin überzeugt, dass privates Engagement besonders dann sehr förderlich für Ihr Wohlbefinden ist und zugleich noch Ausgleich zur Arbeit bietet, wenn es möglichst anders ist als das, was Sie sonst machen! Was ich damit meine, können Sie durch folgende Übung erfahren:

Mein berufliches Engagement unter der Lupe

Zeit: ca. 15 Minuten
Ort: überall
Benötigte Hilfsmittel: Stift

Um ein privates Engagement zu finden, welches möglichst anders ist als das, was Sie schon den ganzen Tag (in der Schule) machen, sollten Sie zunächst die Facetten Ihres täglichen Tuns unter die Lupe nehmen.

So funktioniert die Übung
Wodurch zeichnet sich Ihr Schulalltag aus? Kreuzen Sie an, was auf Sie zutrifft, und ergänzen Sie weitere wichtige Punkte:

- ❏ viele Kontakte
- ❏ viel sprechen
- ❏ viel zuhören
- ❏ „Kopfarbeit"
- ❏ einseitige Körperhaltungen
- ❏ wenig ausgleichende Bewegungen/Sport
- ❏ viel in geschlossenen Räumen sein
- ❏ wenig Licht, Luft und Sonne
- ❏ Konflikte lösen
- ❏ Spannungen aushalten müssen
- ❏ Erwartungen gerecht werden müssen

- ❏ gut gekleidet sein, gepflegte Erscheinung
- ❏ höflich und bedacht sein
- ❏ helfen müssen
- ❏ anleiten
- ❏ vorgeben
- ❏ entscheiden
- ❏ klare Zeitvorgaben
- ❏ mit Papier arbeiten
- ❏ Bücher lesen
- ❏ Arbeitsmaterial strukturieren

➜

Weitere Merkmale, die Ihnen jetzt zu Ihrer Arbeit als Lehrkraft einfallen:

❏ .... ❏ ....
❏ .... ❏ ....
❏ .... ❏ ....

Erläuterung
Sie haben sich nun einen guten Überblick über die strukturellen und damit verbundenen körperlichen und psychischen Anforderungen und Merkmale Ihrer Arbeit verschafft. Dies ist die Voraussetzung dafür, herauszufinden, welche Art von privatem Engagement Ihnen guttut.

Nachdem Sie nun Ihr berufliches Engagement unter die Lupe genommen haben, möchte ich Sie einladen, auch Ihr privates Engagement zu überprüfen. Wenn Sie Nachhilfe geben oder einen Chor leiten, werden Sie möglicherweise feststellen, dass ganz viele Charakteristika sich bzgl. der Anforderungen in der Schule ähneln. Im Sinne der Selbstfürsorge möchte ich Ihnen vorschlagen, dass Sie nun einmal etwas ganz anderes tun als das, was Sie sowieso schon den ganzen Tag machen.

> Wenn ich in meinem privaten Engagement, also neben meinem Praxisbetrieb und meinen Trainings, Vorträgen und Workshops, Eltern von krebskranken Kindern betreue, ist das sehr ehrenwert, aber es ist fast so, als würde ich „normal" arbeiten. Ich würde viel sprechen, viel zuhören, meist in geschlossenen Räumen sitzend, schwierige Emotionen würden an mich herangetragen werden und ich würde von viel Leid hören.
>
> Dieses Engagement ist sicherlich sehr wichtig, doch vielleicht fällt es eben genau nicht unter die Kategorie „Privates Engagement mit dem Ziel der Steigerung von Selbstfürsorge und Wohlbefinden". Durch die Überschneidung der Charakteristika meines beruflichen und privaten Engagements wäre die Gefahr hoch, dass ich mich irgendwann überfordert, übersättigt, leer und ausgebrannt fühle.
>
> Um mein Wohlbefinden durch mein privates Engagement nachhaltig zu steigern, wäre es womöglich gut, etwas ganz anderes zu tun. Ich könnte z. B. Kröten über die Straße helfen. Jedes Jahr im Frühjahr vollziehen Erdkröten die Laichwanderung. Viele Tiere werden dabei überfahren. Dabei gibt es bestimmte Parameter, die die Wanderung in Gang setzen, und bestimmte Wetterbedingungen, die zu besonders vielen Kröten auf der Straße führen.
>
> Wenn ich jetzt also jedes Frühjahr Kröten sammle, dann hat dies für die Kröten, aber auch für mich viele Vorteile. Die Kröten wollen i. d. R. nicht mit mir sprechen und ich brauche ihnen auch nicht zuzuhören, das Einsammeln geht auch ganz ohne andere Menschen und erfordert keine Kopfarbeit. Ich bin an

> der frischen Luft, führe ganz unterschiedliche Körperhaltungen aus und gehe dabei spazieren. Ich ziehe meine alten Gummistiefel an und erlebe mich ganz anders als die Psychologin, die im Anzug Vorträge hält. Hier und da laufe ich wie früher durch die Pfützen ... manchmal mit meinem Sohn an der Hand und dem Eimer in der anderen Hand. Ich gerate nicht in zwischenmenschliche, emotional belastende Situationen, ich beschäftige mich ganz real mit etwas „Erdigem" und brauche dazu keinerlei Papierkram. Über das Internet bin ich gut informiert, wo und wie ich sammeln sollte.

Dieses kleine Beispiel soll verdeutlichen, dass ein privates Engagement unter Umständen besonders dann zum Glück beiträgt, wenn es ganz anders ist als das, was Sie beruflich machen. Dennoch neigen viele von uns dazu, einfach mehr vom Gleichen zu machen, denn darin sind sie ja bereits besonders gut ... Eine Gesellschaft braucht aber nicht nur Experten auf ihrem Gebiet, sondern Menschen, die sich ganz unterschiedlich einbringen können und wollen. Wie schön wäre es, wenn der Förster, den ganzen Tag in der Natur und oft allein unterwegs, abends den Eltern der krebskranken Kinder vom Wald erzählt und sich ihre Geschichten anhört und ich in der Kreisstraße in seinem Wald die Kröten sammle? Eine Gesellschaft profitiert von ihrer Vielfältigkeit und ich bin mir sicher, dass Sie Mittel und Wege finden, Ihr privates Engagement im Sinne der Gesellschaft und zur gleichzeitigen Steigerung Ihres eigenen Wohlbefindens einzusetzen.

Anhand der oben stehenden Übung können Sie nun überlegen und recherchieren, welches Engagement möglichst anders wäre als alles, was Sie sonst tun. Bevor Sie loslegen, hier noch einmal die wichtigsten Kriterien

Kriterien für selbstfürsorgliches privates Engagement
✓ Das Engagement ist anders als das, was Sie sonst tun.
✓ Es ist zeitlich flexibel und setzt Sie nicht durch (insbesondere weitere zwischenmenschliche) Erwartungen unter Druck.
✓ Es ist etwas, das Ihnen das Gefühl von Sinnhaftigkeit verleiht.
✓ Es ist körperlich ausgleichend.
✓ Es ist etwas, wo die Erfolge bzw. das Feedback sofort sichtbar sind.

Wenn es sich schon beim Darübernachdenken merkwürdig (also des Merkens würdig) anfühlt, ist es womöglich genau richtig. Vielleicht hören Sie an dieser Stelle auch einmal wieder auf Ihr Herz und Ihr inneres Kind – gab es früher Träume, die heute im Beruf oder der Familie zu kurz kommen? Gibt es im

Engagement Wege, diesen Träumen wieder ein Stück näher zu kommen? Vielleicht können Sie Ihr Engagement sogar mit der Familie verbinden? Welches Engagement auch immer Sie für sich auswählen – ich wünsche Ihnen dabei viel Freude, viel Leichtigkeit und viele Momente, die sich tief in Ihrem Herzen genau richtig anfühlen.

Fazit: Privates Engagement kann Ihr Wohlbefinden erheblich steigern und damit ein wichtiger Teil Ihrer Selbstfürsorge sein. Das Engagement sollte dabei möglichst Facetten Ihres Lebens widerspiegeln, die in den vielen Stunden in der Schule zu kurz kommen.

Grenzen setzen – die distanzierte Anteilnahme als Mechanismus der Selbstfürsorge

Das Setzen von Grenzen ist im Hinblick auf die Stabilisierung der Selbstfürsorge gerade für Lehrkräfte von zentraler Bedeutung. Auch Trainings im Bereich Lehrergesundheit fokussieren mehr und mehr den Umgang mit den eigenen Grenzen und Grenzsetzungen.
Für Lehrkräfte ist es ausgesprochen wichtig, ihre eigenen Grenzen frühzeitig zu erkennen, um z. B. Burnout zu vermeiden und ein hohes Wohlbefinden beizubehalten. Weiterhin erhöht sich die Professionalität durch die sogenannte **distanzierte Anteilnahme** (vgl. Lief und Fox, 1963[14]). Ein Lehrer hat engen und teilweise privaten Kontakt zu Schülern, Eltern und Kollegen und muss daher ganz besonders darauf achten, Anteilnahme und Interesse am Leben der anderen zu zeigen und dennoch „bei sich" zu bleiben.
Dabei steht ein Lehrer im Mittelpunkt unterschiedlicher Erwartungen; denen der Schüler, der Eltern, der Führung und der Kollegen sowie denen des Landes, aber auch denen des Partners, der Kinder, der Freunde und nicht zuletzt der eigenen!
Dabei das richtige Maß zu finden, ist nicht immer eine leichte Aufgabe, insbesondere wenn das Gegenüber Unterstützung braucht oder sie sogar fordert. Die distanzierte Anteilnahme ist dabei die zentrale Strategie, langfristig gesund und erfolgreich im Lehrerberuf wachsen zu können. Diese Strategie wurde von Lief und Fox für helfende Berufe ausführlich beschrieben. Es geht nicht darum, sich zu sehr zu distanzieren und seinen Gefühlen keinen Raum mehr zu geben, sondern darum, in der Anteilnahme nicht „überflutet" zu werden und handlungsfähig zu bleiben. Wenn Sie bspw. von massivem Miss-

brauch Ihres Schülers erfahren, dann kann Sie das so sehr betroffen machen, dass Sie nicht mehr in der Lage sind, fachlich korrekt und damit hilfreich zur Seite zu stehen. Genauso könnten Sie starke Vorwürfe eines Elternteils so sehr angreifen, dass Sie sich nur noch zur Wehr setzen wollen. Während im ersten Fall die Anteilnahme übermächtig werden könnte, wäre es im zweiten Falle ungünstig, wenn die Distanz sich durch die Vorwürfe so sehr vergrößert, dass für die (meist auch hilflosen) Eltern an Sie „kein Rankommen" mehr möglich ist. Es geht bei der distanzierten Anteilnahme also darum, die eigenen Emotionen so zu steuern, dass sowohl ein gesundes Maß an Anteilnahme als auch ein gesundes Maß an Distanz erhalten bleibt.

Im Folgenden wird das Wahrnehmen der eigenen Grenzen thematisiert und aufgezeigt, wie eine **„herzliche" Abgrenzung** möglich werden kann: Wie kann ich Nein sagen, ohne andere zu verletzen oder zu viel Distanz aufzubauen? Wie kann ich meine Grenzen sinnvoll kommunizieren und dabei gute Gefühle behalten?

Ich will Ihnen das Thema am Beispiel eines Gartens darstellen. Nehmen Sie an, Sie hätten einen Garten, den Sie nicht pflegen, nicht mögen und nicht mit Liebe angelegt haben. Dann wäre es verständlich, wenn Sie keinerlei Vorkehrungen treffen würden, dass Fremde keinen Zugang zu Ihrem Garten hätten, denn es gäbe ja nichts zu holen. Wenn Sie wiederum an Menschen denken, die in großen Villen und genauso großen, schön angelegten und mit teuersten Pflanzen versehenen Gärten leben, dann wissen Sie, dass diese Menschen meist über neuste Alarmanlagen verfügen und sich gegen Eindringlinge wehren.

■ Schritt 1: Wahrnehmen der eigenen Schätze

Stellen Sie sich nun Ihr Inneres als einen Garten vor. Je schöner es hier aussieht, je wichtiger Ihnen dieser Garten ist und je mehr Zeit und Geld Sie in ihn investiert haben, desto weniger werden Sie Fremden Zutritt gewähren, die möglicherweise Schaden anrichten wollen.

Zunächst ist es wichtig zu verstehen, dass wir anderen nur dann sinnvoll Grenzen setzen können, wenn wir uns selbst mögen, ja vielleicht sogar lieben. Sie bräuchten nur einige Goldbarren in Ihrem Garten zu vergraben und schon würden Sie sich gegen den Bagger des Nachbarn massiv zur Wehr setzen. Wenn Sie lernen wollen, anderen Menschen Grenzen zu setzen, ist es daher unerlässlich, sich selbst als schützenswert zu betrachten. Das mag Ihnen jetzt beim Lesen sinnvoll, ja vielleicht sogar banal erscheinen, aber denken Sie einmal an die letzte Situation, die Ihnen widerfahren ist, wo Sie nicht Nein gesagt haben, obwohl Sie es hätten sagen wollen oder sollen. An dieser Stelle haben Sie sich nicht genügend geschützt, die eigenen Bedürfnisse nicht vor die Bedürfnisse des Gegenübers gestellt. Nun könnten Sie erwägen, dass dies auch allzu egoistisch gewesen wäre – an dieser Stelle möchte ich Sie an Kapitel 2 „Selbstfürsorge als Haltung" erinnern. Ich bin und bleibe fest davon überzeugt, dass wir anderen Menschen besonders gut helfen können, wenn wir selbst gut versorgt sind. Wenn Sie Ihren Nachbarn im Garten aus allzu großem Wunsch, zu helfen, oder weil Sie nicht Nein sagen können, Ihre letzte Saatkartoffel schenken, dann werden Sie bald nichts mehr zum Essen haben. Im Bild des Gartens stellt sich also die Frage, für wie schützenswert Sie Ihren Garten halten und wie gut sie ihn pflegen.

Es geht beim Grenzensetzen im ersten Schritt also darum, sich selbst als etwas Schützenswertes, Liebenswertes, Schönes zu verstehen. Dies ist die Grundvoraussetzung dafür, Grenzen zu setzen.

■ Schritt 2: Sich selbst begrenzen

Wir bleiben im Bild des Gartens, denn daran wird es ganz anschaulich. Wenn Sie sich nicht selbst begrenzen, z. B. in der Größe Ihres Gartens, dann werden Sie es kaum schaffen, ihn gepflegt und schön zu halten. Sie zweifeln? Stellen Sie sich vor, Ihr Garten wäre mehrere Hundert Hektar groß, dann würden Sie an manche Stellen des Gartens vielleicht nur einmal im Jahr kommen und den Großteil Ihres Gartens gar nicht richtig kennen. Gleichsam wäre es für andere Menschen schwierig zu verstehen, wo Ihr „wirklicher" Garten anfängt und wo man einfach herumspazieren kann. Wenn Sie sich nicht selbst begrenzen, wird es für andere schwer sein, Ihre Grenzen zu erkennen. Vom Garten in den Schulalltag: Wenn Sie regelmäßig über das normale Maß hinaus arbeiten, Aufgaben übernehmen, die sonst keiner übernommen hätte, Gespräche länger führen als vorher angekündigt, da Ihr Gegenüber so viel Hilfe braucht, sich verzetteln, versuchen, alles gleichzeitig zu machen, und Ihre körperlichen, Ihre geistigen sowie Ihre seelischen Grenzen nicht beachten, dann werden andere kaum erkennen können, wo Grenzen überhaupt zu finden und zu respektieren sind. Schnell werden Ihnen Zusatzaufträge in einer Art „Routine" zugeteilt, es wird mehr und mehr von Ihnen verlangt und Gesprächszeiten werden bis aufs Äußerste ausgereizt (es sei denn, Ihr Gegenüber hat noch einen Termin). Sie kennen das vielleicht in Ansätzen. Ich gehe noch einmal zurück in das Bild des Gartens und will Ihnen von einer meiner frühen Supervisionserfahrungen berichten.

> Dort hatten wir die Aufgabe, uns einen inneren Garten vorzustellen*. Es sollte um unsere Grenzen gehen. Eine wundervolle Übung. Nach der Imagination bekamen wir die Aufgabe, unseren Garten aufzumalen. Wir besprachen die Gärten nacheinander. Irgendwann war eine junge Kollegin an der Reihe, die ich schon immer fachlich sehr schätzte. Sie zeigte Ihren Garten der Gruppe. Sie hatte einfach eine große Wiese gemalt, darauf im Gras eine Wolldecke, auf der sie sich, liegend und in den Himmel blickend, gemalt hat. Auf den ersten Blick ein viel freieres Bild als die anderen … Leichtigkeit schien überall zu sein. Ich erinnere mich an diesen Garten, weil ich ihn so besonders fand. Unsere Supervisorin sprach damals die fehlenden Grenzen an, doch an das weitere Gespräch erinnere ich mich kaum mehr. Vor einiger Zeit habe ich erfahren, wie es meiner Kollegin ergangen ist.
>
> Sie hat in den vergangenen Jahren mehrfach die Arbeitsstelle gewechselt und es passierte ihr immer wieder das Gleiche: Sie litt unheimlich an der Distanzlosigkeit der Klienten, an Grenzüberschreitungen und Erwartungen, die an sie herangetragen wurden. Heute hat sie sich von der Psychologie verabschiedet und möchte nie wieder in einem engen Kontakt mit Menschen arbeiten. Jedes Mal, wenn ich an die Kollegin denke, schmerzt es mich, da sie fachlich eine ganz großartige Frau war und sicherlich viel Erfolg hätte haben können, wenn … ja, wenn was?

Dieses Beispiel soll Ihnen vor allem eins verdeutlichen: Wenn Sie Ihre Grenzen nicht definieren, selbst beachten und in irgendeiner Weise kenntlich machen, dann ist es für das Gegenüber schier unmöglich, diese Grenzen wahrzunehmen und zu respektieren. Die Klienten meiner Kollegin (aus dem obigen Praxisbeispiel) zeichneten sich nicht dadurch aus, dass sie besonders unverschämt oder hemmungslos waren (wir arbeiteten zeitweise mit denselben Klienten). Ich glaube, sie hatten einfach keine Chance, die Grenzen meiner Kollegin zu erkennen, und fuhren daher nichts ahnend mit ihren Baggern kreuz und quer über ihre Wiese und vielleicht sogar ein Stück über die Wolldecke. Meine Kollegin hat aus ihrer beruflich aktiven Zeit zumindest einige schmerzhafte Verletzungen mit in ihr neues Leben genommen. Eine Flucht schien ihr die einzige Lösung.

Die Definition der eigenen Grenzen ist nicht nur für andere wichtig, sondern schützt auch vor eigener Überforderung. Ich kann mich selbst begrenzen, indem ich z. B. Ziele und Teilziele festlege, klare und verlässliche Strukturen schaffe (Tages-, Wochen-, Jahrespläne), mich selbst wichtig und ernst nehme und damit auf meine Bedürfnisse und Wünsche achte, stolz auf Erreichtes bin und mich dadurch langfristig in Gelassenheit und Ruhe übe und indem ich

---

* Die Übung, die wir machten, heißt „Der innere Garten" aus dem gleichnamigen Buch von Michaela Huber (2010), siehe Medientipps.

die Warnsignale meines Körpers ernst nehme. Dabei ist es wichtig, die gesetzten Grenzen zu wahren, sie aber dennoch dehnbar zu gestalten, indem Sie z. B. Wochen- und Tagespläne aufstellen, die genügend Zeit für Ihre sozialen Kontakte, Entspannung, Sport und Ihre Hobbys lassen, indem Sie für zu Hause Arbeitszeiten einführen und sich einen Wecker stellen, der am Ende der Arbeitszeit klingelt (dann auch wirklich aufhören!), ebenso hilft es sehr, Telefonzeiten einzuführen. Außerhalb dieser Zeiten haben Sie dann Freizeit. Hier zwei Strategien zum Selbst-Ausprobieren:

Das Weckerprinzip: Wenn man sich einen Wecker für eine bestimmte Tätigkeit, z. B. das Putzen der Küche, stellt, läuft man weniger Gefahr, sich in Kleinigkeiten zu verlieren oder sich durch andere Tätigkeiten als das Kücheputzen abzulenken. Wenn der Wecker geklingelt hat, ist es ganz besonders wichtig, sich eine Erholungspause zu gönnen und nicht aufgrund der Zeitersparnis bei Anwendung des Prinzips sofort mit der nächsten Aufgabe zu beginnen. Dies würde zu einer stetigen Überforderung führen.

Das **Pareto-Prinzip** besagt, dass 20 % der Arbeitszeit für 80 % des Ergebnisses verantwortlich sind. Für die restlichen 20 % des Ergebnisses braucht man 80 % der Arbeit. So kann eine Person bspw. ihr Haus zügig saugen und wischen, eine gründliche Reinigung mit Fensterputzen und Schrankauswischen nimmt jedoch viel Zeit in Anspruch, obwohl das Haus oberflächlich nicht wesentlich reinlicher aussieht. Das Wichtigste ist schnell erledigt, wobei nachfolgende Ausführungen den größten Zeitanteil der Arbeit ausmachen. Ist man sich dessen bewusst, kann man seine Arbeit danach strukturieren.

Diese Strategien richten sich an Ihr Zeitmanagement, sind also ein Baustein der Work-Life-Balance und damit verbunden mit der Selbstfürsorge. Zum Zeitmanagement erhalten Sie in Kapitel 5 „Selbstfürsorgliche Arbeitsorganisation" weiterführende Hinweise.

■ Schritt 3: Grenzübertritte wahrnehmen

Im dritten Schritt geht es darum, mit einer Lupe mit riesiger Vergrößerung an Ihrem Gartenzaun zu stehen und genau wahrzunehmen, wann es zu Grenzübertritten kommt. Im Bild des Gartens scheint dies noch einfach. Sobald jemand ohne Einladung durch den Eingang kommt, ist solch ein Grenzübertritt passiert. Manchmal zwängen sich die Leute auch durch die Hecke, sofern vorhanden, oder klettern über zu niedrige Zäune. All diese Grenzübertritte sind noch recht gut wahrzunehmen, da sie uns meist zumindest bewusst sind, auch wenn wir die damit einhergehenden Bedrohungen oder Verletzungen manchmal zu spät spüren oder nicht wahrhaben wollen. Schwieriger ist es, wir bleiben noch kurz im Garten, mit den Maulwürfen, die sich meist zunächst ganz unbemerkt einen Weg in unseren Garten graben und dann an unerwarteter Stelle plötzlich da sind und alles zerstören.

Bevor Sie nun überlegen, wie Sie gegen die verschiedenen Arten von Eindringlingen vorgehen könnten, bleiben Sie bei Ihrer Wahrnehmung. Es ist von äußerster Bedeutung, jeden Grenzübertritt, ob klein oder groß, kurz oder lang, zunächst bewusst wahrzunehmen und zu registrieren. Wenn Sie an dieser Stelle bereits aktiv würden, liefen Sie Gefahr, große Fehler zu machen. Im Bild des Gartens könnten Sie sich nun eine Selbstschussanlage installieren und sich so einfach gegen jeden wehren, der da in Ihren Garten kommt. Das ist sicherlich effektiv, aber Sie werden bald allein sein und noch viel schlimmer, Sie machen vielleicht große Fehler, nämlich dann, wenn Sie gar nicht mehr in Erinnerung haben, dass Sie Gäste eingeladen hatten, über Ihre Zäune zu klettern. Jetzt werden Sie denken: „Ich habe doch niemanden eingeladen, meine Grenzen zu missachten", doch da wäre ich mir an Ihrer Stelle nicht so sicher. Wir alle machen Lernerfahrungen in unserer sozialen Welt. Wenn Sie 4-mal Nein und dann doch irgendwann Ja gesagt haben, dann haben Sie nicht nur einen Misserfolg erlebt, sondern vor allen Dingen hat Ihr Gegenüber einen Erfolg erlebt. Es hat geklappt! Ihr Gegenüber wird froh, stolz und was auch immer sein und sich diesen Erfolg und den Weg dahin genau merken. Im Bild des Gartens haben Sie jemanden nach mehrfachen Anfragen dann doch Ihre Primeln ansehen lassen – und ehe Sie sich versehen, holen Sie schon die Schaufel und graben ihm einige aus, da er sie ja so wunderbar findet und Ihnen so großartige Komplimente macht. Manchmal graben wir die Primeln auch aus in der Hoffnung, dass der andere dann schnell verschwindet. Passiert auch. Aber am nächsten Tag steht er schon mit der eigenen Schubkarre vor der Gartenpforte, damit er nicht so schwer tragen muss.

Während Sie das lesen, wissen Sie, dass es in der sozialen Welt zwischen schwarz und weiß immer eine Unmenge an Farben gibt, und Sie sind aufgefordert, meinen Geschichten Ihre eigenen Farben zu geben.

Nachdem Sie sich in Schritt 1 darin üben, sich selbst als liebens- und schützenswert wahrzunehmen, haben Sie in Schritt 2 die Aufgabe, Ihre Grenzen klar zu definieren und zu beachten. Erst jetzt geht es darum, die Grenzübertritte, die es in der sozialen Welt ständig gibt, genau wahrzunehmen und zu registrieren. Dabei wünsche ich mir im Bild des Gartens, dass Sie, mit einem Zettel und Stift ausgerüstet, gut sichtbar dastehen, alle Grenzen im Blick, und nun jeden Grenzübertritt genau registrieren. Dabei soll die folgende Übung Ihnen helfen:

Meine Grenzsetzungen in Gefahr

> **Zeit:** begleitend einen ganzen Tag lang
> **Ort:** überall, wo Sie sich den Tag über befinden
> **Benötigte Hilfsmittel:** Stift

Um sinnvoll und vor allem nachhaltig Grenzen zu setzen, bedarf es einiger Vorarbeit. Zunächst ist es wichtig, sich selbst als liebens- und schützenswert zu begreifen. Nur so können Sie Ihre eigenen Grenzen überhaupt sinnvoll definieren. Wenn dies passiert ist, beobachten Sie einmal, was bei Ihnen passiert, wenn es zu Grenzübertritten kommt. Im Übrigen eignet sich die Übung auch ganz hervorragend, wenn noch nicht alle Grenzsetzungen klar definiert sind, denn Sie werden durch die möglichen Grenzübertritte und Ihre Reaktion darauf ein Gespür dafür bekommen, wo Ihre Grenzlinie verläuft, und können diese dann in Zukunft besser schützen.

So funktioniert die Übung
Beobachten Sie Ihre Grenzen einen Tag lang „mit einer großen Lupe". Nehmen Sie die Grenzübertritte nicht nur „rein optisch" wahr, sondern beobachten Sie insbesondere, was nach solchen Grenzübertritten bei Ihnen körperlich, emotional und im Verhalten passiert. Notieren Sie alles in der Tabelle auf der nächsten Seite.

Sollten Ihnen die Grenzübertritte nicht so deutlich werden, achten Sie an dem Übungstag insbesondere auf Ihre Körperreaktionen, Gefühle und bestimmten Verhaltensweisen. Häufig geraten wir bei Grenzübertritten in eine körperliche Stressreaktion, werden wütend, aggressiv, ängstlich oder hilflos. Manchmal stellen sich sogar Gefühle von Schuld oder Scham ein. Mögliche Fragen, die Ihnen helfen können, um die „Eindringlinge" möglichst schnell zu identifizieren, sind:
→ Wann/wodurch fühle ich mich von anderen Menschen bedrängt, überrumpelt, eingeschränkt?
→ Wann/wodurch werden meine Grenzen überschritten? Was geht mir persönlich zu weit?
→ Wann/wodurch bekomme ich das Gefühl, mich verteidigen zu müssen?

Erläuterung
Diese Übung verlangt einiges von Ihnen ab, aber sie wird Ihnen sehr wichtige Erkenntnisse darüber liefern, wann, in welchen Situationen und durch wen Ihre Grenzen missachtet werden können. Die Übung wird Ihr Bewusstsein für Ihre eigenen Grenzsetzungen schärfen und Ihnen damit helfen, Ihre Grenzen zukünftig besser „verteidigen" zu können.

→

kurze sachliche Beschreibung der **Situation**	meine **Körperreaktion**	meine **Gefühle**	mein **Verhalten**	Glauben Sie, Ihrem Gegenüber war der Grenzübertritt **bewusst?**
				☐ Ja ☐ Nein
				☐ Ja ☐ Nein
				☐ Ja ☐ Nein
				☐ Ja ☐ Nein
				☐ Ja ☐ Nein
				☐ Ja ☐ Nein

Doch wozu ist es überhaupt so wichtig, Grenzen zu haben und auf die ungewollten Grenzübertritte zu achten?

Und wie entstehen Grenzsetzungen überhaupt? Diese Frage soll beantwortet sein, bevor es um die Frage der eigentlichen Abgrenzung geht, denn es reicht nicht, „einfach mal Nein" zu sagen. Im Sinne der distanzierten Anteilnahme ist es von Bedeutung, das Gegenüber zu verstehen, und deshalb ist es wichtig zu wissen, wie Grenzsetzungen entstehen und was üblicherweise bei Grenzübertritten passiert.

Grenzen dienen der Verdeutlichung zwischen dem Selbst und dem anderen. So besteht z. B. auch eine Grenze, wenn wir eine Verantwortung teilen und uns gegenüber zu viel Last abgrenzen. Dies könnte konkret der Lernerfolg eines Schülers sein, dessen Verantwortlichkeit wir auf das Kollegium, das Elternhaus und nicht zuletzt auf den Schüler selbst verteilen. Dabei lassen sich unterscheiden:

➔ Grenzen, die ich mir selbst setze (eigene Begrenzung),
➔ Grenzen, die ich anderen setze (Abgrenzung),
➔ Grenzen, die andere mir setzen (Fremdgrenzen).

Die Fremdgrenzen werden hier nicht weiter thematisiert, da es dort darum geht, wie eine Person mit Zurückweisungen umgeht.

Es ist sinnvoll, sich selbst zu begrenzen, um sich vor Überforderung zu schützen und konzentriert eine Sache machen zu können. Sich selbst eine Grenze zu setzen, nützt zudem der Balance des Körpers und der Seele zwischen Anspannung und Entspannung. Dabei macht eine sinnvolle Grenzsetzung es bspw. möglich, die ersehnte Erholung nach einer Anstrengung berechenbar zu machen.

Wenn Menschen in ihrer **Kindheit** die Erfahrung gemacht haben, dass eigene Grenzen nicht zählen, d. h. dass eigene Grenzen von den Eltern oder anderen Bezugspersonen nicht beachtet wurden, dann fehlt diesen Kindern das Gefühl für sinnvolle Grenzsetzungen. Bspw. könnte ein Kind von seinen Eltern regelmäßig die Botschaft erhalten: „stell dich nicht so an", „das ist schon nicht so schlimm", „starke Jungs kennen keinen Schmerz", „jetzt konzentrier dich vernünftig". Alle diese Botschaften vermitteln einem Kind, dass irgendetwas, nämlich das, was das Kind gerade fühlt, erlebt und als eigenes Bedürfnis wahrnimmt, nicht richtig ist. Wenn zudem Liebe mit Leistung gekoppelt wird oder Kinder sich sehr früh verantwortlich für die Eltern oder Geschwister gefühlt haben, dann kann ein „inneres Kind" wachsen, welches lernt, seine tiefen eigenen Bedürfnisse zurückzustellen oder über die Missachtung eigener Grenzen zu befriedigen. Diese Missachtung der eigenen Grenzen kann sich in inneren Sätzen wie „ich muss mich zusammenreißen", „ich darf nicht schwach sein" oder „ich bin für die anderen verantwortlich und muss ihnen helfen" widerspiegeln. Das Gespür für eigene Grenzen, körperlich wie auch seelisch, wächst also in der Kindheit. Gerade diesen Kindern fällt es später sehr schwer, Grenzübertritte als solche wahrzunehmen oder darauf angemessen zu reagieren. Häufig wird diesen Kindern im Erwachsenenalter erst viel später bewusst, nämlich wenn die Grenzsituation vorüber ist, dass es zu einer solchen Grenzüberschreitung gekommen ist. Meist geschieht dies in einem kognitiven Prozess, in dem die Situation noch einmal erinnert wird, aber nicht mehr akut bedrohlich ist. Diese Erwachsenen neigen dann manchmal sogar dazu, sich über sich selbst zu ärgern, dass sie den Grenzübertritt nicht in der Situation wahrgenommen haben. Hier ist die oben dargestellte Übung von besonderer Bedeutung, um zunächst ein Gefühl für Grenzübertritte zu erhalten.

Grenzsetzungen und eine individuelle Definition von Grenzen entstehen aber nicht nur durch unsere individuellen Erfahrungen in der Kindheit, auch wenn diese ein wesentlicher Faktor sind, sondern auch durch Werte, soziale und gesellschaftliche Normen, Lernerfahrungen über die Kindheit hinaus, Überzeugungen und Attributionen, Persönlichkeitsmerkmale und den derzeitigen körperlichen und psychischen Zustand. Wenn ich gerade 6 Millionen im Lotto gewonnen habe, bin ich in Bezug auf meine Grenzsetzungen im Unterricht vielleicht toleranter, als wenn ich starke Zahnschmerzen habe. Und deshalb ist es von großer Bedeutung, zu akzeptieren und zu verinnerlichen, dass meine Grenzen nicht gleich den Grenzen meines Gegenübers sein können.

meine Grenzen ≠ Grenzen meines Gegenübers

Schauen wir uns dazu ein Beispiel an:

> Eine Person begrüßt ihr Gegenüber, indem sie ihm die Hand reicht und ihm ihre andere Hand auf die Schulter legt. Diese zusätzliche Hand auf der Schulter könnte von ihrem Gegenüber als übergriffig empfunden werden, obwohl sie lediglich Freude über die Begegnung zum Ausdruck bringen sollte.

Was uns zu weit geht, wann unsere Grenzen überschritten werden oder auch wie weit wir gehen und damit möglicherweise die Grenzen anderer überschreiten, ist individuell ganz unterschiedlich.
Aufgrund dieser sehr individuellen und vielfältigen Entstehungsgeschichte der individuellen Grenzen sollten Grenzen anderer nicht vorschnell bewertet werden. Es sollte versucht werden, sowohl die eigenen als auch die Grenzen anderer Personen wahrzunehmen, ohne sie sofort zu interpretieren und zu bewerten.

Warum fällt uns das Grenzensetzen so schwer?
Hierfür gibt es zahlreiche gute Begründungen. Zum einen sind wir als Menschen seit Urzeiten auf andere Menschen angewiesen und Grenzsetzungen bergen immer die Gefahr und damit das unbewusste Signal, dass die Gruppe und damit das Überleben auf dem Spiel stehen (vgl. Abschnitt „Private Freundschaften – mehr als nur Freundschaft!" ab S. 149).

Menschen, die in der Kindheit die eben beschriebenen Erfahrungen gemacht haben, können mit Grenzsetzungen ebenfalls häufig nicht adäquat umgehen. Wenn Kindern beim Aufwachsen eine verlässliche Bindung fehlte, neigen sie auch im Erwachsenenalter dazu, Beziehungen sehr schnell infrage zu stellen. Hier wirkt sich das Nein des Gegenübers oft drastisch aus. Es wird nicht das Nein zu einer Sache oder einer Aufgabe gehört, sondern ein Nein zur Person. Genauso kann es sich verhalten, wenn Kinder Leistung und Liebe verknüpft haben. Auch hier kann noch im Erwachsenenalter ein Nein als eine Abwertung der eigenen Person erlebt werden.

Wir alle wissen intuitiv um die verletzende Wirkung eines Neins und da wir i.d.R. bestrebt sind, andere Menschen nicht unnötig zu verletzen und das genetisch in uns verankerte Bedürfnis nach Zugehörigkeit nicht zu gefährden, haben wir Angst, eine solche Verletzung herbeizuführen. Dabei gibt es eine **wichtige Regel für den sinnvollen Umgang mit Grenzsetzungen**. Wer diese Regel einhält, ist langfristig gesünder, weniger in Konflikte involviert und wirkt auf andere im Berufskontext professioneller. Diese Regel ist ganz einfach: Wenn Sie ein Nein im Bauch haben, dann sagen Sie auch Nein, und wenn Sie ein Ja im Bauch haben, dann sagen Sie Ja. Diese Regel gilt natürlich nicht für alle Situationen, dennoch aber für die meisten. Wo gilt sie nicht? Immer da, wo Ihre Angst Ihnen ein „Nein-Gefühl" vorgibt, dort ist ein bewusstes Überdenken angesagt. Wenn Sie ein Nein im Bauch haben, wenn Sie zum Zahnarzt müssen, dann ist es langfristig nicht sinnvoll, nach diesem Gefühl zu handeln. Wichtiger wäre hier zu fragen, was Ihnen fehlt und was Sie noch bräuchten, um aus dem Nein ein Ja werden zu lassen.

In vielen anderen, insbesondere sozialen Situationen ist das Bauchgefühl dennoch ein guter Ratgeber.

Warum ist es so wichtig, auf diese Regel zu hören? Wenn Sie ein Nein im Bauch haben, aber Ja sagen, entstehen leicht (latente) Konflikte. Gerade das Verborgene macht diese Form der Konflikte meist sehr schwierig. Wenn Sie ein Ja im Bauch haben, sich aber selbst ein Nein sagen, dann tun Sie nicht das, was Ihre tiefsten Wünsche, Bedürfnisse und Sehnsüchte sind, und bekommen langfristig auch einen Konflikt. Dieser Konflikt richtet sich dann aber gegen Sie selbst und da die meisten Menschen mit sich selbst nicht besonders gut streiten können, führen diese Konflikte oft zu ernsthaften Problemen, Energiemangel, Gefühlen von Leere oder Sinnlosigkeit und letztlich sogar zu Depressionen.

Den ersten Konflikt, Nein im Bauch und Ja auf der Zunge, will ich Ihnen noch einmal an einem Beispiel verdeutlichen:

> Mein Mann bittet mich am Freitagabend, mit ihm am Samstag Holz zu machen. Dabei sägt und spaltet er und ich muss das Holz stapeln. Der Herbst kommt und mir ist bewusst, dass dies eine wichtige Aufgabe ist, dennoch wollte ich unbedingt in die Sauna gehen, da ich eine anstrengende Woche hatte. Außerdem bin ich dafür, öfter mit der Zentralheizung zu heizen, aber er will gern möglichst viel Öl sparen. Da ich meinem Partner keine Absage erteilen will, sage ich widerwillig Ja.
>
> Am Samstagmorgen weckt mich bereits die Motorsäge. Genervt komme ich zum Holz und Sie können sich bildhaft vorstellen, wie es um meine Körperhaltung bestellt ist. Ich staple wütend Holzscheit für Holzscheit. Zunächst ärgere ich mich über mich selbst, weil ich es ja wieder nicht geschafft habe, meine Bedürfnisse durchzusetzen. Da das aber ziemlich selbstwertschädigend ist und ich sowieso schon schlechte Laune habe, wechsle ich mit meinen Gedanken zu meinem Partner. Warum merkt er überhaupt nie, was meine Bedürfnisse sind? Immer nur hat er sein Holz im Kopf. Und dann will er knauserig jeden Cent fürs Öl sparen, tankt aber zu jeder Uhrzeit und an jeder Tankstelle sein sowieso viel zu großes Auto. Überhaupt geht er nicht besonders respektvoll mit mir um. Nie beachtet er, was ich wirklich will, und wenn ich ihn mal um etwas bitte, sagt er nicht immer sofort Ja. Meine Laune ist jetzt auf dem Tiefpunkt, meine Körperhaltung, Mimik und Gestik entsprechend. Wir sprechen aber natürlich nicht miteinander, denn er muss ja mit seiner Motorsäge herumsägen und so habe ich Zeit, noch ein bisschen weiterzudenken. Und da passiert dann das, was in dieser Situation des Grübelns immer gern passiert. Es kommt zum sozialen Vergleich. Nicht etwa nach unten – nein, wo kämen wir da hin? Ich denke natürlich an Gerrit und Mila. Mila, meiner Kollegin, hatte ich nämlich schon Mittwoch von meinem Plan, den ganzen Tag in die Sauna zu gehen, erzählt. Sie hat es ihrem Mann Gerrit erzählt. Freitags haben die beiden immer ihren freien Tag. Und wissen Sie, was sie da gemacht haben? Gerrit hatte bereits morgens einen Picknickkorb gepackt und Mila in die Sauna eingeladen und dort waren sie dann den ganzen Tag. Mein Mann würde nie auf diese Idee kommen. War die Stimmung vorhin schon auf dem Tiefpunkt, dann hat sie jetzt das Bodenlose erreicht. Mein Mann hat dies jetzt bemerkt und fragte die (Männer-)Frage der Fragen in dieser Situation: „Ist irgendwas?" Und da ist natürlich nicht mehr nur irgendwas, sondern ganz viel. Dass sein Auto viel zu groß ist, dass er tankt, wo er nur will, dass er die Waschmaschine drei Wochen lang nicht repariert hat, dass seine Socken überall herumfliegen, dass er überhaupt absolut nicht rücksichtsvoll ist und auf keines meiner Bedürfnisse achtet. Um seine Laune noch zu verschlechtern, zitiere ich jetzt gern Mila, die so angetan von Gerrits Picknickkorb war. Gerrit scheint Mila ja jedenfalls zu lieben …

Wie in diesem Beispiel deutlich wurde, entstanden ein Konflikt und sogar ein offener Streit dadurch, dass ich mich nicht an die o. g. Regel gehalten habe. Ich habe zu etwas Ja gesagt, wozu ich ein Nein im Bauch hatte.

Wer ist schuld an dem Streit?
Mein Partner, weil er gern mit Holz heizt, Socken im Flur liegen lässt oder eine Leidenschaft für große Autos hat? Nein! Ich habe es versäumt, mich klar abzugrenzen und auf meine Bedürfnisse hinzuweisen, sie durchzusetzen oder einen sinnvollen Kompromiss zu finden. Auch habe ich mein Ja zwar gesagt, aber meinen Bauch dennoch im Nein belassen. So kam es zu meiner schlechten Laune und dem damit verbundenen Grübeln. Mein Partner hat zur falschen Zeit die Frage aller Fragen gestellt, aber er hat nicht die Verantwortung, sich darum zu kümmern, dass ich meine Bedürfnisse achte und danach lebe.

Nun werden Sie vielleicht denken, dass man nicht zu allen Bitten Nein sagen kann. Das Problem ist wieder unser Bauch. Wenn wir unser „Nein-Gefühl" im Bauch unbearbeitet lassen und einfach handeln, als wäre es ein Ja gewesen, dann haben wir innerlich keinen Kompromiss herbeigeführt und reagieren entsprechend frustriert. Sollten Sie in eine ähnliche Situation wie die oben beschriebene kommen, ist es sehr wichtig, entweder Nein zu sagen oder einen inneren Kompromiss zu finden, wenn Sie Ja gesagt haben.

Dieser könnte z. B. lauten: „Heute stapel ich Holz, da ich weiß, dass es sehr wichtig ist, aber dafür gehe ich morgen definitiv in die Sauna". Sie verhandeln also mit sich selbst und sorgen für entsprechende Selbstfürsorge und Wohlbefinden. Wichtig ist es, diesen inneren Kompromiss so zufriedenstellend abzuschließen, dass Sie gut gelaunt, heiter und fröhlich Holz stapeln können oder zu was auch immer Sie Ja gesagt haben. Sollte dieser Kompromiss noch nicht überzeugend sein oder Sie sich vom Gegenüber sogar unter Druck oder anders negativ beeinflusst fühlen, wird Ihnen die gute Laune nicht möglich sein und auch dies ist ein wichtiger Hinweis für zukünftige Grenzsetzungen.

Doch nun soll es endlich um die Frage gehen, wie Sie konkret Grenzen setzen können.

■ Schritt 4: Das Grenzensetzen

Sie können Grenzen auf drei Arten setzen:
Bereits Ihre **Körpersprache** hilft Ihnen, Grenzen zu setzen. Selbstbehauptungs- und Selbstverteidigungskurse thematisieren Grenzübertritte, die potenziell körperlich gefährlich werden können. In diesem Abschnitt soll es um Grenzsetzungen gehen, die nicht dazu genutzt werden sollen, sich im körperlichen Sinne zu verteidigen. Stellen Sie sich für die folgenden Ausführungen vor, dass ein Schüler nach mehrfacher Aufforderung weiterhin aufmüpfig ist oder dass ein Elternteil Sie wütend auf dem Flur anspricht. In solchen Situationen ist es zunächst wichtig, Nähe zu suchen anstatt auf Distanz zu gehen. Mit diesem einfachen,

aber für viele von uns ungewohnten Schritt auf den anderen zu signalisieren Sie, dass Sie weder Opfer noch der Situation nicht gewachsen sind. Genauso wie Sie durch die Verringerung der Distanz Stärke zeigen (und im Übrigen Ihr Gegenüber zunächst einmal irritieren), sollte Ihr gesamter Körper, einschließlich des Kopfes, aufgerichtet sein. Der Blick ist auf das Gegenüber gerichtet. Die Stimme ist deutlich, klar und knapp. Es ist wichtig, innerlich die Haltung zu vertreten, wichtig und sogar großartig zu sein. Fühlen Sie sich wie eine Königin oder ein Lottogewinner. Mit dieser Haltung positionieren Sie sich sicher und können Ihre Botschaft klar vermitteln. Stellen Sie sich vor, Sie stünden an Ihrem Gartenzaun und Ihr Nachbar kommt nun mit der Schaufel, um Ihre Lieblingsblumen auszugraben. Ja, genauso wie Sie sich dort positionieren würden, so meine ich es. Vielleicht würden Sie sogar Ihre Hände in die Hüfte stemmen und durch hochgezogene Augenbrauen Ihren Unmut zeigen. Wichtig ist es dabei allerdings immer, diese deutlichen Signale erst zu senden, wenn die anderen (Nähe, aufrechte Körperhaltung, klare Ansprache) nicht bereits zum gewünschten Erfolg führen. Sie eskalieren ansonsten die Situation ganz unnötig und wirken im schlechtesten Fall schon wieder wie das wehrlose Opfer, wenn Sie sich wie ein „aufgescheuchtes Huhn" künstlich stark aufregen. Bewahren Sie eine ruhige Stimme, seien Sie direkt und aufrecht. Vermeiden Sie ein Zurückweichen. In manchen Situationen ist es hingegen wichtig, physisch auf Distanz zu gehen, um sich, auch emotional, zu schützen. So kann ein wütender Elternteil schon einmal verletzend werden. Hier ist es wichtig, das Gespräch nach einem ersten Schritt auf den Elternteil zu an einen anderen Ort zu verlegen, wo Sie die Distanz (sowie den Fortgang des Gesprächs) bestimmen. Hierzu eignet es sich, nicht im Flur im Stehen weiterzureden, sondern einen Elterngesprächsraum (vgl. Kapitel 6, Abschnitt „Gestaltung der Lehrersozialräume", S. 118ff.) aufzusuchen. Im besten Falle vereinbaren Sie hierfür einen neuen Termin. Weisen Sie dem Gegenüber unbedingt den Platz zu und positionieren Sie sich so, dass es Ihnen in der Distanz angenehm bzw. aushaltbar erscheint. Weiterhin ist eine aufrechte und präsente Körperhaltung unerlässlich.

Viele Bücher über Körpersprache vertiefen diesen spannenden Aspekt und erläutern, welche unserer Ausdrücke in Mimik, Gestik und Haltung dem Gegenüber Botschaften senden, die wir eigentlich gar nicht senden wollten. Die Körpersprache ist ein wichtiges Werkzeug, überzeugend eigene Grenzen zu verteidigen.

Grenzen lassen sich auch durch eine gedankliche Abgrenzung schaffen. Das spannende ist, dass das Gegenüber davon i.d.R. gar nichts bemerkt. Wir geraten in Stress und werden unsicher, wenn wir Situationen als bedrohlich und mit den uns zur Verfügung stehenden Ressourcen nicht bewältigbar einschätzen. Umso wichtiger ist es dann, insbesondere zur Unterstützung von

Körpersprache und Kommunikation, gute mentale Strategien in Form von **Imaginationen** zur Abgrenzung zu nutzen. Bei der Erfindung solcher Strategien ist Ihrer Kreativität keine Grenze gesetzt. Hilfreich können bereits mental verknüpfte Halstücher oder sonstige Kleidungs- oder Schmuckstücke sein. Wie ist das zu verstehen? Genauso wie ein Arzt sich durch den Arztkittel sicher in seiner Rolle fühlen kann, kann ein Halstuch gedanklich mit Schutz verbunden werden, indem Sie definieren, dass dieses Tuch Sie vom anderen abgrenzt. Wichtig ist es, das An- und Ablegen des Tuches zunächst immer mit der Imagination zu verbinden, bis sich ein gutes und schützendes Gefühl eingestellt hat. Genauso können Gegenstände im Raum diese mentale Abgrenzung unterstützen. Ich nutze gern einen Stift, den ich auf dem Tisch in emotional belastenden Situationen längsseits zwischen meinem Gegenüber und mir positioniere. Mein Gegenüber bemerkt dabei nicht, dass dies eine Abgrenzung ist. An diesem Stift prallen dann alle negativen Emotionen ab und werden rechts und links an mir vorbeigeleitet. Eine sehr schöne und hilfreiche Technik, in hoch belastenden Situationen emotional abgegrenzt und damit professionell zu bleiben.

Eine meiner liebsten Klientinnen hat diese Strategie verfeinert. Sie war regelmäßigen Angriffen ihres Chefs ausgeliefert. Diese Angriffe fanden meist im Büro des Chefs statt. Sie stand, er saß. Sie nahm nun einen Stift mit und hielt diesen vor sich. Das funktionierte bereits ganz gut, aber nicht ausreichend. In der nächsten Woche nahm sie den Stift wie einen Blitzableiter in ihre rechte Hand und richtete die Spitze auf den Boden. Sie spürte, wie die negativen Emotionen, durch sie durch, in den Boden „abgeleitet wurden". Es dauerte ein paar Wochen, da kam sie freudestrahlend in meine Praxis und sagte mir, sie habe nun die perfekte Strategie gefunden. Sie nutze weiterhin den Blitzableiter in der Hand, imaginierte aber, dass all die negativen Emotionen durch den Stift auf den Boden zurück zu den Füßen des Chefs und damit wieder in ihn geschickt werden. Nun hatte sie eine eigene innere Haltung gefunden, die ihr zum einen Sicherheit gab und zum anderen sogar erklären ließ, warum der Chef sich immer wieder ungehalten verhielt, wurde er doch seinen Ärger nicht los. Mit der Zeit lernte sie, die Angriffe des Chefs als seine persönlichen Probleme zu identifizieren und sie weder auf ihre fachliche Arbeit noch auf ihre Person zu beziehen. Dies entspannte die Situation sehr. Sie entwickelte Verständnis für ihren Chef und konnte fortwährend anders auf ihn reagieren. Sie wurde über die Zeit vom Opfer zum „Coach". Mittlerweile hat sich in diesem besonderen Fall herausgestellt, dass dieser Chef nicht mit Personen umgehen konnte, die sich unbegründet wie Opfer verhielten, und sich daher provoziert fühlte, da er entsprechende persönliche Erfahrungen gemacht hatte.

Andere Klienten haben andere Techniken entwickelt, sich imaginär zu schützen. Sie gehen in ihren „inneren Garten", in dem sie sich geschützt fühlen, sie ziehen einen imaginären Regenmantel an, sodass es nur noch an ihnen vorbeiregnet und sie nicht mehr nass werden, sie nutzen Klemmbretter oder Bücher, unbemerkt vor dem Körper positioniert, um eine persönliche Grenze herzustellen. Selbst für das Cover dieses Buches wurde dieser Aspekt der Selbstfürsorge herausgestellt, indem die Frau sich mit einem Regenschirm vor „schädigenden" Einflüssen aktiv schützt. Auch können Tische oder Stühle zu dieser Imagination beitragen. Ganz gleich, welche Gegenstände oder Gedankenkonstrukte Sie nutzen werden, bin ich mir ganz sicher, dass diese Strategie Sie unterstützen kann, eine sichere Haltung zu entwickeln.

Sie können sich durch Imagination auch hervorragend abgrenzen, wenn eine Situation bereits vorüber ist. So könnten Sie in einer Entspannungsübung imaginieren, wie Sie den Grenzzaun um Ihren inneren Garten verstärken oder die Maulwürfe verbannen.

Um sich durch verbale **Kommunikation** abzugrenzen, muss man Nein sagen können. Allerdings fällt ein Nein vielen Menschen sehr schwer, da es, wie beschrieben, Distanz vermittelt. Der Nein-Sagende kann die Sorge haben, dass sein Nein nicht akzeptiert werden könnte und Konflikte entstehen.
Um dem entgegenzuwirken, muss in der Kommunikation Nähe hergestellt werden. Dies kann bspw. geschehen, indem wertschätzend kommuniziert wird und eine Begründung (keine Rechtfertigung!) angeführt wird. So können auch Kompromisse leichter gefunden werden. Wenn ein Nein selbstbewusst und warmherzig vertreten wird, ist die Angst, es könne nicht akzeptiert werden, unbegründet. Denn viele Studien haben gezeigt, dass ein nicht wirklich gewolltes Ja zu wesentlich mehr und schwierigeren Konflikten führt als ein wertschätzend kommuniziertes Nein. Weiterhin werden Menschen eher gemocht, die konsequent sagen können, wo ihre Grenzen liegen. Dies macht die Personen einschätzbar und damit auch verlässlich.

Kommunikation Ihrer Grenzen
Ein ausgesprochenes Nein kann zu Konflikten führen, da sich ihr Gegenüber durch das Nein neu orientieren muss. Dies kann gerade in der Anfangszeit Ihrer Abgrenzung zu Protest führen, auch wenn Sie die Grenze warmherzig und wertschätzend kommuniziert haben. Ihr Gegenüber verliert durch Ihren neuen Standpunkt seine Bequemlichkeit. Wenn eine Mutter bspw. ihr mittlerweile 14-jähriges Kind dazu bringen möchte, die eigene Wäsche selbst zu waschen, erfolgt im Kopf des Kindes ein Abwägprozess: „Wie unbequem ist es, zukünftig meine Wäsche selbst zu waschen?" vs. „Wie unbequem ist es, der Mutter zu widersprechen und sich aufzulehnen?".

Leider brauchen Sie in vielen Situationen gerade zu Beginn Ihres Nein-Sagens viel Durchhaltevermögen. Setzen Sie also nach und nach Grenzen und versuchen Sie nicht, über Nacht ein Nein-Sager zu werden. Das wird nicht funktionieren und ist in keiner Weise erstrebenswert. Abgrenzung sollte immer zur Situation passen und dazu dienen, Sie zu schützen, wenn Sie wirklich Schutz brauchen. Überlegen Sie also in verschiedenen Situationen, ob und, wenn ja, wie viel Schutz Sie brauchen. Vermeiden Sie es unbedingt, eine Mauer um sich herum aufzubauen und sich zu isolieren. Eine zu mächtige Grenzsetzung macht krank, unglücklich und isoliert Sie von anderen.

Verdeutlichen Sie sich (und je nach Situation Ihrem Gegenüber) die langfristigen Vorteile Ihrer Grenzsetzung:
→ Sie sind besser einzuschätzen und damit verlässlicher.
→ Ihr Gegenüber weiß dadurch, wann sich eine Frage lohnt, und wird weniger häufig durch inkonsequente Neins und Jas demotiviert und enttäuscht.
→ Ihr Gegenüber wird eigenständiger bzw. selbstwirksamer und lernt, z. B. selbst Verantwortung zu übernehmen, sich neuen Aufgaben zuzuwenden usw.
→ Dies stärkt letztlich sogar die Ressourcen Ihres Gegenübers und entlässt aus Abhängigkeiten.

Durch eine Grenzsetzung in mehreren Stufen gelingt eine wertschätzende und auf lange Zeit beständige Abgrenzung besser:
Gehen wir einmal davon aus, Sie unterrichten zukünftig eine neue Klasse, die sich am Anfang der Stunde nicht zur Ruhe bringen lässt. Sie bekommen vielleicht Angst und denken, dass Sie verloren haben, wenn Sie nicht sofort „hart durchgreifen". Ich möchte Ihnen vorschlagen, die Grenzen stufenweise zu erhöhen. Stellen Sie sich vor, Sie sind der König auf einer Burg, die auf einem hohen Felsen gebaut ist. Sobald die Burg eingenommen ist, verliert der König die Fassung. Machen Sie es Ihren Schülern schwer, die Burg einzunehmen, indem Sie den Weg dorthin bereits durch Grenzen schützen. Es wird mit „leichten" Grenzen begonnen, diese können durchaus humorvoll sein. Mit jeder Stufe wird die Grenzsetzung etwas stärker. Diese leichten, ersten Grenzen liegen noch im Tal. Sie sehen „die Meute" auf die Burg zukommen, aber bisher ist noch gar nicht klar, ob sie überhaupt zu Ihnen wollen.
Humor schützt vor unnötigen Konflikten. Sie könnten die Schüler je nach Situation mit folgenden, in der Praxis von meinen Klienten bereits für gut befundenen Sätzen ansprechen: „Wenn Ihr so laut seid, ist es kein Wunder, dass Ihr gar nicht gehört habt, dass ich um Ruhe bat", „Ich freue mich, dass Ihr so außer euch seid, nur weil ich jetzt vor euch stehe", „Hier ist es ja fast so laut wie im Lehrerzimmer". Mit Humor können Sie Nähe herstellen und gefühlte Nähe

zum Lehrer ist eine wichtige Voraussetzung für guten Unterricht. Sollte es so nicht funktionieren, ist die nächste Stufe erreicht. Nun könnten Sie bewusst leise sein und „warten" – meist führt allein das zum Erfolg. Auch hier ist noch keinerlei Grund zur Konfrontation gegeben. Sollte auch dies nicht helfen, kann es sinnvoll sein, die Schüler, ggf. einzelne, anzusprechen und ihre Nähe zu suchen. Führen Sie Ihren Unterricht im Zweifelsfall einen Moment neben dem aufmüpfigsten Schüler fort – weiterhin gut gelaunt natürlich. Ebenfalls können Sie auf dieser Stufe fragen, ob es Probleme gibt oder was die Gründe für die Disziplinprobleme sind. Manchmal zeigen sich ganz einfache Ursachen, die in keiner Weise mit Ihnen zusammenhängen, wie schneller Raumwechsel, Sport in der Stunde zuvor oder eine besonders fordernde Unterrichtsstunde vor der Ihren und keine Pause zur Regeneration. Sollte auch dies nicht helfen, könnten Sie nach dem Modell der Gewaltfreien Kommunikation nach Rosenberg kommunizieren. Die Grundzüge dieses Modells und seine besondere Bedeutung beim Grenzensetzen will ich Ihnen gleich erläutern. Sollte jedoch auch das nicht helfen, hilft es nur noch, Verwarnungen auszusprechen, die im nächsten Schritt möglichst emotionsfrei vollzogen werden. Hier ist es wichtig, nicht persönlich zu werden, denn das verstärkt die Konflikte auf die Dauer, sondern strikt das umzusetzen, was Sie angekündigt haben. Klar und konsequent. Häufig, das ist leider meine Beobachtung, passiert dies jedoch viel zu früh. Andere Techniken waren noch nicht ausgeschöpft. Mit Verwarnungen und Sanktionen zu arbeiten, führt unweigerlich zu Verkomplizierungen der Beziehung zwischen Ihnen und dem Schüler oder der Klasse und das ist nicht wünschenswert. Nicht erst durch Professor Gerald Hüther und die neuesten Erkenntnisse der Neurobiologie wissen wir, wie wichtig Beziehungen und Zugehörigkeit auch im Schulkontext sind, damit aus Schülern lebenskompetente Erwachsene werden. Hüther wiederum hat in seinen Arbeiten mehrfach gezeigt, was es braucht, damit Kinder gern lernen und ihr Potenzial entfalten können. Sie brauchen dazu bspw. Erwachsene, die imstande sind, sie zu begeistern; und Sie als Lehrkräfte benötigen eine gehörige Portion Selbstfürsorge, um im System Schule langfristig ein Begeisterer zu bleiben. Das Grenzensetzen in Stufen kann man mit dem Modell der Gewaltfreien Kommunikation kombinieren. Dieses Modell eignet sich auch hervorragend für Neins, die nur ein (sofortiges) Anliegen betreffen und sich nicht im wiederholenden Kontext befinden. Während es oben eher um die klare Kommunikation Ihrer grundsätzlichen Grenzen ging, geht es nun um das einfache Nein.

Richtig Nein-Sagen

Das **Modell der Gewaltfreien Kommunikation** wurde von dem Psychologen Marshall B. Rosenberg entwickelt. Es soll Menschen ermöglichen, so miteinander umzugehen, dass der Kommunikationsfluss zwischen ihnen verbessert wird und es weniger Missverständnisse oder Konflikte gibt. Dabei lässt sich das Modell im privaten Alltag ebenso wie im Kontakt mit Kollegen, Führung, Schülern oder Eltern einsetzen. Aufgrund des Umfangs dieser Kommunikationsweise und der Tatsache, dass es ganze Bücher nur zur Gewaltfreien Kommunikation gibt (das bekannteste heißt „Gewaltfreie Kommunikation" und ist von Rosenberg selbst[15]), soll hier nur ein kurzer Überblick gegeben werden. Es ist jedoch sehr zu empfehlen, sich mit dem Modell intensiver auseinanderzusetzen.

Die Kommunikation nach diesem Modell erfolgt in vier Schritten:
1. **Beschreibungen konkreter Handlungen ohne jede Bewertung**
   → Beschreiben Sie in diesem ersten Schritt lediglich, was Sie wahrnehmen.
   <u>Beispiel:</u> „Ich habe gerade gesehen, dass deine Socken im Flur liegen."
   (kein „immer", keine Ausschweifungen)
2. **Benennung der Gefühle,** die man bei sich und ggf. dem anderen erkennt
   → Beschreiben Sie Ihre Gefühle und treffen Sie ggf. Mutmaßungen, wie die Gefühle Ihres Gegenübers aussehen könnten. Dabei müssen Sie allerdings mit „Samthandschuhen" vorgehen, da Sie meist ja nicht wissen können, wie der andere sich fühlt.
   <u>Beispiel:</u> „Ich bin von den Socken genervt, weil ich das Gefühl habe, dass du meine Bitte von letzter Woche nicht ernst nimmst. Dadurch fühle ich mich nicht respektiert und das macht mich traurig. Ich vermute mal, dir war das nicht so bewusst und wichtig und du bist auch genervt, wenn du die Socken immer sofort wegräumen sollst."
3. **Benennung der Bedürfnisse**, die durch die Gefühle ausgedrückt werden
   → Benennen Sie Ihre Bedürfnisse und ggf. auch die von Ihnen vermuteten Bedürfnisse Ihres Gegenübers.
   <u>Beispiel:</u> „Ich fühle mich nicht ernst genommen (Bedürfnis nach Respekt und ggf. Anerkennung der täglichen Hausarbeit), aber ich schätze, du wolltest erst einmal deine Ruhe haben (Bedürfnis nach Ruhe) und du hast die Socken deswegen liegen lassen. Ich fühle mich so aber nicht wohl in der Wohnung (Bedürfnis nach Ordnung)."
4. **Formulierung einer Bitte um konkrete Handlungen**
   → Formulieren Sie eine wertschätzende Bitte.
   <u>Beispiel:</u> „Wie finden wir eine Lösung?", „Könntest du bitte in Zukunft deine Socken immer gleich wegräumen?" (erste Grenze)
   Nächstes Mal: „Ich bitte dich, deine Socken nachher wegzuräumen,

wenn du hier fertig bist." (zweite Grenze)
Übernächstes Mal: „Räumst du bitte JETZT deine Socken weg?"
(dritte Grenze)
Danach: „Du räumst JETZT SOFORT deine Socken weg!"
(vorher gehe ich hier nicht weg)

Die Gewaltfreie Kommunikation wird auch verbindende Kommunikation genannt, da sie versucht, unsere Gefühle und Bedürfnisse mit denen anderer zu verbinden bzw. diese zu achten. Grundvoraussetzung dafür ist es, die eigenen Gefühle und Bedürfnisse zu kennen und wertzuschätzen (!).
Wie sieht das Modell im Schulalltag aus? Auch hier geht es darum, eigene Gefühle und Bedürfnisse zu äußern. Manche Leser wird dies verunsichern – dann rate ich Ihnen, das Buch von Rosenberg zu lesen, ein Training zu besuchen oder Ihre Sorgen in einem persönlichen Coaching zu besprechen und auszuräumen. Wenn Sie jetzt beim Lesen Widerstände spüren, will ich Ihnen sagen, dass ich vielfach in der Praxis die Erfahrung gemacht habe, dass das Modell sich vorzüglich auch in schwierigen Situationen und mit schwierigen Schülern anwenden lässt, es aber vor der Anwendung eingeübt werden muss. Es geht immer darum, dass Sie Ihre Gefühle und Ihre Bedürfnisse klar kommunizieren und damit für den anderen nachvollziehbar machen. Wie sieht das bei einem wertschätzenden Nein in Ihrer Praxis aus? Ich will Ihnen dies in einem <u>Beispiel für grenzsetzende Kommunikation</u> veranschaulichen:
Ein Elternteil ruft Sie um 21:50 Uhr an, um über die heute von Ihnen erteilte Note des Kindes zu sprechen.

1. Beschreibungen konkreter Handlungen ohne jede Bewertung → Hier entfällt eine Beschreibung, aber Sie können das Anliegen kurz zusammenfassen. „Ich höre, Sie rufen mich an wegen der Note Ihres Sohnes."
2. Benennung der Gefühle, die man bei sich und ggf. dem anderen erkennt → „Ich merke, dass ich mich jetzt bereits sehr müde fühle, und ich ärgere mich auch, dass Sie mich außerhalb meiner telefonischen Sprechzeiten und damit in meiner Freizeit anrufen. Allerdings vermute ich, dass Sie sich Sorgen wegen der Note machen oder Ihr Sohn sich ungerecht behandelt fühlt."
3. Benennung der Bedürfnisse, die durch Gefühle ausgedrückt werden → „Mein Bedürfnis ist es, Ihnen ausgeschlafen und mit der genügenden Zeit zur Verfügung zu stehen (Bedürfnis nach Professionalität) und Ihre Sorgen zu hören (Bedürfnis nach respektvollem Umgang). Ihr Bedürfnis ist es sicherlich aber, die Dinge sofort zu klären (Bedürfnis nach Lösung der inneren Spannungen)."

4. Formulierung einer Bitte um konkrete Handlungen → „Dennoch möchte ich Sie bitten, mich am Mittwoch zu meiner Telefonzeit anzurufen oder mir zu sagen, wann ich Sie zu einer passenden Zeit zurückrufen kann, damit wir den Sachverhalt klären können".

Danach beenden Sie das Gespräch freundlich und bestimmt.

„Glück heißt, seine Grenzen kennen und sie lieben." – Scheinbar so banal benannte Romain Rolland, ein französischer Schriftsteller, der um 1900 herum lebte, die Grundlage für unser Glücksempfinden.
Auch ich bin der Meinung, dass es bedeutend zur Lebensqualität beiträgt, um seine Grenzen zu wissen und diese verteidigen zu können. Es ist dafür wichtig, achtsam sich selbst gegenüber zu sein und zu reagieren, wenn jemand die eigene Grenze übertritt. Nicht umsonst wird ein Grenzübertritt auch Grenzverletzung genannt. Es hat folglich etwas mit Schmerz zu tun, der ebenso in anderen, schmerzlichen Situationen offen kundgetan werden sollte. Trauen Sie sich, Ihrem Schmerz der Grenzverletzung Ausdruck zu verleihen! Um Ihr Gegenüber nicht anzugreifen, können Sie folgende Mittel nutzen:

Grenzverletzungen ansprechen
- ✓ Sprechen Sie in der Ich-Form (z. B. „Ich fühle mich gestört durch ..."), um Ihr Gegenüber nicht durch ein „Du ..." in die Verteidigungsposition zu bringen.
- ✓ Signalisieren Sie anhand von Gegenständen, Abmachungen oder Räumlichkeiten Ihre Grenze (z. B. feste Telefonzeiten, eine geschlossene Tür).
- ✓ Seien Sie konsequent. Dies bedeutet im Vorfeld reichliche Überlegungen, welche Grenzen Sie wann setzen wollen.

Um Grenzverletzungen zu minimieren, ist es notwendig, dass alle Beteiligten um die individuellen und gemeinsamen Grenzen wissen. Für gemeinsame Grenzen ist es sinnvoll, gemeinsam Regelungen festzuhalten, die dann z. B. in einer Schulordnung oder einem „Vertrag" festgehalten werden können oder in Elternabenden bekannt gemacht werden. Durch solche Instrumente ist es auch leichter, auf einen Grenzübertritt hinzuweisen, ohne ihn gleich als persönliche Verletzung empfinden und anmerken zu müssen. Damit die Grenze vom Gegenüber ernst genommen wird, ist es unerlässlich, konsequent (!) auf einen Übertritt hinzuweisen und ggf. Konsequenzen zu ziehen. Sie sollten aber nur dann angedroht oder durchgeführt werden, wenn sie einen Sinn ergeben, denn anderenfalls wären die Konsequenzen wirkungslos. Falls eine Ausnahme logisch erscheint, sollte sie nur von dem, der die Grenze gesetzt hatte, vorgenommen und begründet werden. Es ist wichtig, individuelle Grenzen deutlich zu formulieren und ein Nein nicht zu rechtfertigen, aber zu begründen. Dabei können Sie einen Alternativvorschlag machen oder bei Bedarf um Bedenkzeit für eine endgültige Antwort bitten. Dies empfiehlt sich gerade in der Anfangszeit Ihrer Übung, wenn Sie noch unsicher mit Ihren Grenzen sind.

■ Ein Rückblick

Es ist nicht nur wichtig, seine Außengrenzen deutlich zu machen, sondern auch selbst auf die eigenen Grenzen (der Belastbarkeit) zu achten. Ein Burnout beginnt vielfach mit dem Nichtbeachten der eigenen Grenzen und dem Zurückstellen eigener Bedürfnisse. So werden Helfer hilflos.
Doch es gibt auch Grenzen, die Sie nur für sich selbst setzen können, und nur Sie werden auf deren Einhaltung achten. Das ist die Königsdisziplin der Selbstfürsorge, da es schwerer fällt, den Grund für eine „Verletzung" bei sich selbst zu suchen als andere darauf hinzuweisen. Eine sanfte Selbstachtsamkeit wäre z. B., in regelmäßigen Abständen innezuhalten und sich zu fragen, ob Ihr Maß an Einsatz noch im Verhältnis zu Ihren Regenerationszeiten steht. Wir können nur das geben, was wir selbst haben! Achten Sie darauf, dass Geben und Nehmen in einem guten Verhältnis stehen. Die Frage, welche Grenzverletzungen Sie sich selbst angetan haben oder immer wieder antun, können nur Sie beantworten und nur Sie können daran etwas ändern. Vielleicht ist es Zeit, etwas für sich zu tun?

Ein kurzer Ausflug zum Schluss: Wenn eine Person eine Verletzung ihrer eigenen Grenze begangen hat, indem sie z. B. Überdurchschnittliches geleistet hat, wird der Kraftakt, die „Verletzung", angenehmer empfunden, wenn die Leistung wertgeschätzt wird. Dazu ist anzumerken, dass sich ein Lob und eine Wertschätzung wesentlich unterscheiden. Während sich ein Lob auf eine konkrete Sache, die erbrachte Leistung bezieht, betrifft **Wertschätzung** die gesamte Person. Fragen Sie sich, wie viel Wertschätzung Ihnen in unterschiedlichen Umfeldern entgegengebracht wird und wie viel Wertschätzung Sie anderen Menschen entgegenbringen!
Wäre vielleicht auch das ein Thema, welches Sie betrifft? Vielleicht fühlen Sie sich zu wenig wertgeschätzt und haben daher Schwierigkeiten, sich abzugrenzen oder Nein zu sagen? Ihr privates Umfeld sollte dabei der Quell Ihrer Wertschätzung sein und nicht die Kontakte während der Arbeit. Dennoch können Sie sich in beiden Bereichen in Wertschätzung üben! Wie? Ganz einfach funktioniert dies auch mit dem Modell der Gewaltfreien Kommunikation. Verwandeln Sie sie in eine wertschätzende Kommunikation, indem Sie

ans Ende kein „Bitte", sondern ein „Danke" setzen. Nutzen Sie die vier Schritte des Modells also, um Ihre ehrliche Wertschätzung auszudrücken.

Hier ein <u>Beispiel für eine wertschätzende Kommunikation:</u> Eine Kollegin hat Ihnen angeboten, Ihnen bei einem schwierigen Elterngespräch zur Seite zu stehen.

1. Beschreibungen konkreter Handlungen ohne jede Bewertung → „Du hast mir letzten Freitag angeboten, mich im Gespräch mit Frau Schmidt zu unterstützen."
2. Benennung der Gefühle, die man bei sich und ggf. dem anderen erkennt → „Zuerst war ich etwas unsicher, ob ich das annehmen kann und wie es aussehe, wenn du mit zum Gespräch kommst (Gefühl der Unsicherheit). Du hattest sicherlich Mitleid mit mir in dieser verfahrenen Situation (Vermutung, der andere habe Mitleid). Aber dann habe ich mich am Wochenende sehr über dein Angebot gefreut."
3. Benennung der Bedürfnisse, die durch Gefühle ausgedrückt werden → „Mir ist es wichtig, mich professionell zu fühlen, und daher reagierte ich zurückhaltend, aber ich freue mich sehr, dass es dein Bedürfnis ist, mir zu helfen, und ich fühle mich dadurch sehr gut unterstützt (Bedürfnis nach Unterstützung) und angenommen (Bedürfnis nach Zugehörigkeit, Angenommensein). So konnte ich am Wochenende richtig entspannen (Bedürfnis nach Regeneration und Sicherheit)."
4. Formulierung eines Dankes für konkrete Handlungen → „Für dein Hilfsangebot und das schöne Wochenende, welches ich dadurch hatte, möchte ich dir danken!"

Fazit: Unsere Kindheit, Werte, sozialen Normen, gesellschaftlichen Normen, Lernerfahrungen über die Kindheit hinaus, Überzeugungen, Attributionen, Persönlichkeitsmerkmale und der derzeitige körperliche und psychische Zustand beeinflussen unsere Grenzsetzungen und unsere individuelle Definition von Grenzen. Daher ist es wichtig, zu verinnerlichen, dass die eigenen Grenzsetzungen meist nicht mit den Grenzsetzungen anderer Menschen übereinstimmen.

Um die Frage zu beantworten, wann überhaupt Grenzen gesetzt werden sollten, reicht es, nach folgender Regel zu verfahren: Wenn Sie ein Nein im Bauch haben, dann sagen Sie auch Nein, und wenn Sie ein Ja im Bauch haben, dann sagen Sie Ja.

Dazu ist es aber unabdingbar, sich selbst wichtig und ernst zu nehmen (Schritt 1: „Wahrnehmen der eigenen Schätze"), die eigenen Grenzen zu definieren und zu leben (Schritt 2: „Sich selbst begrenzen"), Grenzübertritte bewusst und bestenfalls direkt in der Situation zu registrieren (Schritt 3: „Grenzübertritte wahrnehmen") und dann gekonnt Grenzen zu setzen (Schritt 4: „Das Grenzensetzen"). Abgrenzung gelingt durch Körpersprache, Imagination und Kommunikation. Hier hilft es, einige Techniken, wie die Gewaltfreie Kommunikation, zu beachten und anzuwenden.

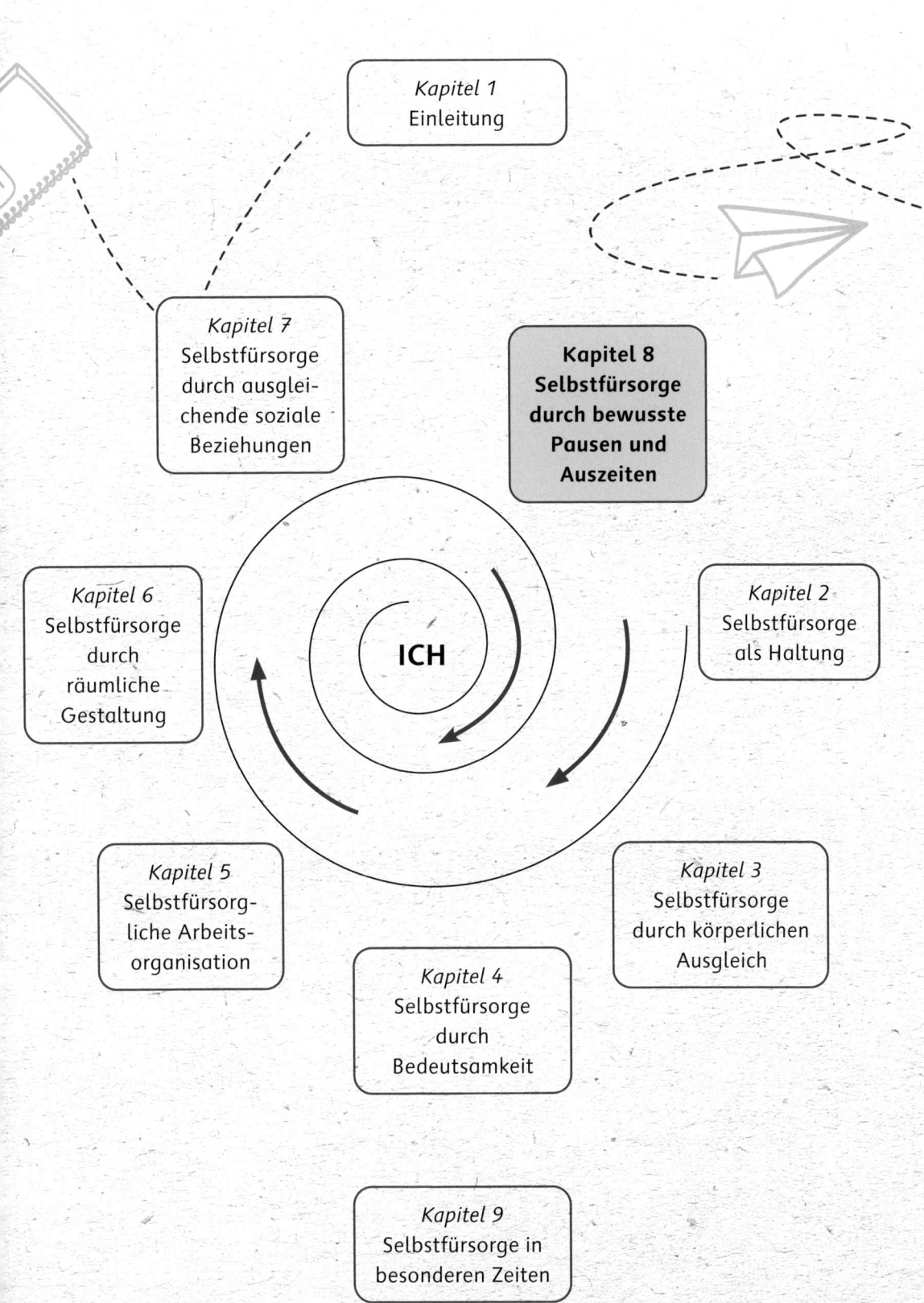

Zur Regeneration im Lehrerberuf sind Pausen unerlässlich. Dennoch kommen sie bei vielen Lehrkräften deutlich zu kurz, weil sie sich vermeintlich nur schwer in den hektischen Schulalltag integrieren lassen. Dabei stehen Ihnen allerhand verschiedene Arten von Pausen zur Verfügung: Seien es die ganz kurzen Pausen, die nur wenige Minuten brauchen und sogar im Unterricht erfolgen können, die Pausen in der Pause, die Pausen während der häuslichen Arbeitszeit, die bei manchen gar nicht vorkommen, bei anderen im Sinne der Aufschieberitis den halben Tag dauern, aber nicht als solche wahrgenommen werden, oder die längeren Pausen von der Arbeit in Ferien und Sabbatjahren. Sie haben also viele unterschiedliche Möglichkeiten, Pausen zu machen und diese zur Stärkung ihrer individuellen, aber auch der kollektiven Lehrergesundheit zu nutzen. Und um diese ganz unterschiedlichen Pausen soll es jetzt gehen.

Ziel des Kapitels ist die Darstellung der vielfältigen Möglichkeiten zur Regeneration durch Pausen und die Aktivierung dieser auch in Ihrem Schulalltag. Lesen Sie praxisnahe Tipps und Beispiele von Kollegen, um Ihre Pausengestaltung zu überprüfen und in Ihre Haltung der Selbstfürsorge zu integrieren.

Bewusst Pause machen

Dass Pausen wichtig sind, wissen Sie. Und dass Sie Pausen machen sollten, auch. Zwei „Weisheiten", die ich immer wieder in unseren Workshops verkünde. Häufig ernte ich dafür ein gewisses Lächeln, welches ich von der Lehrerschaft bereits kenne. Aber an diesem Punkt kann ich authentisch zurücklächeln. Das Lächeln meiner Zuhörerschaft soll mir sagen: „Kommen Sie doch mal nur einen Tag an unsere Schule!" Richtig! Im normalen Ablauf des Lehrervormittags scheinen echte Pausen nicht vorgesehen zu sein. Zwischen den Unterrichtsstunden muss der Schulhof beaufsichtigt werden und natürlich gibt es da Gespräche mit einigen Schülern, die ein ausgeprägtes Sendebewusstsein an den Tag legen, und man muss sich in Streitigkeiten einmischen. Hat man keine Pausenaufsicht, hechtet man noch schnell zum Kopierer, um die Arbeitsblätter für die nächste Unterrichtsstunde zu kopieren, aber am Kopierer sind bereits mehrere Kollegen auf die gleiche Idee gekommen. Selbst wenn es also mit dem Kopieren nicht klappt, warten im Lehrerzimmer ganz viele „Ach, wo ich dich gerade sehe ...", „Hast du mal eine Sekunde (!) Zeit für mich ...", „Ich hab dir da was ins Fach gelegt ... guck doch mal

schnell!" oder es stehen bereits findige Eltern auf dem Flur zwischen Klassenraum und Lehrerzimmer, um Sie abzufangen – meist die Eltern der Kinder mit dem ausgeprägten Sendebewusstsein. Es gibt also jede Menge zu tun und da wundert es nicht, dass die Stresswerte von Lehrkräften in den Pausen auf ihr morgendliches Maximum klettern. Dann ist natürlich nicht von Pause im Sinne des Wortes zu sprechen. Nur eine kleine Randgruppe macht es anders. Sie verkrümeln sich unbemerkt über Notausgänge, windige Nebeneingänge und vermeiden zielsicher alle Flure, auf denen Eltern oder Kollegen irgendetwas wollen würden. Sie haben ihre Arbeitsblätter schon am Vortag nachmittags kopiert, weil sie wissen, dass jetzt der Sturm auf den Kopierer wertvolle Minuten kostet, die sie nicht haben. Sind sie an ihrem Ziel angekommen, treffen sie dort, sogar außerhalb des Schulgeländes, andere Lehrkräfte, die den gleichen Weg genommen haben, und: reden über Privates, über das letzte und das nächste Wochenende oder über das, was sie so am Nachmittag noch vorhaben. Sie reden extrem selten über Schule und schalten für einen Moment so richtig ab. Sie sind extrem sozial und helfen sich gegenseitig aus, wenn z. B. einer von ihnen sein Feuerzeug vergessen hat. Ihr Gehirn unterscheidet sich in einem kleinen Bereich, dem Nucleus accumbens, von dem der anderen Lehrkräfte. Sie sind süchtig. Sie erleben Craving, das kontinuierliche und nahezu unbezwingbare Verlangen eines Suchtkranken, sein Suchtmittel zu konsumieren. So schaffen diese Lehrkräfte es trotz aller Umstände, die es am Schulvormittag so schwer machen, „Pause zu machen", sich herauszuziehen, um zu rauchen. Verlässlich macht das Gehirn dieser Lehrkräfte eine Pause. Wir begegnen in unserer praktischen Arbeit erschreckenderweise immer wieder Lehrkräften, die angeben, erst im mittleren Lebensalter mit dem Rauchen begonnen zu haben, um sich dadurch am Schulvormittag Freiräume zu schaffen. Dies zeigt sicherlich, wie groß die Belastungen und der Wunsch nach Entspannung manches Mal sind. Natürlich stellt das Rauchen keine wirkliche Entlastung dar und bringt gesundheitliche Schädigungen mit sich. Spannend ist aber, dass diese Lehrkräfte das schaffen, was die anderen für unmöglich halten. Der wesentliche Unterschied zwischen den Rauchern und den Nichtrauchern besteht darin, dass die Raucher Pause machen müssen, ob sie wollen oder nicht, während die anderen ihr Bedürfnis nach Pause ignorieren oder unterdrücken können.
Ich möchte Sie ermutigen, Pause zu machen, den Schulhof für einen Moment zu verlassen oder in anderer Weise „abzuschalten" und dies, ohne zu Suchtstoffen greifen zu müssen. Dazu ist gerade im Training dieser neuen Verhaltensweise einige Disziplin notwendig, aber auch Ihr Gehirn kann sich an diese kleinen Belohnungen gewöhnen und lernen, sie einzufordern, wenn auch niemals so strikt und unnachgiebig, wie das Gehirn eines Süchtigen es vermag. Mir geht es dabei darum, Ihnen deutlich zu machen, dass Sie sich diese

Pausen ganz bewusst nehmen müssten, denn anders wird und kann es im System Schule derzeit nicht funktionieren. Deshalb ist das bewusste Pausemachen eine Aufgabe, die eine Basiskompetenz der Selbstfürsorge darstellt.

Fazit: Bewusste Pausen im Schulalltag sind möglich und ein wichtiger Beitrag Ihrer Selbstfürsorge. Sie müssten sie nur schaffen wollen.

Aktive Pausen im Alltag

Entspannung während des Arbeitstages blockiert (im Sinne der Gegenkonditionierung) wechselseitig Angst und Anspannung. Machen Sie Entspannung zu einem Teil Ihrer Arbeit. Auch Ihre Schüler werden davon profitieren. Neben der bewussten Entspannung können Sie Stress auch aktiv durch Bewegung und ausgleichende Körperhaltungen entgegensteuern. Ausführlicher beschrieben sind die Hintergründe in Kapitel 3. Hier möchte ich Ihnen einige konkrete Anregungen an die Hand geben:

> **Gesunde Formen der Regeneration am Schulvormittag**
>
> Dazu gehören z. B. ...
> - ein gesunder Snack, den Sie mit Liebe zu Hause vorbereitet haben und auf den Sie sich bereits freuen. Dies kann verzehrfertig zubereitetes Obst sein, ein besonderer Tee, den Sie immer zur gleichen Uhrzeit genießen o. Ä. – wichtig ist, daraus ein Ritual zu machen und dieses zu Ihrer professionellen Routine werden zu lassen.
> - ein Spaziergang in der großen Pause, bei dem Sie beobachten, wie sich die Natur im Laufe des Jahres verändert.
> - ein Gespräch mit einem lieben Kollegen, für das Sie im Vorfeld verabreden, dass Sie über Privates statt über Schule reden. Machen Sie auch das zu Ihrem Ritual.
> - ein Anruf bei einer geliebten Person. Vielleicht braucht Ihre beste Freundin zur gleichen Zeit eine kleine Pause und hat Lust auf einige Minuten Austausch. Vielleicht reicht auch eine SMS.
> - eine Achtsamkeits- oder Entspannungsübung

Gesunde Formen der Regeneration während der Arbeitszeit zu Hause

Dazu gehören z. B. …
- ✓ eine Praline, nach jeder dritten fertig korrigierten Klassenarbeit. Nehmen Sie sich einen Moment Zeit zum Genießen dieser Praline. Schmecken Sie alle Nuancen heraus. Erinnern Sie sich an die Genussregeln aus Kapitel 3. So trainieren Sie ganz nebenbei Ihre selbstfürsorgliche Achtsamkeit.
- ✓ ein Gespräch mit Familienmitgliedern oder ein Telefonat (denken Sie an eine Zeitbegrenzung und teilen Sie diese Ihrem Gegenüber zu Beginn des Gesprächs mit).
- ✓ ein Heißgetränk, welches genau für diesen Moment reserviert ist, z. B. ein Marzipan-Cappuccino, der sich leicht zubereiten lässt und als Erholungs- und Belohnungsritual dient.
- ✓ eine definierte Zeit, zu der Sie in Ihrem Lieblingssessel entspannen.
- ✓ das Dehnen der Muskeln und Bänder als Ausgleich für das Sitzen am Schreibtisch.

Oder Sie bleiben am Computer sitzen und gehen auf www.donothingfor2minutes.com.

Neben diesen kleineren Pausen für zwischendurch können Sie natürlich auch längere Pausen bewusst sebstfürsorglich gestalten:

Anregungen zur Regeneration in größeren Pausen

- ✓ <u>Entspannung für Körper und Seele:</u> Gönnen Sie sich eine Massage und vereinbaren Sie dafür feste Termine. Massagen wirken durch die Berührung ausgleichend auf unser Hormonsystem. Eine Gesichtsmassage können Sie jederzeit selbst bei sich durchführen. Vielleicht möchten Sie auch lieber einen festen Termin zum Schwimmen oder für die Sauna haben? Entscheiden Sie selbst, was Ihnen guttut!
- ✓ <u>Liegekur:</u> Gestatten Sie sich eine private Liegekur. Nehmen Sie sich 14 Tage Zeit für eine besondere Auszeit im Alltag – möglichst täglich. Im besten Fall wählen Sie ein möglichst langes Zeitintervall bis zu einer Stunde und legen Sie sich bequem auf eine Liege – ohne irgendetwas anderes nebenbei zu tun (auch nicht zu schlafen). Beobachten Sie einfach Ihre Gedanken, wie die Wolken am Himmel. Bewerten Sie nichts (vgl. Übung auf S. 23 f.).

Wenn Sie sich mit warmen Decken und Wärmflasche versorgen, kann die Liegekur im ganzen Jahr draußen stattfinden. Die Liegekur wird in Psychosomatischen Kliniken mit großem Erfolg angewendet. Sie werden allerdings möglicherweise feststellen, dass Sie bereits nach kurzer Zeit unruhig werden. Damit zeigt Ihnen Ihr Körper, wie sehr er unter Anspannung ist und wie sehr Ihre inneren Antreiber (vgl. Kapitel 2) verrücktspielen. Versuchen Sie, gerade wenn es Sie unruhig macht, die private Liegekur mit anfangs kurzen Zeitfenstern fortzusetzen und sie mit einer inneren Erlaubnis zu begleiten.

✓ <u>Erholsames Alleinsein:</u> Nach anspruchsvollen Arbeitstagen mit vielen Interaktionen entsteht gerade bei Lehrkräften ein großes Bedürfnis danach, allein zu sein – nicht zu reden, nichts zu hören, nichts zu geben ... Es ist wenig sinnvoll, sich trotz dieses Bedürfnisses unter Menschen (z. B. die Familie) zu begeben. Zu Hause warten nach dem Schulvormittag gleich die nächsten Anforderungen auf Sie. Planen Sie lieber eine Aktivität, die Sie ganz allein durchführen können, bevor Sie nach Hause kommen.

Wie wäre es mit einem Spaziergang durch den Wald oder am Wasser? Das Zeitfenster muss nicht groß sein. Vielleicht reichen 15 Minuten, um einen ganzen Nachmittag neu, anders, entspannter zu erleben.

Schnell notiert: Meine Pausen im Alltag

Nehmen Sie sich hier die Zeit und den Platz, Möglichkeiten zum „Pausemachen" für sich zu ergründen. Welche Pausen wären für Sie erholsam?

Für mich passende Pausen am Schulvormittag:

→ ....

→ ....

→ ....

Für mich passende Pausen während der Arbeit zu Hause:

→ ....

→ ....

→ ....

> Längere Pausen, die mein Ritual der Entspannung innerhalb der Woche sind:
>
> → ....
>
> → ....
>
> → ....

Überlegen Sie einmal: Wann waren Sie das letzte Mal wirklich volle 24 Stunden allein? Wäre das etwas für Sie? Warum oder warum nicht? Lassen Sie Ihre berufliche Rolle hinter sich und fahren Sie ganz allein für ein bis zwei Tage oder sogar länger zur „privaten Einkehr" weg. Manche von uns brauchen für das Alleinsein eine Anleitung. Im Kloster finden Sie dazu z. B. die Möglichkeit. Viele Klöster haben sich auf Besucher eingestellt und manche bieten spezielle Programme für Lehrkräfte an.

Fazit: Durch die Strukturierung des Alltags mit kleinen Pausen zur Regeneration schaffen Sie einen Ausgleich zur angespannten Zeit des Arbeitens und sorgen selbstfürsorglich für sich. Dafür gibt es zahlreiche Möglichkeiten – suchen Sie die für Sie geeigneten aus und nutzen Sie sie!

Auszeiten als Zeiten der Erholung

Es scheint Dinge zu geben, die uns evolutionär so entspannen, dass sie einfach der Mehrzahl der Menschen guttun. Sei es das Beobachten von (Haus-)Tieren, z. B. frei laufenden Hühnern im Garten, das Sitzen vor dem Feuer oder Ofen oder die Betreuung kleiner Kinder im selbst versunkenen Spiel – alles davon könnten die meisten von uns stundenlang machen und dabei tief entspannen und dennoch konzentriert sein (vorausgesetzt allerdings, Sie sind nicht schon chronisch so gestresst, dass jede Ruheaktivität Unbehagen auslöst). Genauso gibt es Dinge, die Sie als Kind vielleicht gern getan haben und die Ihnen ein Gefühl von Geborgenheit und gleichzeitiger Freiheit vermittelt haben. Um langfristig hohe Leistungen abrufen zu können, sind solche Inseln der Entspannung und des „Abschaltens" ganz essenziell und sollen deshalb an dieser Stelle thematisiert werden.

■ Längere Auszeiten

Auszeiten sind mehr als Pausen, da sie dadurch definiert sind, dass ein größerer Abstand zur Arbeit besteht. Es ist gerade im Lehrerberuf wichtig, sich möglichst einmal im Jahr für mehrere Wochen geistig, emotional und körperlich von der Arbeit zu **distanzieren**. Die Sommerferien und weitreichender das Sabbatjahr bieten dazu Gelegenheit. In diesen Auszeiten gelingen eine aktive Zerstreuung und die Konzentration auf verdeckte Aspekte unserer Persönlichkeit, für die im Schulalltag nicht genug Zeit bleibt. Streben Sie Auszeiten an, die für Ausgeglichenheit und Wohlbefinden sorgen. Für den einen mag das der längere Aufenthalt in einer anderen Stadt sein, für andere ein Wanderurlaub. Erst nach einiger Zeit werden Sie merken, wie Ihre Gedanken aufhören zu kreisen, und Sie wieder zu sich finden.

> Ein Lehrer, 55 Jahre, schrieb uns einmal: „Ich bin in den letzten Sommerferien auf eine Hallig gefahren. Das mag komisch klingen und bereits nach zwei Tagen kannte ich jeden Stein und jeden Vogel. Aber das Licht war immer anders und ich habe angefangen zu malen. Zunächst hat es mich Überwindung gekostet und ich war mit den Ergebnissen nicht zufrieden, obwohl ich früher gerne gemalt habe. Aber mit der Zeit habe ich mich mit mir arrangiert und den Gefühlen freien Lauf gelassen. Ein Bild hängt nun im Klassenraum und ab und zu, in den Phasen, wenn die Schüler ruhig arbeiten, vertiefe ich mich in das Bild und dann rieche ich sogar das Meer. Wunderbar."

■ Kurze Auszeiten

Gönnen Sie Ihrem Gehirn Abwechslung und neue Erfahrungen – wenn Sie üblicherweise ein strukturierter Mensch sind, spielen Sie mit Ihren Gewohnheiten. Probieren Sie neue Wege zu Ihrer Schule aus. Sie werden ein neuronales Feuerwerk in Ihrem Gehirn erleben, wenn Sie z. B. einfach einmal die Zähne mit der anderen Hand putzen. Außerdem werden Sie vermutlich lachen müssen, und dass Lachen einen positiven Effekt auf die Gesundheit hat, ist mittlerweile deutlich bewiesen. **Verändern Sie Ihre Routinen** in kleinen Punkten. Noch etwas anderes in puncto „Auszeiten": Sie würden an einem Sommerabend vermutlich nicht mit einer Weinflasche durch den Park spazieren und fragen sich sicherlich auch, ob Sie im Jogginganzug einkaufen gehen könnten und was die Eltern, Schüler und Kollegen von Ihnen denken würden, wenn Sie „erwischt" werden. Und schon wieder haben Sie Ihre **Berufs- bzw. Lehrerrolle** im Kopf. Dieses (verständliche) Denken verhindert die Auszeiten von Ihrer Berufsrolle. Doch gerade die „tatsächlich verrückten" Dinge schaffen Abstand zu dem Täglichen. Die beste Party, die ich mit Kollegen und

Freunden einmal feierte, fand unter dem Motto „Halloween in der Irrenanstalt" statt. Bevor Sie diesen Slogan missverstehen – der Begriff „Irrenanstalt" stand bei unserer Zusammenkunft für frühere und sicherlich zu hinterfragende Vorgehensweisen in der Psychiatrie und soll die wichtige Institution der heutigen Psychiatrie nicht verunglimpfen. Jeder Gast durfte entweder als Arzt, als Psychologe, als Patient, als Angehöriger, als Pflegekraft oder als Besucher kommen und war natürlich überdies passend zu Halloween verkleidet. Es war zu herrlich, die Rollen zu tauschen und die eigenen „Neurosen" (auch dieses Wort gibt es heute nicht mehr) auszuleben oder zu erleben, wie Angehörige (meistens wurden besorgte Mütter Heranwachsender gespielt) sich rührend um zunehmend betrunkene „Patienten" kümmerten. An der Tür bekamen alle Gäste, auch die, die das Fachpersonal spielten, bereits ohne Diagnosestellung Cocktails und bunte Bonbons in Medikamentenschachteln und im Verlauf des Abends wechselten die Patienten die Rolle und therapierten die Therapeuten. Das Motto entstand aus dem Witz: Was unterscheidet den Patienten vom Therapeuten? Die Antwort ist: Die Seite des Schreibtisches, an dem er im Therapieraum Platz nimmt. Am Ende des Abends hatten wir trotz Berufsbezug völlig vergessen, wer wir waren.
Bevor Sie nun unsere gesamte Party und mich, die Autorin, missverstehen, sei noch einmal betont, dass wir nicht das Leid von Menschen mit psychischen Erkrankungen infrage stellen wollten, sondern vielmehr uns als „Fachpersonal". Eine abgemilderte Idee mag eine Sommerparty im Winter sein, zu der Sie Ihr Haus aufheizen und dann alle Gäste im Sommeroutfit einladen, Sommerspeisen servieren und Sommermusik spielen gemäß dem Motto „Jetzt ist Sommer" von den Wise Guys, wo es heißt: „Jetzt ist Sommer! Egal ob man schwitzt oder friert: Sommer ist, was in deinem Kopf passiert." Tatsächlich sind verrückte Dinge eine willkommene Abwechslung für das Gehirn und wunderbar zur Zerstreuung geeignet. Probieren Sie es aus! Was könnten Sie tun? Was haben Sie früher gern getan, bevor Sie durch Ihre Lehrerrolle „seriös" wurden? Stellen Sie sich vor, wie es wäre, heute Nacht Klingelstreiche in der Nachbarschaft zu machen! (Manchmal reicht die Vorstellung für ein Lächeln und führt zu einer kurzen Zerstreuung und Beglückung des Gehirns.) Sie haben sicherlich andere verrückte Ideen – lassen Sie sie zu! Vielleicht können sogar Ihre Schüler davon profitieren?
Viele Untersuchungen zeigen mittlerweile, dass **Humor und Lachen** viele günstige Wirkungen auf die Gesundheit haben und ein perfektes Gegenmittel gegen Belastungen sind. Studien zeigen, dass Schüler im humorvollen Unterricht besser lernen und später die Leistung besser abrufen können, da der Lernstoff mit positiven Gefühlen verbunden ist. Schaffen Sie solch positive Stimmung im Klassenzimmer – natürlich sind Sie nicht der Clown, der die Zuschauer unterhalten soll. Aber fragen Sie sich hin und wieder, ob Sie in

bestimmten Situationen nicht auch mit Humor reagieren könnten. Jede Form des **Spiels** kann genauso gut Heiterkeit und Ausgeglichenheit bringen, wenn es ein wahres Spiel ist. Wahre Spiele werden um ihrer selbst willen gespielt und nicht, weil sie einen tieferen Sinn haben. Geht es in Ihren Spielen um Leistung oder um Ausgelassenheit? Und könnten Sie einmal etwas spielen, was Ihnen Leichtigkeit gibt und keinen Leistungsgedanken verfolgt?

Wenn Ihnen Motto-Partys, Klingelstreiche und andere Frohsinnigkeiten noch Unbehangen bereiten, will ich Ihnen eine andere Idee vorschlagen: Auch ein spontaner Besuch bei Freunden ist eine gute Möglichkeit, aus dem Alltag auszubrechen (vgl. Kapitel 7, Abschnitt „Private Freundschaften", S. 149 ff.). An einem Schulentwicklungstag mit mehr als 200 Lehrkräften haben wir in der Pause einmal eine anonyme Umfrage gemacht, in der wir fragten, wie viele der Teilnehmer sich solche Besuche von Freunden wünschen würden und wie viele der Teilnehmer den Mut hätten, solche Besuche ohne Ankündigung zu tätigen. Das Ergebnis war, dass 68 % derjenigen, die uns die Zettel wiedergaben, äußerst erfreut über solche Besuche wären. 21 % gaben an, dass die Freude in Abhängigkeit zur Tagesverfassung stünde, aber sie sich im Mittel auch freuen würden, was bedeutet, dass 89 % der Teilnehmer sich solche Besuche von Freunden wünschten. Nur 19 % der Teilnehmer gaben hingegen an, solche Besuche mehr als 2-mal im Jahr zu machen. Weniger als 2 % gaben an, monatlich solche Besuche abzustatten. Ein trauriges Ergebnis, welches Sie noch heute ändern könnten! Sie könnten jetzt das Buch weglegen, eine Flasche Wein oder was auch immer einpacken und einfach losgehen oder -fahren. Vielleicht wäre genau das jetzt viel selbstfürsorglicher, als weiterzulesen, und Sie würden sich lange an diesen Tag (und dieses Buch) zurückerinnern. Erfahrungen sammeln Sie nicht durch das Lesen und Lernen von Lektüre, sondern durchs „Machen". Ich möchte Sie jetzt also ernsthaft ermuntern, ein Lesezeichen ins Buch zu legen und loszugehen!
Mir ist bewusst, dass meine hier vorgestellten Ideen für einige von Ihnen unpassend sein mögen und Sie beim Lesen vielleicht sogar mit ablehnenden Gefühlen reagiert haben. Es wäre spannend zu wissen, ob Sie andere, kleine Auszeiten schaffen, in denen Sie Ihre Berufsrolle für einige Stunden vollkommen vergessen und in etwas anderem aufgehen. Vielleicht gelingt es Ihnen dann, Auszeiten durch Flow-Erlebnisse zu erleben.

■ Auszeiten durch Flow-Erlebnisse

Als „Flow" bezeichnet man das Gefühl der völligen Vertiefung und des Aufgehens in einer Tätigkeit. Dies wurde erstmals von Mihály Csíkszentmihályi beschrieben, einem anerkannten Forscher, der sicherlich mehr Ruhm hätte, wenn die Kollegen sich trauen würden, seinen Namen auf Kongressen auszusprechen. Flow-Zustände entstehen dann, wenn die Aufgabe die perfekte Passung zur Person liefert und genau zwischen Unter- und Überforderung liegt. Es kommt zu Selbst- und Zeitvergessenheit, da die Aufgabe die ganze Aufmerksamkeit erfordert und gleichzeitig als bereichernd erlebt wird. So ist der Flow-Zustand ähnlich wie das kindliche Spielen, welches so wunderbar auch als das „Entrücktsein vom aktuellen Tagesgeschehen" beschrieben wird. – Was sind Ihre „Flow-Tätigkeiten"?

■ Erschaffen Sie sich etwas

Im Lehrerberuf sehen Sie Ihre Erfolge i. d. R. nicht plastisch vor sich, jedenfalls nicht so wie ein Handwerker. Vielleicht täte es Ihnen gut, sich handwerklich oder in irgendeiner Weise so zu beschäftigen, dass Sie motorisch ausgelastet, aber kognitiv nicht zu angestrengt sind. Bauen Sie etwas oder malen Sie etwas, was am Ende des Tages von der gesamten Familie bewundert werden kann (wenn Ihre Familie sie nicht bewundert, lesen Sie in Kapitel 7 dazu). Seien Sie kreativ und erzeugen Sie etwas! Viele unserer Lehrkräfte lieben die Gartenarbeit in der Natur, draußen, ohne Monotonie, ohne Gespräche, ohne Hektik, aber dafür mit sehr sichtbaren Ergebnissen. Nehmen Sie sich Auszeiten von der Kopfarbeit, indem Sie etwas „Erdiges" tun. Als ich vor einigen Jahren beruflich in meiner Praxis einmal sehr überlastet war, besuchte ich eine Familie auf einem Biolandhof in Hessen. Ich dachte mir, dass dies der beste Platz wäre, um eine andere Seite meiner Persönlichkeit zu leben. Am zweiten Tag wurde ich beim Frühstück gefragt, wie ich mich wohl einbringen wolle. Ich erwiderte, dass ich gern etwas „Erdiges" machen würde, und hatte dabei das Bedürfnis, einfach mal vorwiegend etwas mit den Händen zu machen, anstatt Denkarbeit zu leisten. Der Landwirt sah mich verwirrt an und entgegnete, dass die Zeit der Aussaat eigentlich vorbei sei und er mir in dieser Hinsicht nichts anbieten könne. Erst da wurde mir bewusst, wie groß meine Sehnsucht nach etwas war, was anderen nicht einmal ein Begriff zu sein scheint.

Fazit: Auszeiten bieten uns die Gelegenheit, für einen Moment aus unserer Berufsrolle auszusteigen und uns anderen Aspekten unserer Persönlichkeit zu widmen. Dies stellt eine wunderbare Entlastung für unser Gehirn und unsere Seele dar. Nutzen Sie kreative Ideen, um der Lehrerrolle zu entfliehen. Neben den langen Auszeiten, in denen Sie sich von Ihrem Beruf für einige Zeit distanzieren können, eignen sich für zwischendurch verrückte Dinge, spontane Besuche, das Spiel, Flow-Erlebnisse oder das Erschaffen von etwas Sichtbarem, um für guten Ausgleich zu sorgen.

Feriengestaltung

Im besten Falle haben Sie in Zukunft viel häufiger Ferien als bisher. Wir haben dies vor Jahren einer bestimmten Gruppe von Lehrkräften empfohlen, mit der wir dazu gearbeitet haben, und sie melden noch heute zurück, dass sie immer noch erheblich mehr Ferien haben als früher. So wurde diese Strategie in unsere Workshops mit aufgenommen und findet damit auch Platz in diesem Buch. Sie brauchen dafür nicht mehr Zeit und auch nicht mehr Geld, das zeigte sich in den letzten Jahren in unserem Experiment. Sie könnten allerdings erheblich mehr Zeit und Geld investieren, wenn Sie merken, dass dies Ihren Bedürfnissen entspräche.

Wie kamen wir zu der Motivation, mit dieser Gruppe von Lehrkräften an den „Ferien" zu arbeiten? Man hat in einer Untersuchung sterbende Menschen gefragt, was sie in ihrem Leben in der Rückschau anders gemacht hätten, und die Ergebnisse zeigten, dass die Mehrheit lieber mehr Zeit für sich und die Familie gehabt und weniger gearbeitet hätte. In welchem Rahmen Sie das umsetzen können und wollen, liegt natürlich in Ihrem Ermessen, aber es sollen ein paar Ideen zur Umsetzung folgen, die sich in unseren Workshops, wie erwähnt, sehr bewährt haben.

Doch wie genau kann das funktionieren, sich selbst mehr Ferien zu verschaffen?

■ Freie Tage

Bewusst freie Tage lassen sich durch gezielte Arbeitsorganisation verwirklichen. Sie planen die Woche so, dass Sie an einem Tag wirklich frei von Arbeit sind. Im besten Falle schalten Sie Ihr Handy aus oder sind nur noch für bestimmte Personen erreichbar. Nun unternehmen Sie etwas, das Ihnen im Gedächtnis bleibt – vielleicht mit Ihrer Familie zusammen, vielleicht allein; je nach Bedürfnis und nach äußeren Anforderungen. Vielleicht gibt es in Ihrer Umgebung einige Plätze, die sich prima für einen Tagesausflug eignen und womöglich schaffen Sie solch einen freien Tag in Zukunft mehrfach im Monat.

■ Miniferien

Planen Sie mehrfach im Jahr einen Kurzurlaub über das Wochenende. Diesen könnten Sie für manche Wochenenden im Vorfeld planen oder auch spontan gestalten, indem Sie „einfach drauflosfahren". So könnten Sie z. B. in ein Wellnesshotel fahren und von günstigen Angeboten (für alle Familienmitglieder) profitieren, wenn Sie im Internet suchen und nicht in der Hochsaison fahren. Gerade die Tagungshotels stehen am Wochenende leer. Weitere Alternativen wären Ferienwohnungen, Pensionen oder das Gästezimmer von Freunden, die Sie über das Wochenende besuchen.

Wir erhielten dazu eine schöne Rückmeldung eines Lehrers, die ich Ihnen nicht vorenthalten will:

> „Ich mache das jetzt so, wie Sie vorgeschlagen haben. Wir starten jetzt einmal im Monat direkt am Freitag mit der gesamten Familie und dem Hund in unsere Familien-Miniferien. Zuerst haben wir unsere Ziele geplant und irgendwann sind wir mit zwei Zelten ganz spontan losgefahren. Zuerst waren wir am Meer, weil Sie das, glaube ich, als Beispiel gebracht hatten, aber der Wind war nicht das, was wir mochten. Wir sind dann in den Harz gefahren und haben einige Pensionen ausprobiert. Jedes Mal waren die Tage gelungen und mittlerweile ist es das Monats-Highlight und wird von unseren Kindern mehr eingefordert als der Süßigkeitentag. Nun arbeiten meine Frau und ich daran, ein Wochenende pro Monat nur als Paar zu verbringen, aber das bedarf noch Diskussionen, denn die ganze Familie hat sich an die ausgelassenen Tage so sehr gewöhnt."

■ Urlaub

Für Lehrkräfte ergeben sich im Jahr mindestens vier Gelegenheiten, Urlaub zu machen. Es ist wichtig, dass Sie die Jahreszeit und Ihre Ziele so auswählen, dass sie zu Ihnen passen, und in der Familie Kompromisse finden, die allen Mitgliedern Entspannung ermöglichen. Gerade die Sommerferien eignen sich hervorragend, um einen größeren Abstand zur Arbeit zu gewinnen, denn nach neuerer Forschung scheint es von Bedeutung zu sein, sich **einige Wochen am Stück** aus der Arbeitsroutine zu lösen. In den skandinavischen Ländern oder in Frankreich ist dies ganz üblich. Wenn längere Ferien nicht umsetzbar sind, sollten Sie unbedingt regelmäßig Miniferien machen (s. o.), um den nötigen Abstand zur Arbeit zu bewahren. Manchmal kann es auch entlastend sein, sich in Hochstressphasen abends mit der Urlaubsplanung auseinanderzusetzen und damit die Belohnung schon in greifbarer Nähe zu wissen.

Kapitel 8 – **Selbstfürsorge durch bewusste Pausen und Auszeiten**

 Meine perfekten Ferien

Zeit: abends, verteilt auf einige Tage
Ort: mit Ihrer Familie zusammen
Benötigte Hilfsmittel: Stift und Zettel

In unseren Paarberatungen stellen wir immer wieder fest, dass einige Paare erstaunlich wenig voneinander wissen. Deshalb will ich Ihnen an dieser Stelle eine schöne Übung vorschlagen, die Sie mit Ihrer Familie zusammen durchführen sollen. Sofern Sie allein verreisen, machen Sie die Übung für sich.

So funktioniert die Übung
Jedes Familienmitglied bekommt einen Zettel und hat einige Tage Zeit, die perfekten Ferien zu malen oder zu beschreiben. Als Unterstützung können Reisekataloge dienen, die auch zum Basteln genutzt werden dürfen. Nach der verabredeten Zeit kommen alle zusammen und stellen der Reihe nach ihre perfekten Ferien vor. So erfahren Sie viel von den Bedürfnissen Ihres Partners und Ihrer Kinder und alle kommen zu Wort.
Versuchen Sie gemeinsam herauszufinden, welche Bedürfnisse mit welcher Form von Urlaub verbunden sind. Anschließend suchen Sie Kompromisse, die die Kernbedürfnisse aller Beteiligten befriedigen, auch wenn dies zur Konsequenz hat, dass Sie einmal getrennt verreisen oder abwechselnd in den Süden und in den Norden fahren.

Erläuterung
Diese Übung soll Ihnen helfen, Ihren Urlaub bereits im Vorfeld nach den Bedürfnissen aller Mitreisenden zu planen. Dabei reicht es oft nicht (das zeigt unsere Erfahrung eindrücklich), sich kurz einmal abzustimmen oder die Bedürfnisse der anderen zu vermuten oder ihnen in den Mund zu legen. Wenn Sie die Übung wie beschrieben durchführen, glaube ich fest daran, dass Sie weitere Aspekte der Mitreisenden kennenlernen, die Sie bisher in dieser Weise nicht wahrgenommen haben. Am Urlaubsort angekommen, wissen alle, warum sie da sind, und die nun bekannten Bedürfnisunterschiede können für die Tagesplanung genutzt werden. So wird der Urlaub dann entspannt für alle Beteiligten.

Fazit: Erkennen Sie den langfristigen Erholungswert von Pausen und Auszeiten. Wechseln Sie im Jahresrhythmus Ihre Auszeiten und achten Sie auf bewusste tägliche Pausen. Sie werden erleben, wie Sie sich an diese Form der *Entschleunigung* gewöhnen und sie bald vermissen werden, wenn einmal nicht genug Zeit ist. Wichtig ist es, dass die Gestaltung von Pausen und Auszeiten sich an Ihren Bedürfnissen orientiert.

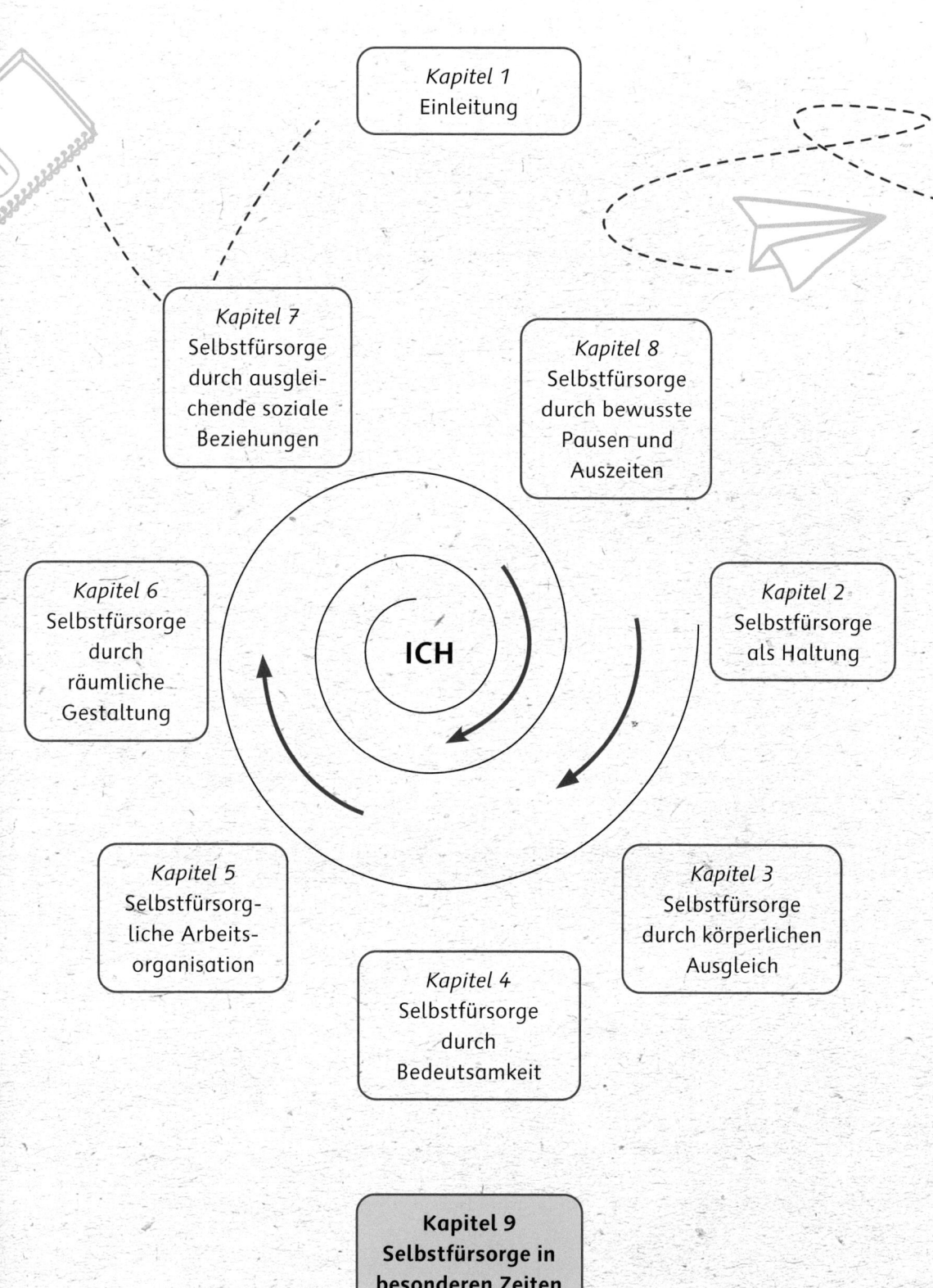

Kapitel 9 – Selbstfürsorge in besonderen Zeiten

An dieser Stelle, hier am Ende des Buches, soll nicht verheimlicht werden, dass es Umstände gibt, die die Selbstfürsorge torpedieren. Unabhängig davon, wie viel Sie trainiert haben und wie wichtig es Ihnen ist, selbstfürsorglich zu sich selbst zu sein.

Dieses Kapitel ist dabei vor allem für die Leser gedacht, die sich aktuell in diesen besonderen Umständen befinden.

Das ist immer dann der Fall, wenn wir uns berechtigterweise um andere Menschen in ganz besonderer Weise kümmern müssen. Dieses Kümmern unterscheidet sich vom „Kümmern" in der Art und Weise, wie pathologische Helfer es tun (vgl. Kapitel 7), darin, dass die Menschen, um die wir uns kümmern, existenziell auf uns angewiesen sind und auch kein anderer Mensch in der Weise zuständig ist, wie wir es sind. Dies sind i. d. R. die Beziehungen zu unseren kleinen und damit noch sehr auf uns angewiesenen Kindern oder zu chronisch kranken oder alten Angehörigen, die wir pflegen. So kann es zu einer Überforderung kommen, die zunächst scheinbar wenig beeinflussbar ist. Sie können also ein perfekter Meister oder eine perfekte Meisterin der Selbstfürsorge geworden sein, sich um Sport, gesunde Ernährung, Entspannung, Ruhe und Ausgleich zum anstrengenden Unterricht, gute Beziehungen und und und gekümmert haben – und nun ist scheinbar für nichts mehr Zeit.

Es wird darum gehen, sich diese Zeit wieder zu nehmen, trotz der Umstände, die das so schwierig machen.

> Das **Ziel des Kapitels** liegt auf der Hand: Es soll Ihnen helfen, in besonderen Zeiten besonders selbstfürsorglich zu sein und Strategien zu entwickeln, die zu den äußeren Belastungen passen und Ihnen helfen, Ressourcen zu erhalten. Es wird darum gehen, mit den besonderen Umständen, in denen Sie viel geben werden, besonders bewusst umzugehen.

Selbstfürsorge „trotz" kleiner Kinder

Zunächst einmal: Ja, es ist eine echte Herausforderung, trotz kleiner Kinder selbstfürsorglich zu bleiben!

Die Autorin dieses Buches ist die Mutter eines kleinen, sehr lebendigen, großartigen Jungen. Als die Arbeit am Buch begann, war Julius 6 Monate alt, heute, wenn ich diese Zeilen schreibe, ist er 16 Monate alt. Kommen wir auf das Ja zurück. Julius war und ist unser absolutes Wunschkind und wir haben Zeit gehabt, unser äußeres Leben auf seine Ankunft vorzubereiten.

Ein Umstand, der nicht immer in dieser Weise vorausgesetzt werden kann. Ebenfalls verstehen wir uns zu gleichen Teilen als Eltern, sodass jeder von uns in einem gewissen und passenden Maß weiter seiner Arbeit nachgehen kann. Wir erleben unsere Elternschaft also als großes Glück – und dennoch: Ja, es ist eine Herausforderung:

→ Ja, ein Kind oder Kinder zu haben, bedeutet, dass sich alles neu einstellen muss.
→ Ja, es ist verdammt anstrengend, bereits rein körperlich; aber auch emotional kommen Fragen auf, die verunsichern können.
→ Ja, es ist manchmal unglaublich langweilig, wenn man Stunde um Stunde das kleine Kind bespaßt und „wenig" zurückbekommt. (Klar liegt das in der eigenen Bewertung, aber die schwankt ja auch.)
→ Ja, man hat kaum mehr Zeit für seine Freunde und wenn, dann redet man über sein Kind und nicht mehr über sich und die eigenen Bedürfnisse.
→ Ja, man hat manches Mal das Gefühl zu verblöden, wenn man zum hundertsten Mal das gleiche, eher sinnfreie Kinderlied singt.
→ Ja, man kommt nicht mehr zu den selbstfürsorglichen Dingen, die man vorher ohne Probleme in den Alltag integriert hat.
→ Ja, man hat sich manchmal alles anders, schöner und vor allem leichter vorgestellt.

Und dann kommt ein kleines Lächeln und die ganzen Jas sind vergessen und es kommt zum tiefempfundenen Nein – Nein, man möchte nicht tauschen.

Forscher fanden heraus, dass Eltern nicht weniger glücklich sind als Menschen, die keine Kinder haben. Sie sind aber leider auch nicht glücklicher. Zumindest im Mittel. Sie sind beides mehr, und zwar in ihren Extremen, was bedeutet, dass Eltern manchmal viel glücklicher und manchmal viel unglücklicher sind als Menschen ohne Kinder.

Eines der größten Probleme, die wir in der Zusammenarbeit mit Eltern immer wieder erleben, ist der (hohe) Anspruch, mit dem sie die Elternrolle leben. Und genau dieser Anspruch ist zu hinterfragen. Muss Ihr Kind bereits an Frühförderprogrammen teilnehmen, auch wenn es für Sie bedeutet, dass Sie Stunden unterwegs sind und diese Zeit Ihnen für andere Tätigkeiten fehlt? Müssen Sie jeden Tag frisch kochen oder sind Gläschen am Anfang eine Alternative? Muss Ihr Kind zu jeder Zeit perfekt gekleidet sein?

Die Forschung zeigt eindrucksvoll, was Kinder in ihren ersten Monaten und Jahren brauchen. Sie brauchen eine Grundversorgung ihrer körperlichen Bedürfnisse, die darin besteht, sie zu pflegen, sauber zu halten, sie altersgerecht zu ernähren, sie medizinischen Versorgungen zuzuführen, sofern nötig, ihnen Ruhe und Entspannung und genügend Schlaf zu ermöglichen, ihnen Anregung zu bieten und sie im besten Falle mit gleichbleibenden

Ritualen zu versorgen. Vielmehr ist es nicht. Wir machen allerdings meistens viel mehr aus den o. g. Bedingungsfaktoren für eine ungestörte Entwicklung. Was Kinder darüber hinaus allerdings brauchen und was viele Forscher als existenziell ansehen, ist die Erfahrung, angenommen und in Sicherheit zu sein. Sich auf mindestens eine **Bindungsperson** verlassen zu können, sich so, wie man ist, angenommen und zugehörig zu fühlen und in einer liebevollen Interaktion aufzuwachsen, scheint von besonderer Bedeutung für die körperliche und seelische Gesundheit zu sein. Es zeigt sich, dass auch Erwachsene noch darunter leiden, wenn sie nicht in dieser Weise frühe Bindungen erlebt haben. Von Bedeutung ist es dabei, dass die Bindungsperson in der Lage ist, die kindlichen Gefühle und Bedürfnisse zu erkennen, zu verstehen und adäquat darauf zu reagieren. Das klingt einfach, ist es aber nicht. Studien zeigen, dass ein Großteil der heutigen Eltern nicht „sicher gebunden" sind, was bedeutet, dass sie die o. g. Erfahrungen in der eigenen Kindheit nicht uneingeschränkt gemacht haben.

Zu Studienzeiten hat uns einer meiner Lieblingsprofessoren in der Kinder- und Jugendpsychopathologievorlesung einen sehr einfachen Satz gesagt und wurde nicht müde, ihn zu wiederholen. „Denken Sie immer daran: Was man selbst nicht hat, das kann man auch nicht geben". Wie banal – dachte ich anfangs. Über die Jahre habe ich ein tieferes Verständnis für diesen Satz entwickelt. Wenn Eltern in der eigenen Kindheit nicht die Erfahrung gemacht haben, dass ihre Bedürfnisse (z. B. nach Nähe) erfüllt wurden, fällt es ihnen möglicherweise schwer, diese Bedürfnisse bei ihren Kindern früh und vor allem in unterschiedlichen Situationen wahrzunehmen und entsprechend darauf zu reagieren.

Das Bedürfnis nach Nähe kann so z. B. als „Quengeln" missinterpretiert werden und Sie können sich vorstellen, dass es Tausende andere Bedürfnisse gibt, die Kinder mitteilen und die von ihren Eltern fehlinterpretiert werden könnten. Spätestens wenn das Kind auf sein Bedürfnis nach Nähe in aggressiver Weise aufmerksam macht, ziehen viele Eltern die falschen Schlüsse. Die Hilflosigkeit des Kindes wird als mutwilliges, destruktives Verhalten gedeutet und entsprechend mit einem mehr an (emotionaler) Distanz beantwortet. So entstehen Teufelskreise, die schwer zu durchbrechen sind.

> Ich nenne Ihnen ein Beispiel, welches ich in meiner Ausbildung erlebt habe. Eine Mutter war zu einer Besprechung über das Verhalten ihres Kindes in einer Institutsambulanz geladen. Sie erhoffte sich Hilfe für den Umgang mit ihrem „kaum handelbaren, widerspenstigen Sohn von drei Jahren"*. Für ein kurzes Gespräch zu Formalien ließ sie ihn, mit Legosteinen spielend, allein im Wartezimmer

---

* Wörtliche Beschreibung durch die Mutter.

> zurück. Ich hatte das Glück, der objektive Beobachter der Situation zu sein. In der Abwesenheit der Mutter zeigte der Junge keine nennenswerten Regungen. Als seine Mutter aber wiederkam, nahm er Legosteine und warf sie in Richtung seiner Mutter. Sie tadelte das Verhalten scharf und bestrafte ihn damit, dass er die Legosteine nun wegräumen musste und sich still auf einen Stuhl, vier Stühle entfernt von der Mutter, setzen sollte. Dies hielt sie für eine angemessene Bestrafung, um dem Kind zu vermitteln, dass es nicht mit Gegenständen auf Menschen werfen darf, wie sie später angab.
>
> Warum hat der Sohn mit Legosteinen nach der Mutter geworfen?
> Deutlich wurde ein eher aggressives als verspieltes Werfen, welches durch den Gesichtsausdruck des Sohnes verstärkt wurde. Die Deutung der Mutter, dass es sich um ein aggressives Verhalten handele, war also vermutlich nicht verkehrt. Die Mutter hat sich allerdings nicht gefragt, WARUM der Junge dieses Verhalten zeigte. Eindeutig wollte er seine Mutter für ihren Fortgang und die Situation, in die er dadurch gekommen war, nämlich plötzlich allein und möglicherweise überfordert mit den auftretenden Gefühlen von Unsicherheit oder Angst zu sein, bestrafen. Im Grunde sagte er also: „Es passt mir nicht, wenn du mich allein lässt – ich brauche deine Nähe."
> Die Mutter antwortet durch ihre Konsequenzen indirekt mit einem „Von mir bekommst du keine Nähe!"
> Dass es hier zu weitreichenden Konflikten kommt, ist genauso klar wie verständlich.
> Das Kind hat also im Grunde sehr intelligent gehandelt. Es hat mit seinen Mitteln versucht, der Mutter aufzuzeigen, was es von ihr braucht bzw. was es nicht will oder kann.

Ähnliche Situationen konnte ich immer wieder beobachten. Gerade Eltern, die von ihren Eltern als Kinder kein **Gefühl des Angenommenseins** vermittelt bekamen, Zurückweisung erlebten oder Gewalterfahrungen machen mussten, haben große Schwierigkeiten damit, das kindliche, aggressive Verhalten richtig zu deuten und das Kind daraufhin in den Arm zu nehmen und ihm die Nähe zu geben, die es braucht. Genauso verhält es sich mit anderen Bedürfnissen, die die Kinder auf ihre Weise mitteilen und die von uns allzu schnell fehlinterpretiert werden.

Was bedeutet das und warum schreibe ich es in dieses Kapitel in einem Buch für Selbstfürsorge? Es hat verschiedene Gründe: In Bezug auf die Elternschaft bin ich davon überzeugt, dass es wichtig ist, über die eigene Kindheit und die Mangelzustände, in denen man sich als Kind befunden hat, zu reflektieren und daraus selbstfürsorgliche Schlüsse zu ziehen. Dies verhindert, dass sich bestimmte Muster über Generationen hinweg in Familien wiederholen.

Bevor wir also unsere leiblichen Kinder versorgen, sollte unser „inneres Kind" versorgt und liebevoll angenommen sein.

Das „innere Kind" entstammt einem psychologischen Modell und symbolisiert die im Gehirn gespeicherten Gefühle, Bedürfnisse, Erinnerungen und Erfahrungen aus der eigenen Kindheit. Wenn wir als Kind die Erfahrung gemacht haben, dass uns keiner zuhört, so kann sich dieser implizite Satz „Keiner hört mich!" auch im Erwachsenenalter auf uns auswirken. Unser **„inneres Kind"** speichert diese schmerzhafte Erfahrung und bringt sie insbesondere an Stellen hervor, die an damalige Situationen erinnern. Wenn unser „inneres Kind" hier also in einem Mangel lebt, fällt es manchen Eltern schwer, die realen Kinder mit genügend Aufmerksamkeit zu versorgen. Selten wird dieser Mangel sogar in den Beratungen ausgesprochen, wenn bspw. Eltern sagen: „Mir hat damals auch niemand zugehört, da muss er jetzt durch!" oder es zu ähnlichen Äußerungen kommt. Meist sind es aber die unbewussten Motive, die uns den Umgang mit unseren Kindern erschweren und die damit nicht sofort zu erkennen sind.

„Es ist nie zu spät für eine glückliche Kindheit" heißt ein bekanntes Zitat, welches in der Positiven Psychologie gern genutzt wird, um auszudrücken, dass wir in unserem gesamten Leben immer wieder neue Erfahrungen machen können. Wer als Kind unter mangelnder Liebe der Eltern gelitten hat, wird dieses „Thema" sein Leben lang mit sich herumtragen. Beziehungen, wenn sie überhaupt eingegangen werden, werden immer wieder hinterfragt. Das „innere Kind" sagt beständig: „Ich werde ja eh nicht geliebt." Nun geht es darum, dass der Erwachsene, der das „innere Kind" noch in sich trägt, diesem Kind das gibt, was es früher nicht bekommen hat. Dass der Erwachsene also jetzt ganz real eine gute Mutter oder ein guter Vater für sein inneres Kind wird und ihm zeigt, dass diese Annahme heute nicht mehr gilt, da er/sie als „neuer Vater" oder „neue Mutter" das innere Kind nun annimmt, liebt und sich um es sorgt.

Viele Bücher thematisieren den Umgang mit diesem „inneren Kind" und können beträchtliche Veränderungen in Gang bringen. Wichtig an dieser Stelle ist es zu betonen, dass Eltern kaum umfassend auf die seelischen Bedürfnisse ihrer leiblichen* Kinder eingehen können, wenn ihr „inneres Kind" nicht versorgt ist. Die Grundvoraussetzung für Elternschaft ergibt sich daraus: Eltern sollten zunächst für sich selbst (einschließlich des „inneren Kindes") gut sorgen, um dann die Energie, die Leichtigkeit und die Liebe geben zu können, die Kinder dringlich brauchen.

---

* Das Wort „leiblich" wird hier genutzt, um die klare Abtrennung zum inneren Kind zu schaffen. Natürlich sind auch Kinder, die nicht leibliche Kinder im Sinne der Genetik sind, hier inbegriffen. „Leiblich" soll lediglich das physikalisch Leibliche verdeutlichen.

Kapitel 9 – Selbstfürsorge in besonderen Zeiten

Ich bin überzeugt davon, dass Kinder sich seelisch besonders dann gut entwickeln, wenn sie glückliche Eltern haben, genauer: Eltern, die mit sich selbst gut zurechtkommen. Dazu gehört es sicherlich, dass die Bedürfnisse der Eltern gut erfüllt sind, damit keine zu großen Mängel auf die Kinder wirken. Machen Sie ein kleines Experiment, wenn Sie mögen. Ich mache es fast täglich und bin davon fasziniert. Gehen Sie einmal auf einen Spielplatz oder irgendwo hin, wo Sie die Interaktion zwischen Eltern und ihren Kindern gut beobachten können. Achten Sie einmal darauf, wann es zu Streit kommt, der destruktiv entweder für das Kind (meistens) oder den Elternteil endet. Ich habe die Beobachtung gemacht, dass diese Form von Streit dann besonders deutlich wird, wenn Eltern bestimmte Bedürfnisse haben, die nicht mit den Bedürfnissen der Kinder übereinstimmen, und es den Eltern dann nicht möglich ist, klar, entschieden und dennoch sehr einfühlend und liebevoll beide Seiten zu sehen und entsprechend zu reagieren.

Das klingt zunächst auch schwierig. Ist es im Grunde nur, wenn man sowieso schon knapp dran ist, sich gehetzt oder gestresst fühlt, die eigenen Bedürfnisse nicht beachtet werden (z. B. vom Ehepartner) oder man sich in sonst einer Weise schlecht fühlt. Eltern, die sich gut fühlen, das zeigen Studien eindrucksvoll, sind viel eher in der Lage, Kompromisse zu finden oder liebevoll Grenzen zu setzen.

Es scheint für die Kindererziehung also weniger von Bedeutung zu sein, wie das Kind äußerlich aussieht (in Bezug auf Kleidung etc.) als wie es innerlich aussieht.

Wenn Sie dieser Aspekt besonders interessiert, lesen Sie etwas über **„sichere Bindung"** von Bowlby und Ainsworth (siehe Medientipps am Ende des Buches). Je weniger wir uns um uns selbst sorgen, also unsere Bedürfnisse und Gefühle ernst nehmen, desto weniger wird es uns möglich sein, beides bei unseren Kindern achtsam wahrzunehmen und darauf zu reagieren. Einfach gesagt: Kümmern Sie sich mehr um sich und weniger um Ihre Kinder. Damit dieser Satz nicht zu Verwirrungen führt, soll er erläutert werden: Viele Eltern kümmern sich um alles Mögliche, was in der Außenwelt des Kindes liegt. Dadurch geht so manches Mal Energie für die Beziehung zwischen Elternteil und Kind oder die Beziehung zwischen den Partnern verloren. Ob der Himmel über dem Babybett blau oder grün ist, ist dem Kind eher egal. Für Sie ist es vielleicht wichtig. Es gibt auch die sogenannten **„Helikoptereltern"** die versuchen, allumfassend und ständig um ihre Kinder zu kreisen. Oft werden dann eigene Bedürfnisse in das Kind projiziert und das Kind kommt in die missliche Lage, „dankbar" für den ganzen Aufwand zu sein, den die Eltern betreiben. Die Kinder haben i. d. R. dabei kein Gefühl von Dankbarkeit, weil Kinder eben neben dem Gefühl der Zugehörigkeit auch das Gefühl von Freiheit brauchen. Im Grunde bräuchten wir wieder Dörfer. Kleine Dörfer, in denen die Kinder wissen, wo die Erwachsenen sich aufhalten und wo auch andere Personen als die Eltern Ansprechpartner sind, sodass die Kinder selbst entscheiden können, mit welchem Bedürfnis sie sich an welchen Erwachsenen wenden. In diesen Dörfern könnten die Türen immer offen stehen und die Kinder könnten herauslaufen und frei in den Wiesen und Wäldern sein, ohne unter Beobachtung zu stehen, und gleichzeitig wissen, zu welchem Haus und welchen Eltern sie zugehörig sind. Ebenso wissen alle Erwachsenen, welche Kinder zu welchen Eltern gehören, kennen ihre Charaktere und haben ein Auge auf sie, wenn sie streunend vorbeiziehen. So sind Kinder über Jahrtausende aufgewachsen. Frei und doch zugehörig.

Vielleicht können Sie also Zeit für Selbstfürsorge ergattern, wenn Sie weniger „engagiert" sind, in einer Art, die Ihren Kindern im Grunde gar nicht hilft oder die zumindest nicht fundamental wichtig ist.

Vielleicht können Sie Ihre Kinder etwas freier lassen, im freien Spiel Kreativität entwickeln lassen, sie in Ihre Prozesse im Haushalt oder Garten mehr einbinden und etwas mehr von dem tun, was auch oder vor allem Ihnen guttut.

Vielleicht haben Sie an dieser Stelle auch gar keine Probleme und kommen trotzdem nicht zur Selbstfürsorge. – Dann überlegen Sie, welche der Bedürfnisse Ihrer Kinder von besonderer Bedeutung sind und wo diese zu Synergien mit Ihren eigenen Bedürfnissen führen. Was könnten Sie zusammen mehr tun, was beiden Parteien Spaß bereitet? Wie könnten Sie Ihre Kinder so einbinden, dass sie „liebevoll nebenherlaufen", während Sie Zeit für sich haben? All die Ratschläge, die bisherigen und die folgenden, können für Sie passen oder sich ganz falsch anfühlen. Es ist wichtig, für die ganz verschiedenen Lebenslagen und Typen von Eltern Ideen zu bieten, und deshalb können nicht alle Ideen passen.

Vielleicht denken Sie auch noch einmal an Ihre „Mutter- oder Vaterrolle" aus Kapitel 4 zurück. Was verbinden Sie mit dem Elternsein? Wie wollten Sie sein, bevor das Kind oder die Kinder kamen? Welche Ansprüche stellen Sie an sich? Überfordern Sie sich eventuell mit einigen der Ansprüche? Kinder haben meist weniger von überforderten Eltern als von entspannten Eltern, die dann dafür keine perfekt saubere Küche vorzuweisen haben.

Denken Sie vielleicht auch einmal an Ihre Partnerschaft und reflektieren Sie Ihre Rolle als Mutter oder Vater in Bezug auf die Partnerschaft. Fühlen Sie sich weiterhin geliebt und unterstützt? Was müsste sich eventuell ändern?

Zwei wichtige Bausteine habe ich Ihnen bisher genannt, die Ihre Selbstfürsorge in der Zeit mit kleinen Kindern dennoch stärken sollen: Zum einen sollten Sie Ihre Ansprüche überprüfen, zum anderen sollten Sie lernen, Ihr „inneres Kind" als „Erstgeborenes" gut zu versorgen, um dann gut versorgt

die Kinder zu versorgen. Auch hier wiederhole ich mein Beispiel aus den Flugzeugsicherheitshinweisen gern noch einmal. Dort heißt es: „Erst sich selbst mit Sauerstoff versorgen und dann Kindern oder anderen hilfsbedürftigen Personen helfen".

Sie könnten nun zu Recht denken: „Ich würde mich ja gern mit ‚Sauerstoff' versorgen, aber ich habe nicht genügend Zeit". Hier hilft es wieder, die eigenen Ansprüche zu überdenken, z. B. bei der Frage, wie viel Geld Sie wirklich verdienen müssen und ob Sie z. B. beruflich kürzertreten könnten. Aber ein wichtiger dritter Baustein spielt auch noch eine Rolle.

Lernen Sie, zu **delegieren**. Im Grunde können Sie in der Zeit mit kleinen Kindern unendlich viele Dinge delegieren, die Sie vorher selbst gemacht haben. Sie könnten oder sollten eine Haushaltshilfe einstellen, Sie könnten einen Gärtner engagieren, Sie könnten sogar die Kinderbetreuung für einige Stunden delegieren – nicht um zu arbeiten, sondern um sich mit „Sauerstoff" zu versorgen.

Wichtig ist es, dass Sie so viel delegieren, wie es zu Ihrer Lebenslage passt. Wenn Sie neben der Erziehung auch noch arbeiten, müssen Sie vermutlich mehr Dinge delegieren, als wenn Sie nicht arbeiten. Delegieren kann schwerfallen. Wenn Sie gern delegieren würden, es aber noch nicht schaffen, lesen Sie Kapitel 5.

Der letzte Baustein sind die **kleinen Momente**. Die Forschung zeigt, dass Eltern glücklicher sind, wenn sie lernen, kleine Momente des Glücks wahrzunehmen und sich darüber bewusst zu freuen, als wenn sie vornehmlich an die Schwierigkeiten denken, die zurzeit zu bewältigen sind. Wenn Sie sich einige Wochen darin üben, kleine Momente des Glücks wahrzunehmen, dann werden Sie mehr und mehr beginnen, solche Momente bewusst zu schaffen und in Ihrem täglichen Tun zu verankern. Es ist ratsam, sich ein Glückstagebuch anzuschaffen, in das Sie am Abend zwischen drei und fünf Dinge schreiben, über die Sie sich an dem Tag gefreut haben. Sie brauchen keine Momente der maximalen Freude zu erleben – es reicht, wenn Sie einfach ein kleines Gefühl der Freude, des Wohlbefindens oder des Glücks erlebt haben. Wenn Sie dieses Tagebuch über Wochen fortführen, werden Sie feststellen, wie sich Ihr Gehirn verändert. Sie sehen die schönen Momente viel schneller, was bedeutet, dass sich Ihre Wahrnehmung schärft. Sie erleben oft mit der Zeit sogar intensivere Gefühle der Freude und können bewusst schöne Momente herbeiführen. Wenn Sie dann irgendwann beginnen, diese kleinen Freuden auch mit Ihren Kindern zu teilen oder sie zu fragen, welche Freuden sie im Laufe des Tages erlebt haben, so wird sich Selbstfürsorge mehr und mehr auch in die Zeit mit kleinen Kindern integrieren lassen.

Wichtig ist und bleibt es, festzuhalten, dass die Zeit mit kleinen Kindern dadurch gekennzeichnet ist, dass Sie sehr viel geben müssen und es deshalb umso wichtiger ist, bewusst auch Zeiten für sich zu nehmen und gleichsam darauf zu achten, was Sie bekommen. Von Ihren Kindern bekommen Sie täglich wieder das Angebot, die Welt zu entdecken und mit Leichtigkeit über die Wiesen zu tollen … Machen Sie doch einfach ein paarmal mehr mit, anstatt sich hinter „keine Zeit, noch so viel zu tun" zu verstecken. Delegieren Sie Erwachsenensachen, wie Putzen, um mit Ihrem „inneren Kind" und den anderen Kindern Stunden voller Versunkenheit zu erleben – und ja, ich gebe zu, auch das muss man erst wieder üben und ja, es macht nicht immer und vor allem sofort Spaß.

Fazit: Selbstfürsorglich zu bleiben im Umgang mit kleinen Kindern, bedeutet, dem eigenen „inneren Kind" Aufmerksamkeit und Liebe zu schenken und es gut zu versorgen. Gleichsam ist es wichtig, überhöhte Ansprüche abzulegen und so viel es geht zu delegieren – so bleibt Zeit für das Wesentliche. Ebenso können Sie lernen, die wunderbaren kleinen und zarten Momente, die es sogar mit pubertierenden Jugendlichen gibt, bewusst wahrzunehmen und zu verstärken.

Selbstfürsorge bewahren auch im Umgang mit pflegebedürftigen Angehörigen

Wie der Umgang mit kleinen Kindern durch ein hohes Maß an „Geben" gekennzeichnet ist, so ist der Umgang mit pflegebedürftigen Angehörigen oft noch viel mehr durch ein „gefühltes Missverhältnis" zwischen Geben und Nehmen gekennzeichnet.
Gerade Menschen, die **kognitive Defizite** entwickelt haben, z. B. im Rahmen einer Demenz, verändern auch ihre Persönlichkeit und damit verändert sich die Beziehung, die Sie zueinander haben. Wenn Sie Menschen aus Ihrer Familie pflegen, die an einer Demenz erkrankt sind, werden Sie vor viele emotionale Herausforderungen gestellt. Die Herausforderungen liegen dabei klar auf Ihrer Seite und nicht auf der Seite des Erkrankten, denn Sie nehmen die Veränderungen bewusst wahr.
Plötzlich ist bspw. Ihr Elternteil nicht mehr in der Lage, Ihnen das zu geben, was er Ihnen vielleicht zeitlebens gegeben hat. So findet eine für viele Menschen schmerzliche Veränderung statt. Sie werden zu den Eltern Ihrer Eltern, denn die Eltern nehmen langsam eine angewiesene, fast eine Kinderrolle ein.

Ich liebe den Vergleich mit der Kinderrolle, denn nun geht es darum, dass Sie die „neuen Eltern" werden und damit Konflikte, die zwischen Ihnen und Ihren Eltern bestanden haben, aktiv bearbeiten und für sich lösen. Es wäre nicht mehr gerecht, in alten Mustern als „das frühere Kind" zu reagieren, denn Ihre Eltern sind nicht mehr in der Lage, sich um Kinder zu kümmern. Sie müssen sich aus der „Kinderrolle" lösen, um gute Eltern für Ihre Eltern werden zu können.

Dies kann sehr schmerzlich sein, denn spätestens jetzt begreifen Sie, dass Sie einige Dinge nie bekommen werden, die Sie seit Ihrer Kindheit vermisst haben und von denen Sie gehofft haben, diese irgendwann einmal von Ihren Eltern zu bekommen. Wieder schreit das „innere Kind": „Ich will doch aber …" und Sie sind nun gefragt, Ihr „inneres Kind" in den Arm zu nehmen und ihm zu vermitteln, dass Sie nun Mama oder Papa sind, da die leiblichen Eltern sich nicht mehr kümmern können. Menschen, die sich von ihren Eltern nicht oder nur teilweise gelöst haben, fällt dieser Prozess der Trennung und Verabschiedung besonders schwer.

Es gilt nun, vollumfänglich Verantwortung für sich zu übernehmen und das „innere Kind" in diesem schweren Prozess zu begleiten.

Dieser Prozess darf traurig stimmen, schmerzhaft sein und an manchen Tagen hilflos machen. Nichts ist schlimmer, als sich diese Gefühle zu verbieten, denn es geht ja darum, einen **Trauerprozess** einzuleiten. Der Trauerprozess hilft Ihnen mit der Zeit, die unbegreiflichen Dinge begreiflich zu machen – in den Worten ist angedeutet, was sie meinen. Sie lernen, die Situation ganz handfest zu be-greifen, sie zu erleben mit allen Sinnen, sich ihr zu nähern, sie zu leben und sie zu gestalten und bewusst Abschied zu nehmen.

Oben schrieb ich, dass ich das Bild, der pflegende Angehörige werde wieder ein Kind, sehr mag. Es zeigt zum einen die existenzielle **Abhängigkeit**, die Berechtigung aller Bedürfnisse und Gefühle, so wie Sie sie einem kleinen Kind erlauben würden. Gleichsam streben alle kleinen Kinder nach Leichtigkeit im Sein, nach Ausgelassenheit und nach fröhlichen Menschen um sich herum. Vielleicht können Sie Ihren Umgang mit Ihrem Angehörigen in diesen Punkten prüfen.

Ebenso gilt es natürlich, die Bedürfnisse und Gefühle des Angehörigen ernst zu nehmen und adäquat zu reagieren, ihn ernst zu nehmen und tiefgehende Gespräche in dem Maße zu führen, wie es passend ist.

Wenn Ihr 5-Jähriger fragt, wie Partnerschaft funktioniert, würden Sie ihm die Antworten niemals vorenthalten, denn sie sind wichtig für sein Verständnis der Welt und geben ihm Sicherheit, sie zu verstehen. Sie würden aber auf seinem Niveau nach Antworten suchen, die er verstehen kann und die ihm ein gutes Gefühl geben. Die zu pflegenden Angehörigen haben oft ebenfalls „Fragen", weil sie Dinge nicht mehr verstehen, oder einfach auch Ängste, weil sie spüren, immer abhängiger zu werden. Hier ist es wichtig, genauso ernst, liebevoll und auf einem Niveau zu kommunizieren, welches die Bedürfnisse erfüllt. All die Erfordernisse, die ich hier beschrieben habe, klingen wie Zusatzaufgaben zu den schon sowieso vielen Aufgaben, die Sie zu bewältigen haben, wenn Sie einen Menschen pflegen. Sie sollen Ihr Leben jedoch nicht noch schwieriger machen, sondern Ihnen helfen, die Aufgabe mit dem nötigen Abstand (Ablösung aus alten Mustern) und gleichzeitiger intensiver Liebe (Sicht auf den Angehörigen wie auf ein Kind) zu meistern.

Es ist von zentraler Bedeutung, wie im vorhergehenden Abschnitt zur Selbstfürsorge mit kleinen Kindern bereits beschrieben, gut für sich zu sorgen und genügend auf die eigenen Ressourcen zu achten, wenn Sie sich auch noch um einen anderen Menschen in dieser besonderen Weise kümmern müssen oder wollen. Auch für Ihre Beziehung ist es wichtig, dass der Angehörige nicht das Gefühl bekommt, dass er nur eine Last ist. Dieses Gefühl, vermengt mit den Ängsten vor dem Alter oder zunehmender Hilflosigkeit, kann schnell in eine Depression führen, die das Leben und die Pflege dann zusätzlich schwer machen. Es ist also wichtig, dass Sie bewusst, achtsam und mit einer inneren Erlaubnis die Dinge tun, die Sie brauchen, um selbst glücklich zu sein und um dann vielleicht ein Stück Ihres Glücks zu teilen.

Auch hier wird es darum gehen, die eigenen Ansprüche zu überprüfen. Können Sie Ihren Angehörigen selbst pflegen? Und wenn ja, unter welchen Voraussetzungen? Welche anderen Aufgaben lassen sich dann für diese besondere Zeit delegieren, z. B. im Haushalt, oder wäre es möglich, zeitweise auszusetzen, bspw. in Ehrenamt und/oder Arbeit?

Es gibt Situationen, in denen der Angehörige entweder im eigenen Haushalt versorgt werden oder in eine Pflegeeinrichtung ziehen kann. Die folgende Checkliste soll Ihnen bei der Einschätzung helfen, ob die Pflege in Ihrem Haushalt, unabhängig von äußeren Rahmenbedingungen, emotional zu schaffen ist. Wenn Sie mehrere Punkte mit Nein beantworten, wird die Pflege vermutlich in eine seelische Überforderung führen. Dann wäre es besser, den Angehörigen betreuen zu lassen oder, falls möglich, sich entsprechende Hilfen und Unterstützungen zu organisieren, um aus den Neins Jas werden zu lassen.

Selbstfürsorgliche Pflege in Ihrem eigenen Haushalt
- ✓ Bin ich körperlich fit und gut belastbar?
- ✓ Habe ich mich gut aus früheren, behindernden Beziehungsmustern von meinem Angehörigen gelöst und versorge ich mein „inneres Kind" mit Liebe?
- ✓ Habe ich gute Strategien, um mit den emotionalen Belastungen umzugehen?

- ✓ Lasse ich Traurigkeit und andere schmerzliche Gefühle zu und habe ich Personen, mit denen ich über diese Gefühle sprechen kann?
- ✓ Fühle ich mich gut unterstützt (von Familienangehörigen, Behörden, Ärzten etc.)?
- ✓ Habe ich dem Angehörigen vergeben, sodass ich ihn gut versorgen kann, ohne z. B. Dinge zu erwarten, die er nicht mehr leisten kann?
- ✓ Erlebe ich Dankbarkeit dem Angehörigen gegenüber und koste ich sie achtsam aus?
- ✓ Erkenne ich, was ich vom Angehörigen auch in dieser Situation noch alles „bekomme", und hat es für mich einen großen Wert oder berührt es mein Herz?
- ✓ Kann ich die Momente der gemeinsamen Zeit mit Leichtigkeit füllen und schöne Dinge planen?
- ✓ Lasse ich mich nicht verunsichern und kann meinem Angehörigen Sicherheit und das Gefühl von Liebe und Zugehörigkeit geben?
- ✓ Schätze ich die Pflege im Großen und Ganzen wert und möchte ich nicht tauschen, auch wenn ich manchmal an meine Grenzen stoße?
- ✓ Habe ich trotz der Pflege Zeit, Dinge für mich zu tun und selbstfürsorglich zu sein?
- ✓ Habe ich das Gefühl, dass mein Akku voll genug ist, um die Beziehung in Liebe zu gestalten?

Wenn Sie Ihren Angehörigen nicht in Ihrer Umgebung haben (können), werden Sie eventuell mit Scham und Schuldgefühlen oder auch Versagensgefühlen zu kämpfen haben. Hier bietet es sich an, das Gespräch zu suchen, andere Angehörige zu treffen oder eine Beratung oder Therapie zu machen. Ebenfalls ist es hilfreich, mit Freunden und Verwandten auch die schmerzhaften Momente zu teilen. Wenn Sie Ihren Angehörigen nur besuchen können, da er nicht bei Ihnen lebt, wird es umso wichtiger sein, diese Besuche losgelöst von Ihren Gefühlen von Scham, Schuld oder Versagen zu gestalten, denn sie bringen Ihre Beziehung in eine schwierige Situation. Der zu pflegende Angehörige hat i. d. R. nicht mehr die Kraft, Sie zu trösten, weil Sie sich unzulänglich fühlen. Wichtiger ist es, Momente in besonderer Tiefe (durch tiefe Gespräche) und Momente der besonderen Leichtigkeit (durch kindliches Tun) zu schaffen. Sie werden bei dieser Variante sehr viel mehr Zeit für Selbstfürsorge haben und es wird darauf ankommen, dass negative Gefühle Sie in Ihrem selbstfürsorglichen Tun nicht lähmen.

Zu guter Letzt will ich Ihnen noch einen vorsorgenden Hinweis mit auf den Weg geben. Auf Kinder bereitet man sich vor, man hat mindestens neun Monate, um alle Vorkehrungen zu treffen, und die meisten Menschen erziehen ihre Kinder glücklicherweise im Team. Bereiten Sie sich auch auf mögliche Pflegesituationen frühzeitig vor. Ihre Eltern oder andere Verwandte werden nicht plötzlich alt, sondern jeden Tag ein bisschen älter. Suchen Sie frühzeitig Gespräche, die für beide Seiten klar werden lassen, wie die Pflege einmal aussehen soll oder kann. Prüfen Sie früh Ihre gegenseitigen Bedürfnisse und finden Sie Lösungen, die alle Beteiligten zufriedenstellen. Auch für diesen Schritt gibt es unterstützende Beratung und es ist selbstfürsorglich, diese anzunehmen, wenn Sie merken, dass Sie bisher keine Lösungen gefunden haben, die Ihnen ein gutes Gefühl geben.

Fazit: Die Pflege von Angehörigen wird Sie körperlich und emotional in besonderer Weise fordern. Es ist wichtig, sich aus alten Mustern zu lösen, um den Angehörigen mit Liebe und Dankbarkeit pflegen zu können und erkennen zu können, was diese Menschen Ihnen doch noch alles „geben" können. Ebenso ist es unerlässlich, die eigenen Ressourcen bewusst zu stärken, um der Aufgabe über die Zeit gewachsen zu sein und sich entsprechende Unterstützung zu suchen bzw. sie einzufordern. Prüfen Sie genau, warum und in welcher Weise Sie pflegen und wie Sie Momente des Glücks, ähnlich wie im ersten Abschnitt dieses Kapitels über die Situation mit kleinen Kindern, in den Tag integrieren können. Achten Sie auf Ihre Grenzen und überprüfen Sie, wo für alle Beteiligten der beste Platz der Pflege sein könnte.

Ausblick

Ein selbstfürsorgliches Leben, in dem Selbstachtsamkeit, Selbstakzeptanz, Selbstwertgefühl und die Erhaltung und der Ausbau von Ressourcen einen hohen Stellenwert besitzen, ist eine Aufgabe, die zu einem lebenslangen Lernprozess werden kann. Eins ist sicher – das Ziel erreichen Sie vielleicht für Stunden oder Tage, aber kaum für Jahre, ohne immer wieder zu prüfen, zu achten und zu pflegen, was Ihnen wichtig ist.

Somit bleibt der Weg das Ziel und ich hoffe, dass Sie durch diesen Ratgeber einige Motivation, Tipps und Tricks erhalten haben, diesen Weg zu gehen. Die hier aufgeführten Strategien sind weder verbindliche Wege noch sind es die einzigen Wege, die Sie gehen könnten, um der Selbstfürsorge einen größeren Stellenwert in Ihrem Leben zu geben. Vielleicht eignen sich für Sie noch ganz andere Vorgehensweisen, die in diesem Buch aus Platzgründen oder Unwissenheit keine Aufmerksamkeit erhalten haben.

Wenn Sie Anmerkungen, Ideen oder Ergänzungen haben, Ihre selbstfürsorglichen Strategien mit mir teilen mögen oder einfach von Ihrem Weg im Verlauf der Lektüre dieses Ratgebers berichten möchten, so freue ich mich über eine E-Mail an: holzrichter@thurid-holzrichter.de

Nun bleibt mir, Ihnen nicht nur Erfolg bei der Umsetzung Ihrer selbstfürsorglichen Strategien auf Ihrem persönlichen Weg zu wünschen – ich wünsche Ihnen einen neuen Freund!

Und ich wünsche Ihnen vor allem Vertrauen.

Vertrauen in die Welt, die Sie umgibt, dass diese ein guter Ort für Sie sein möge, Vertrauen in die Menschen, mit denen Sie sich umgeben, dass diese Sie achten und wertschätzen, und vor allem Vertrauen in Ihre Fähigkeiten, in Ihre Stärken, Ressourcen, Ihre Potenziale und Fertigkeiten, dass es Ihnen gelingt, diese so zu nutzen, zu achten und zu wertschätzen, dass Sie in Liebe das Beste von sich zur Geltung bringen können und mit Mut beweisen, dass Sie es wert sind, für sich einzustehen, für sich da zu sein und sich selbst der beste Freund zu werden, den es geben könnte. Ich wünsche Ihnen eben genau diesen besten Freund.

Danksagung

Es ist mir ein Bedürfnis, mich bei denen zu bedanken, die mich in der Arbeit an diesem Buch, keineswegs selbstverständlich und auf vielfältige Weise, unterstützt haben.

Frau Inga Deventer vom **Verlag an der Ruhr** hat dieses Projekt von Anfang an mit großer Freundlichkeit, Kompetenz und Wertschätzung begleitet. Das Schreiben hat auch deshalb viel Freude gemacht, weil ich einen kompetenten und partnerschaftlichen Verlag an meiner Seite wusste.

Dieses Buch ist entstanden aus den Erfahrungen der vielen Seminare, Vorträge und Coachings, die ich seit dem Jahr 2007 für Lehrkräfte angeboten habe. Mein Dank gilt daher den **Lehrkräften**, mit denen ich zusammengearbeitet habe. Lehrkräfte werden in der Allgemeinheit und unter Trainerkollegen oft als besserwisserisch, arrogant, nicht belehrbar oder unreflektiert dargestellt, sodass manch einer die Zusammenarbeit mit ihnen scheut. Von diesen Vorurteilen konnte ich in den vielen Jahren keines bestätigen. Ich erlebte „meine" Lehrer als dankbar, offen, wertschätzend und aber auch in bestimmten, oft vom System abhängigen Situationen hilflos und unter hohem Druck, dabei sehr auf den anderen bezogen, helfen wollend, sodass einiges auf der Strecke blieb. Selbstfürsorge hatte da oft keinen Raum. Das war unter anderem meine Motivation, dieses Buch zu schreiben. Ich bin überzeugt, dass selbstfürsorgliche Menschen nicht nur sich selbst, sondern auch ihre Umgebung, letztlich die Gesellschaft, bereichern und dass selbstfürsorgliche Lehrer ein wichtiges Vorbild ihrer Schüler für Lebenskompetenz, Selbstwirksamkeit und Wohlbefinden sind. Diese Attribute schätze ich persönlich und als Psychologin als wichtiger ein als Lernerfolg auf einem speziellen Themengebiet, denn sie öffnen das Tor zu einer Welt von Vertrauen, Zugehörigkeit, Sinn und Mut.

Mein besonderer Dank gilt dem **Institut für Qualitätsentwicklung an Schulen in Schleswig-Holstein (IQSH)**, welches meine Angebote für Schulen im Land seit 2007 großzügig finanziell unterstützt. Gerade Frau Dr. Petra Fojut, Frau Christa Wanzeck-Sielert und Herr Christian Buske haben das Thema „Selbstfürsorge" bereits früh als wichtig erachtet und gefördert. Ich bedanke mich für die wertschätzende und herzliche Zusammenarbeit mit einem so (fach)kompetenten Partner.

Ebenso möchte ich mich bei den **Kollegen** bedanken, die im Namen von HOLZRICHTER-BERATUNGEN meine Ideen vorantreiben und mich unterstützen. Dies sind (Stand Januar 2016) Frau Dipl.-Psych. Sara Lena Weinhold, Herr Dipl.-Psych. Tom Lemke, Herr Dipl.-Soz. Dominik Dallwitz-Wegner, Frau Dipl.-Psych. Joanna Marciniak, Frau Dipl.-Psych. Kaia Reilson, Frau Dipl.-Psych. Stephanie Brombacher und Frau Cand. Dipl.-Psych. Janice Armbrust. Euer fachlicher Rat und eure Freundschaft sind mir viel wert.
Bedanken möchte ich mich auch bei **Familie von Bülow**. Auf ihrem Hof in Bothkamp ist eine Praxis entstanden, die eingebettet in die Natur und weitab vom Stress der Stadt eine entspannte Arbeit mit unseren Klienten möglich macht. Dabei habe ich die Familie von Bülow nicht nur als herzliche sondern auch als sehr fürsorgliche Vermieter erlebt. Dies ist sicherlich keine Selbstverständlichkeit und umso größer ist mein Dank!
Sehr bedanke ich mich bei **weiteren Kollegen**, von denen ich viel gelernt habe. Dies sind vor allem Dipl.-Psych. Thomas Kaschner, Eva Kessler, Eckhard Müller-Timmermann, Christoph Tsirigiotis, Dr. Uwe Speckenbach und Elke Wagner.
Herr Dr. Günter Hinrichs verhalf mir zu einem tiefen und mitfühlenden Verständnis für die inneren Prozesse in heranwachsenden Kindern und Jugendlichen und den Zusammenhang mit problematischem Elternverhalten. Dafür bin ich sehr dankbar.
Prof. Udo Konradt und Prof. Thomas Ellwart legten den Grundstein für meine berufliche Arbeit mit Lehrkräften und ich bewundere sie bis heute für ihr Wissen.

Letztlich sind es die Begegnungen und die engen **Beziehungen** zu Menschen, die unser Leben zu dem machen, was es ist. Ich bedanke mich bei meinen Nachbarn, in einer Art Bullerbü auf dem Land zu wohnen, zwischen Hühnern, Schweinen, Hunden und Menschen, die mehr als Nachbarn sind – es ist ein guter Ort für das Schreiben inmitten der Natur. Genauso haben Freunde, stellvertretend seien hier Laura Schönbeck, Fridericke Conrad und Alexander Nowak genannt, mich mit ihrer Freundschaft sehr bereichert. Ich bedanke mich bei meiner Mutter Elke Holzrichter, selbst einmal Schulleiterin, für viele gute Gespräche, Korrekturen und Hilfen, genauso wie bei der weiteren Familie.
Mein Mann Nils, unser Sohn Julius und unser Hund Rasmus haben mir Kraft und Ausgleich gegeben und mich zu den richtigen Zeiten vom Schreiben abgehalten.
Euch gilt meine tiefe Liebe.

Endnoten

[1] vgl. *Schaarschmidt, U.:* **Die Belastungssituation von Lehrerinnen und Lehrern. Ergebnisse und Schlussfolgerungen aus der Potsdamer Lehrerstudie.** In: Pädagogik 54 (2002) 78, S. 813

[2] vgl. **Subjektive Gesundheitsbeschwerden von Schülern,** hrsg. von der Krankenkasse DAK und der Leuphana Universität Lüneburg 2010, online abrufbar unter: https://www.dak.de/dak/download/studie-stress-maedchen-2127778.pdf

[3] vgl. *Freudenberger, H. J.:* **Staff burn-out.** In: Journal of Social Issues, 30 (1974), S. 159–165

[4] vgl. *Covey, S. R.:* **Die 7 Wege zur Effektivität: Prinzipien für persönlichen und beruflichen Erfolg.** Gabal, 2005

[5] vgl. *Harris, W. S.; Von Schacky, C.:* **The Omega-3 Index: a new risk factor for death from coronary heart disease?** In: Prev Med., 2004 Jul; 39(1): S. 212–220

[6] vgl. *Koppenhöfer, E.:* **Kleine Schule des Genießens: Ein verhaltenstherapeutisch orientierter Behandlungsansatz zum Aufbau positiven Erlebens und Handelns.** Pabst Science Publishers, 2004

[7] zitiert aus der **Lutherbibel (1912),** 1. Korinther, 13 (13)

[8] vgl. *Kretschmann, R.:* **Stressmanagement für Lehrerinnen und Lehrer: Ein Trainingsbuch mit Kopiervorlagen.** Beltz, 2012

[9] vgl. *Fredrickson, B. L.:* **What good are positive emotions?** In: Review of General Psychology, Vol 2(3), Sep 1998, S. 300–319

[10] vgl. *Schmidbauer, W.:* **Die hilflosen Helfer.** Rowohlt, 1977

[11] vgl. *Lyubomirsky, S.; Sheldon, K.,; Schkade, D.:* **Pursuing Happiness: The Architecture of Sustainable Change.** In: Review of General Psychology, 9 (2) (2005), S. 111–131
→ online frei zugänglich unter http://sonjalyubomirsky.com/wp-content/themes/sonjalyubomirsky/papers/LSS2005.pdf

[12] vgl. *Fredrickson, B. L.; Losada, M.:* **Positive affect and the complex dynamics of human flourishing.** In: American Psychologist, 60 (7) (2005), S. 678–686.

[13] vgl. *Seligman, M. E.; Steen, T. A.; Park, N.; Peterson, C.:* **Positive psychology progress: empirical validation of interventions.** In: American Psychologist, 60 (5) (2005), S. 410

[14] vgl. *Lief, H. I.; Fox, R. C.:* **Training for "Detached Concern" in Medical Students.** In: Lief, H. I.; Lief, V. F.; Lief, N. R. (Hrsg.): The Psychological Basis of Medical Practice. Harper & Row, 1963, S. 12–35

[15] vgl. *Rosenberg, M. B.:* **Gewaltfreie Kommunikation: Eine Sprache des Lebens.** Junfermann, 2012

Medientipps

Bowlby, J.; Holmes, J.:
Bindung als sichere Basis: Grundlagen und Anwendung der Bindungstheorie.
Ernst Reinhardt Verlag, 2018.
ISBN 978-3-4970-2826-9

Covey, S. R.:
Die 7 Wege zur Effektivität: Prinzipien für persönlichen und beruflichen Erfolg.
Gabal, 2005.
ISBN 978-3-8974-9573-9

Covey, S. R.; Merrill, A. R.; Merrill, R. R.; Altmann, A.:
Der Weg zum Wesentlichen: Der Klassiker des Zeitmanagements.
Campus Verlag, 2014.
ISBN 978-3-593-50052-2

Fredrickson, B. L.:
Die Macht der guten Gefühle: Wie eine positive Haltung Ihr Leben dauerhaft verändert.
Campus Verlag, 2011.
ISBN 978-3-593-39081-9

Grossmann, K. E.; Grossmann, K.:
Bindung und menschliche Entwicklung: John Bowlby, Mary Ainsworth und die Grundlagen der Bindungstheorie.
Klett-Cotta, 2015.
ISBN 978-3-6089-4936-0

Huber, M.:
Der innere Garten: Ein achtsamer Weg zur persönlichen Veränderung.
Junfermann Verlag, 2010.
ISBN 978-3-873-87582-1

Hüther, G.:
Biologie der Angst. Wie aus Stress Gefühle werden.
Vandenhoeck & Ruprecht, 2012.
ISBN 978-3-525-01439-4

Jannes, K.-A.:
Das innere Kind umarmen: Die Kraft der Gefühle nutzen und Verhaltensmuster ändern.
Knaur MensSana TB, 2013.
ISBN 978-3-426-87415-8

Jellouschek, H.:
Wie Partnerschaft gelingt – Spielregeln der Liebe: Beziehungskrisen sind Entwicklungschancen.
Herder, 2007.
ISBN 978-3-451-05913-1

Kessler, E.:
Von der Kunst, liebevoll zu erziehen: Sinnvoll Grenzen setzen und gute Laune bewahren.
C.H.Beck, 2014.
ISBN 978-3-406-66640-7

Koppenhöfer, E.:
Kleine Schule des Genießens: Ein verhaltenstherapeutisch orientierter Behandlungsansatz zum Aufbau positiven Erlebens und Handelns.
Pabst Science Publishers, 2004.
ISBN 978-3-89967-108-7

Kretschmann, R.:
Stressmanagement für Lehrerinnen und Lehrer: Ein Trainingsbuch mit Kopiervorlagen.
Beltz, 2012.
ISBN 978-3-407-25679-9

Lyubomirsky, S.; Sheldon, K.; Schkade, D. (2005):
Pursuing Happiness: The Architecture of Sustainable Change. In: Review of General Psychology, 9 (2), S. 111–131.

Rosenberg, M.:
Gewaltfreie Kommunikation: Eine Sprache des Lebens.
Junfermann, 2016.
ISBN 978-3-9557-1572-4

Schmidbauer, W.:
Das Helfersyndrom: Hilfe für Helfer.
Rororo, 2007.
ISBN 978-3-4996-2208-3

Über die Autorin

Seit dem Jahr 2007 führt die studierte Psychologin Thurid Holzrichter mit dem Schwerpunkt betriebliches Gesundheitsmanagement und Positive Psychologie Vorträge, Workshops und Trainings auch für Lehrkräfte durch. 2010 gründete sie HOLZRICHTER-BERATUNGEN. Bisher war sie mit ihrem Team bereits an über 450 Schulen zu Themen wie Selbstfürsorge, Stressmanagement, Burnout-Prophylaxe, Grenzen setzen, Optimismus oder Stärkung persönlicher Ressourcen tätig und hat viele schulische Führungs- und Lehrkräfte im individuellen Coaching beraten. Dabei ist es Frau Holzrichter besonders wichtig, zum einen Belastungsfaktoren zu erkennen und im Rahmen der Prävention zu reduzieren und zum anderen gezielt Ressourcen, Stärken und Potenziale aufzubauen.
Seit dem Jahr 2013 bildet Frau Holzrichter schulische Führungskräfte im Themenbereich Lehrergesundheit und Selbstfürsorge fort.
Die Frage, wie sich Leistung und Erfolg sowie Wohlbefinden und Arbeitszufriedenheit gezielt und zusammenhängend im jeweiligen Umfeld stärken lassen, beschäftigt die Psychologin in ihrer täglichen Arbeit mit Leidenschaft. Sie ist überzeugt, dass glückliche Menschen, die sich wohlfühlen, besonders erfolgreich in ihrer Arbeit sind und dass diese Ressource bisher in Deutschland, auch innerhalb des Schulsystems, viel zu wenig genutzt wird.
Mehr über Frau Holzrichter erfahren Sie unter www.holzrichter-beratungen.de.